# Les couples royaux dans l'histoire
## Le pouvoir à quatre mains

# ロイヤルカップルが変えた世界史

上


ジャン=フランソワ・ソルノン 神田順子／松尾真奈美／田辺希久子 訳
*Jean-François Solnon* *Junko Kanda* *Manami Matsuo* *Kikuko Tanabe*


ユスティニアヌスと
テオドラから
ルイ一六世と
マリー・アントワネットまで


原書房

# ロイヤルカップルが変えた世界史・上

ユスティニアヌスとテオドラからルイ一六世とマリー・アントワネットまで

◆目次

＊いずれも婚姻期間を示す。

ロイヤルカップルが変えた世界史◆下・目次

# まえがき

## 玉座のカップル

「遊び興じるためだけに玉座についた女性は、彼女の出費をまかなう国民にとって有害な取得物である」（デノワイエ師）

現代フランスの政治制度において、大統領夫人は公的ステータスをもっていない。だが、大統領夫人がファーストレディとして公的行事に姿を見せるのは伝統であり、彼女が慈善事業に精を出しているぶんには国民も納得する。しかし、彼女が政治的もしくは外交上の役割を引き受ける――もしくはそうした役割を引き受けていると感じさせる――、あるいは、身近な人間を要職につけるように推薦することがあれば、世論はただちに大統領制度からの看過できぬ逸脱であると断じ、糾弾する。

ファーストレディがひかえめに徹することを義務づけられているのは、フランスだけの話ではない。一般的にいって、大統領や君主の配偶者には、フランスの場合と同様に儀典上の役割しか認められていない。ただし例外はあり、アメリカのエレノア・ルーズヴェルト（一八八四―一九六二）、アルゼンチンのエバ・ペロン（一九一九―一九五二）、毛沢東の四人目の妻で文化大革命の推進役であった中国の江青（一九一四―一九九一）の名をあげることができる。

これに対して、君主制や帝政の時代においては、最高権力を行使する女性は少なからずいた。既婚であれ未婚であれ、ただ一人で君臨する女たちがいたのだ。啓蒙時代のロシアの女帝たち――エカチェリーナ一世、アンナ・イヴァノヴナ、エリザヴェータ一世、エカチェリーナ二世――、そしてイングランドの「処女女王」エリザベス一世とそのライバルであったスコットランド女王メアリ・ステュアート、オーストリアのマリア・テレジアである。また、劇的な状況の出来《しゅったい》により、寡婦となった王妃が一時的に権力をにぎった例もある。フランスでは、聖王ルイの母であるブランシュ・ド・カスティーユ、カトリーヌ・ド・メディシスとマリー・ド・メディシス、そしてアンヌ・ドートリッシュが摂政をつとめた[1]。清朝の西太后にいたるまで、女性の摂政が出現することは世界各地であったのだ。暫定的な権力者であれ、全面的に権力をにぎった女王であれ、何人かの女性は、自分は男の仕事をこなしていると自覚していた。マリア・テレジアはつつましくも「わたしは一人の女にすぎません」と述べながらも、「しかし王の心根をもっています」とつけくわえている。存在感が薄い親兄弟に囲まれた、意思の強い王女や皇女が「一族のなかで唯一の男子」とよばれることがあった。統治能力は男性のみに特権的に授けられているのだろうか？　政治権力を掌握した王妃たちの存在は、それがまちがいであることを証明している。

本書は、スカートを履いた国家元首や摂政の物語ではない。権力者との親密な関係に酔いしれて権勢をふるった寵妾《ちょうしょう》たちの話でもない。妻が一定期間もしくは長期的に政務にかかわったゆえに、両性が権力を共有したといえる君主カップルを描こうという、はじめての試みである。こうした正妻たちの政治的役割はこれまで無視されてきた。中世から一九世紀の終わりにかけて、何人かの君主の妻たちは、それぞれの個性や、国の慣習、歴史の綾《あや》を背景として、政治にたずさわることを認められ、統治者としてのつとめを果たした。王妃が権力の舞台裏にとどまることに満足せず、舞台の前面に躍り出て、そこから立ちさることを拒否し、糸車を放棄して夫と王笏《おうしゃく》を共有する、というカップルもあった。そうなると、権力の旋律は連弾によって奏でられた。

歴史家たちはこれまで、結婚の絆で結ばれたこうしたカップルのことを無視してきた。歴史は長いあいだ男性たちを主人公にすえ、人類の半分を占める女性たちについては沈黙を保ってふれることがなかった。しかし、一九七〇年代から、年を追うごとに厳密さを増す研究によって女性にも焦点があたるようになり、知識が深まってきた。歴史に足跡を残し、大衆的人気が高い女性たち――クレオパトラに代表される女性君主、オランプ・ド・グージュ［女権運動家の嚆矢《こうし》。フランス革命に身を投じながらもルイ一六世の処刑に公然と反対してにらまれ、処刑される］といったフェミニスト、マリー・キュリーやマリー・ボナパルトといった女性科学者――以外の女性たち、すなわち、戦争や革命、芸術分野や生産現場、中世や啓蒙時代における女性のあり方を探る研究がさかんとなった。このような女性社会史の流行をへて、一九八〇年代にジェンダー（文化的・社会的に形成された性差）の理論がアメリカから導入され、個別および集団的な、現実のおよびステレオタイプにもとづく男女間の関係が重視されるようになった。[2] 君主とその配偶者の双方が権力行使にかかわったロイヤルカップルの研究は、こうした新たな歴史観の一面を反映するアプローチとして、ことに刺激的で斬新である。

＊

君主の義務と責任の共有は、王の妻たちにとって優先事項ではなかった。彼女たちの第一の役目はあくまで王室の血統を絶やさないことだった。ゆえに、身もふたもない昔の言いまわしを使うなら、適切な「腹」を選ぶことはきわめて重要であった。適齢期に達していない、もしくは見るからに虚弱な王女たちは君主の花嫁候補からはずされ、壮健で子だくさんの家系に属する王女が選ばれた。子どもを産むことが必須であり、これがなによりも重視された。ルイ一三世に嫁して二〇年以上たち、三〇代も後半にさしかかっていたアンヌ・ドートリッシュは、スペインの王女という高貴な生まれにもかかわらず、あわや離縁されるところであった。そもそも、ハプスブルク家の王女や皇女との結婚はかならずしも多くの子宝に恵まれることを保証しなかった［アンヌ・ドートリッシュの時代のスペイン王室はハプスブルク系であった］。マリー・アントワネットはマリア・テレジア女帝が産んだ一六人の子どもの下から二番目であり、子だくさんの家庭の出身であった。しかし、マリー・アントワネットはルイ一六世との結婚後、七年以上もたっても後継者を産まず、フランスはやきもきした。しかも、男子のみに王位継承権を認めるサリカ法を採用している国々では、男児を産むことが求められた！ロシアのニコライ二世の妻は、一〇年間に女児ばかりを産んだ。待ちに待ったアレクセイ皇太子の誕生は奇跡だと思われ、血友病におかされた皇太子の健康を守ることは至上命令となった。[3]

後継者を産む責任を果たしたのち、君主の妻は王室・皇室の権威と栄光を体現するという華やかだがやっかいな務めに忙殺される。宮廷を統率し、夫のかたわらで公式行事に臨席し、サロンを主宰し、来訪する王侯や大貴族を歓迎し、祝祭や娯楽に参加し、ときには芸術振興に力を入れて作家や芸術家のパトロンとなる。以上が、自分の義務を果たそうとする王妃がこなすべき仕事の一覧である。一八世紀の終わりにはまだ、ルイ一五世の徳高く多産な王妃、マリー・レクザンスカが称賛の的となっていた。王妃はヴェルサイユで身辺にかたくるしいくらいに謹厳《きんげん》な人々ばかりを集め、慈善活動にきわめて熱心であったからだ。「すべての王妃は［マリー・レクザンスカに］倣《なら》うべきだ」と、ある敬虔なイエズス会士は述べている。マリー・レクザンスカ王妃が男性の批評家たちに大好評だったのは、「政治や統治にいっさいかかわらず」、宮廷の陰謀からつねに距離を置いていたからだ［ルイ一五世の寵妾の一人、ポンパドゥール夫人がぜいたくざんまいをし、政治に口を出した――しかも拙劣な助言で国益をそこねた――のとは対照的だった］。

影響力をもとうとしない王妃の鑑《かがみ》としてたたえられる資格がある女性は、マリー・レクザンスカ王妃のほかにも数多かった。夫や時代のメンタリティーが命じるままに、影のうすい役割に満足しているように思われる王妃たちもいた。ただし、「わたしたち女性は、統治の仕事には不向きです」というヴィクトリア女王の発言を文字どおりに受けとめることは禁物だ。この述懐《じゅっかい》は一時的な倦怠が言わせたものであり、ヴィクトリア女王は君主の任務に心血をそそいでいたし、夫であるアルバート公とこれを分かちあうことを長いあいだ拒否していた。その一方で、妻を政《まつりごと》から遠ざけようと腐心する君主の多くは、兵隊王とよばれたプロイセンのフリードリヒ・ヴィルヘルム一世の「女は厳しい監督下に置くべきだ。さもないと、夫の頭の上で踊り出しかねない」という暴言にうなずいたことだろう。お飾りの役目に満足し、信用もされず、政治的野心とは無縁の王妃たちにかんして、歴史は多くの場合、彼女たちの装いがいかにエレガントであったか、いかに優美に踊ることができたか、愛人が何人いたか、もしくはいかに真摯《しんし》な信仰心の持ち主であったかといったことを伝えるのみだ。しかし、夫とともに国を治めようと決意した王妃や皇妃も存在し、彼女たちは君臨し統治する覚悟を固めていた。こうした君臨・統治は、彼女たちの一部にとって国の公法による義務であったが、それ以外のケースでは人生の偶然がこれを可能とした。

＊

サリカ法に縛られていない国々においては、王権を全面的に行使することは、当然ながら女性にも認められていた。カスティーリャのイサベルは、弟の死後に王位継承者となり、一四七四年より君臨していた。彼女の夫で、一四七九年にアラゴン王となるフェルナンドがカスティーリャ王国において行使できるのは、妻が認めてくれた権利に限定されていた。フェルナンドが発案した政策はすべて、イサベルが同意しないかぎり無効であった。同様に、イギリスも女性が君臨することを認めており、ヴィクトリアは複数の男性君主の跡を襲って一八三七年に王座につき、妻を補佐したいと熱望する夫アルバートは王配殿下にすぎなかった。

そのほかの国では、君主である夫の性格やさまざまな状況が、王権のすべて、もしくは一部を妻が掌握することを可能とした。例をあげるなら、君主による統治が不可能な場合だ。王位を継承してから一二年後にはじめての徴候が現われたシャルル六世の狂気により、複数の男児の母であった王妃イザボーは、夫の精神異常の発作が続いているあいだは代理として統治できることになった。プロイセン王妃のルイーゼとナポリ王国の王妃マリア・カロリーナの場合は、それぞれの夫――フリードリヒ・ヴィルヘルム三世とフェルディナンド四世――の優柔不断や意気地のなさゆえに、受け身の夫に代わって主導権をにぎるようになった。神託によって奴隷の身分に落とされたヘラクレスを買いとって糸紡ぎを強要し、自身は獅子の毛皮をまとって棍棒をにぎりしめたリューディアの女王オムパレーさながらに。

　王権がすさまじい危機にさらされているときに、カップルが手をたずさえて統治にあたることがある。マリー・アントワネットは、革命によってルイ一六世が権威を奪われると、トリアノン宮で女羊飼いごっこに興じる軽佻浮薄《けいちょうふはく》に終止符を打った。ロシア皇帝ニコライ二世とアレクサンドラ皇后は、風前の灯火となった帝政を守り、命にかかわる病から息子を救おうと二人で奮闘した。ウジェニー皇后も、発足当初は順風満帆で権威的であった第二帝政を息子である皇太子に継承させようと奔走した。

　ナポレオン三世は妻であるウジェニーへの愛と、彼女の能力に対する敬意ゆえに――さらには度重《たびかさ》なる浮気を許してもらう必要にも駆られて――、ウジェニーの意見に耳をかした。ほぼつねに不在の妻をひたすら愛する不幸な夫であったフランツ・ヨーゼフは、ハンガリーに肩入れするシシィが投げかける非難と最後通牒を無視できなかった。

　夫から無視され、長いあいだ不妊であった王妃アンヌ・ドートリッシュは、ルイ一三世と宰相リシュリューのあいだに割りこむことなどできなかった。アレクサンドル・デュマが見事な脚色をほどこして『三銃士』のなかで伝えた軽挙［バッキンガム公との恋愛ざた］ゆえに、アンヌ・ドートリッシュは夫から恨まれ、リシュリューの不信をかった。夫と王権の重い責務を分かちあうことが許されなかった彼女は母国スペインの権益を擁護しつづけ、フランスの国益をそこなう陰謀に血道《ちみち》を上げた。

君主の結婚に恋愛感情がからむことはほぼありえない。心のときめきよりも、政治的な利害がつねに重視された。ゆえに恋愛結婚はまれであるが、皆無ではない。美しいテオドラに夢中となった皇帝ユスティニアヌスは、彼女を愛妾《あいしょう》の地位から皇后の玉座へと引き上げた。シャルル六世はイザボーに一目惚れした。フランツ・ヨーゼフも同様であり、お見合いの相手ではなく、その妹であったエリーザベトを選んだ。ニコライ二世は、生まれつき物憂げで意志薄弱であったにもかかわらず、皇太子時代に反対する両親を説得し、愛想がよいとはお世辞にもいえない少女との結婚にこぎ着けた。外交上のかけひきの結実である政略結婚であっても、夫婦仲が悪いとはかぎらない。幸福な家庭が築かれる場合もあった。その一方で、夫婦関係が文字どおりに破綻することもあった。性格の不一致ゆえに、ルイ一三世とアンヌ・ドートリッシュが心を通わせることは決してなかった。ナポリのフェルディナンド四世とマリア・カロリーナについても同じことがいえる。

世論は一般的に、夫から王権の一部をもぎとることに成功した王妃や皇妃に対して厳しい。いかがわしい場所で踊り子として働いていた身分から皇后の座にまで昇りつめたテオドラは、その卑しい生まれゆえに貶《おとし》められた。イザボー・ド・バヴィエールは、シャルル六世の統治不能を利用してわが子の相続権を否定し、フランス王国をイングランドに売り渡した、と糾弾された。フランス王妃として不適切きわまりないとされたイザボーの名は、一八世紀の王制攻撃文書にも登場し、マリー・アントワネットはイザボーの後継者だと名ざしされた。旧体制《アンシャンレジーム》の黄昏《たそがれ》をふりかえった回想録を著わしたシャストネイ夫人は、ルイ一六世夫妻を標的とした中傷について次のように述べている。「若く美しい王妃の夫であるルイ一六世は、妻の奴隷かつ犠牲者とみなされていました」。病気［膀胱結石］で憔悴し、妻ウジェニーが代理として政治に介入するのを許したナポレオン三世も同様に「情けない夫」とみなされ、普仏戦争に突入したのも、プロイセンと雌雄を決するのだと息巻くウジェニーの常軌を逸した要求に屈したからだ…とさえいわれた。国王とフランス王国を裏切った、と非難されたアンヌ・ドートリッシュは、政治に関心を示す王妃たちがさらされる危険がいかに大きいかを体現しているかのようだ。

こうした手厳しい告発は説教がましく、往々《おうおう》にして攻撃性をおび、かならずしも自覚しないままに、ありがちな女性蔑視に堕《だ》している。これらは、昔の人々のメンタリティーや歴史的状況の複雑性を無視した非難なので、いずれも全面的に見なおす必要がある。君主が妻と見解を共有していたこと、妻が夫を支え、励まし、協力し、夫のために積極的に行動を起こしていたこと——それが最善の結果を生むことも、最悪の結果を生むこともあったにせよ——を無視するのは不公正だ。両者をあわせてカトリック両王とよばれるアラゴン国王フェルナンドとカスティーリャ女王イサベルはきわめて緊密な協力体制を築いていたので、いずれの決定についても、夫妻のどちらが主導したものであるかを判別することはむずかしい、といわれている。ルイ一六世とマリー・アントワネットがはじめて強い絆で結ばれたのは、フランス革命によってぼろぼろになった王権の防衛のために必死となる場面においてだった。ロマン主義前夜のプロイセンにおいて、王妃ルイーゼは夫である国王を支え、侵略者ナポレオンをしりぞけようと奮闘した。ナポリ王国のマリア・カロリーナ妃も同様に、革命の伝染とナポレオン軍の侵略をはばもうと躍起となった。シシィは、長いあいだ反対しつづけていた夫フランツ・ヨーゼフを説得し、自分が愛するハンガリーが帝国内で新たなステータスを獲得するのを認めさせた。

*

適切なページ数にとどめようとするのなら、一冊の本ですべてを語ることはできない。そこでわたしは、六世紀から二〇世紀初頭までの期間から一一組のカップルを選んだ。その多くは有名であるが、さほど知名度が高くないカップルも混じっている。三組はアンシャンレジームのフランスに君臨し、一組はフランス第二帝政の君主カップルである。スペインからロシア、イタリアからイギリスにかけてと、欧州の君主夫妻ばかりといえるかもしれない。ただし、ラヴェンナにユスティニアヌスとテオドラを描いた有名なモザイクが残されているからといって、二人がビザンティン帝国に君臨したことを忘れてはならない。また、ヴィクトリア女王と王配アルバートの物語は、夫が二番目の地位に甘んじて妻が主役というイギリスならではの独創的な味わいを本書にもたらしている。

著者は複数の世紀をカバーし、さまざまな時代をまじえることに努めた。そのために採用した選択基準は、本書をつらぬくテーマである「夫婦の物語」の濃度である。いずれのカップルも、強い個性の持ち主二人から成っていて、大望、勇気、自己犠牲、敏腕が、怯懦《きょうだ》、不手際、隠蔽、怨念と確執をくりひろげている。いずれのカップルも、凡人には無縁という意味での特権的な日々を体験する。多くの場合、当事者の本性がいやでも明らかとなる劇的な出来事に彩られた日々であり、いずれも変化に富んでいて凡庸とはほど遠い日々であった。政治危機の勃発、反乱の芽吹き、最高権力の防衛、革命の暴発、敵国による侵略の脅威、内戦もしくは戦争が、平穏な幸福が許されなかったカップルたちに強い絆もしくは亀裂をもたらした。ただし、いずれのカップルも、一方の配偶者が他方の権力を奪おうとする、といった低俗な野望とは無縁であった。息子のネロを皇帝の座につけるために夫であるクラウディウス帝を毒殺したアグリッピナのような人間はこの本に登場しない。イサベルとフェルナンドのカトリック両王は強国スペインを構築するため力を合わせたし、死に直面したロシア帝国最後の皇帝夫妻は悲劇的な宿命におののきながら互いを支えあった。

権力の共有は不可能だ、とよくいわれるが、君主が自分の権威の大きな部分を宰相や寵臣に託すことはある。ゆえにシュリー［アンリ四世の信任があつかった元帥］、リシュリュー［ルイ一三世のもとで辣腕をふるった宰相］、コルベール［ルイ一四世の財務総監］はフランス王国を統治したが、彼らの権威を正当化する理由はただ一つ、国王からの信任である。イングランドのバッキンガム公爵［ジェームズ一世の寵臣］、スペインのオリバーレス伯爵［フェリペ四世の寵臣］やマヌエル・デ・ゴドイ［カルロス四世夫妻の寵臣］、フランスのコンチーニ［アンリ四世の寡婦でルイ一三世の母であったマリー・ド・メディシスの寵臣］、ドゥカズ［王政復古期にルイ一八世に重んじられた政治家］は、「君主のおぼえがめでたく」、君主がよせる信頼を活用もしくは濫用して王国の政治の方向を決めた。だが、彼らと君主とのあいだには、配偶者だけが享受できる親密な関係はなかった。妻が国政に容喙《ようかい》するカップルの物語は、以上とは異なる教訓をあたえてくれる。夫婦の絆を固める神聖な秘跡（すくなくともカトリックの国々では）そしてときには愛、夫婦のあいだに生まれる子どもたち、王妃に正当性をあたえる戴冠は、連弾による君臨の調べにもう一つの性格――永続的かつ親密な性格――をあたえてくれる。君主は不手際を犯した大臣を罷免したり、増長した寵臣を追いやったりすることがあるが、正妻は、陰謀を練った、もしくは政治的言動に過ちがあった場合でも、国政とは無縁の単調な日常に戻される以上の罰を受けない。公権力を行使する誘惑に駆られた王妃は、犯したまちがいを糾弾される、もしくは国政から遠ざけられることがあるが、宮廷から追放されることはない。なぜなら王妃は君主の威光の一部であり、後継者の母だからだ。そこが、たんなる寵臣との違いだ。

五三二年の大暴動に毅然と立ち向かうようユスティニアヌス帝を勇気づけたテオドラから、進行中の革命に打ち勝つようニコライ二世を鼓舞したアレクサンドラ皇后にいたるまで、多くの王妃や皇妃は、脅威にさらされた権威を夫が守ろうとするのを助けた。夫の責務のすべてを分かちあった妃はまれであり、国を治めるための総合的な政策ヴィジョンを構想した妃はほぼ皆無だ。夫と君主の仕事を分かちあった妻は多くの場合、社会や政治の一面のみに熱意を燃やした。それは、たとえば、シシィにとってハンガリーの自治であり、ウジェニー皇后にとってはカトリック教会の利益であった。目的を達成するために彼女たちが選んだ手段は多様で数かぎりない。だが、そうした手段――提案、助言、懇願、対決、おどし――をどのように使い分けたかについて、歴史研究者はほぼなにも知らない。本書がとりあげるカップルたちは権力を分かちあったが、妻たちが用いた手口は、まれな例外を除いて謎のままだ。

候補となるカップルはほかにもいた。自身で広大な領地を所有する女公や女王が結婚によって王妃となったものの、夫の国において権限を行使することがいっさい認められなかったケースは対象外とした。たとえば、アキテーヌ女公のアリエノール（一一二二—一二〇四）は最初にフランス国王ルイ七世と、次にイングランド王ヘンリー二世（プランタジネット朝）と結婚したが、アキテーヌ公領のみの管理運営で満足し、フランスやイングランドの内政に干渉することはなかった。同様に、アンヌ・ド・ブルターニュ（一四七七—一五一四）は、シャルル八世、次いでルイ一二世と、フランス国王二人と結婚したものの、フランスの王妃というよりも、ブルターニュ公国独立を死守しようとした女性闘士であった。一五五四年、ヘンリー八世の長女であるイングランドとアイルランドの女王メアリ・テューダー（一五一六—一五五八）はロンドンで、やがてスペイン国王となるフェリペ二世と結婚したが、これは二重王国の誕生を意味しなかった。妻も夫も、相手の王国に君臨することはなかったからだ。

著者は、今回はとりあえず、以下の君主夫妻たちもはずした。ローマ皇帝アウグストゥスとリウィアという強い絆で結ばれたカップル、そしてローマ人に破廉恥きわまりないと思われたマルクス・アントニウスとクレオパトラのカップル。一三八四年に女性ながらポーランド「王」と宣言されたヤドヴィカ[4]とリトアニア大公ヨガイラのカップル（二人の結婚で、ポーランド・リトアニア連合王国が誕生する）。スレイマン大帝と、オスマンの慣習を無視して大帝が正妻としたロクセラーナ。アンリ四世の両親であるアントワーヌ・ド・ブルボンとナバラ女王ジャンヌ・ダルブレ。一六八九年に王と女王としてイングランドの共同統治者となったオラニエ公ウィレム三世（英語名はウィリアム三世）とステュアート朝のメアリ二世。本書ではまた、以下のカップルも選からもれている。スペインのフェリペ五世とその再婚相手であり、自分が産んだ息子たちを王位につけようとたえず奔走したイサベル・デ・ファルネシオ。スペイン国王のカルロス四世とマリア・ルイサ妃（ゴヤの筆による国王一家の肖像画は、世評のとおりに、国王をいかにも愚鈍に、王妃をいかにも性悪女に描いている）。短期間であったがメキシコ皇帝であったハプスブルク家のマクシミリアンと、メキシコ統治の悪夢で正気を失ったまま一生を終えるベルギー王家出身のシャルロッテ皇后。「騎士王」とよばれたベルギー国王アルベール一世と、第一次世界大戦中に夫を献身的に支えたエリザベート妃。

ヴォルテールは「退屈させるコツは、すべてを語ろうとすることだ」と述べている。読者を退屈させないため、そしてヴォルテールの助言にしたがうためとあらば、今回は本書から弾かれた以上のカップルたちも次の機会まで辛抱強く待ってくれることだろう。

＊各章のタイトルの後には、二つの数字が記されている。これらは、君主の生年や即位年を表わすものではなく、カップルの結婚生活の期間を示している。すなわち、結婚の年と、夫婦のどちらかが死去した年である。

〈原注〉

1 アンヌ・ド・フランス（一四六一—一五二二）のケースは特殊である。ルイ一一世の娘であったアンヌは、夫であるピエール・ド・ボージューとともに、弟シャルル八世が成人に達するまで摂政をつとめた。

2 Françoise Thébaud, *Ecrire l'histoire des femmes et du genre*, Paris, CNRS Editions, 2007.

3 一八世紀のロシアは女帝の時代であったが、母であったエカチェリーナ二世と確執をかかえていたパーヴェル一世は一七九七年、男子の長子にのみ皇位継承権がある、と定めた。

4 王という男性の称号でよばれたのは、ヤドヴィカが将来の夫のたんなる配偶者（王妃）となることはない、と示すためである。「国の救済者、キリスト教信仰の珠玉」として崇められたヤドヴィカは、一九九七年に列聖された。

# 1 ユスティニアヌスとテオドラ（五二四頃—五四八）

## 賤女から皇后へ

「ここで彼女の行動とその夫の行動を簡潔に述べなければならない。というのも二人がともに生きたあいだに単独でおこなったことはなに一つないからだ」（カンサレイアのプロコピオス）

おとぎ話では、王子が羊飼いの娘と結婚することはよくある。だが、改悛したとはいえかつて娼婦だった女と王や皇帝が結婚する話は皆無だ。そんな話がもしあれば、幼い読者はたじろぐだろうし、親は眉をひそめるだろう。だれもが、おとぎ話の常道からはずれたそのような筋立ては荒唐無稽だ、と思うにちがいない。

そんな不つりあいなカップルが歴史上に存在したためしはない、と考えられていた。一九三六年にイギリスの内閣が、シンプソン夫人との結婚を決意したエドワード八世に退位をせまったのはほんとうだ。しかし、シンプソン夫人が不適切と判断されたのは二度の離婚を経験した平民だったからであり、彼女は娼婦だったわけではない。どれだけ時をさかのぼっても、元娼婦と君主の組みあわせというスキャンダラスなカップルは見あたらないだろう。旧体制《アンシャンレジーム》下のフランスで世の人々は、王が高貴の出ではない女を寵妾《ちょうしょう》にすることを許さなかった。ブルジョワ生まれの女［ポンパドゥール夫人］を愛妾に選んだために非難されたり、怪しげな評判のある庶民の娘［デュ・バリー夫人］にうつつをぬかして大きな怒りをかったりすることはあっても、高級娼婦をめとるなどという悪趣味な王はいなかった。ルイ一五世はヴェルサイユ宮殿にデュ・バリー夫人をつれこんで顰蹙《ひんしゅく》をかったが、だからといって夫人を王妃に迎えるなど考えもしなかったはずだ。同じくたいへんな女好きだったバイエルン王ルートヴィヒ一世は、波瀾万丈の恋愛遍歴をもつ踊り子ローラ・モンテスを宮廷に迎えようとしたことを後悔したにちがいない。そのために一八四八年に王位を追われたからだ。それでも老王が望んだのは、モンテスにバイエルンの国籍と伯爵夫人の称号をあたえることだけだった。

だから君主が元娼婦と結婚するなど考えられなかった。そんなことをすれば夫の「心の弱さ」を示すばかりか、その臣民に恥辱の烙印が押されると考えられていた。新しい王妃や皇后の前にひれ伏すことになる大臣たちの見下げはてた姿！　苦悩をおし隠し、君主の妃として言葉をかけることになる聖職者たちの恥ずかしさよ！　国民はどうだ？　少し前まで恥さらしな素行を目にしてきた女の臣民を名のるとは、厚顔無恥もいいところではないか！

だが、年代記が明かすところによると、そのような恥辱を経験した国がたしかに存在した。六世紀という遠い過去の話であるが、その記憶は抹消されることなく伝わっているのだ。五二四年、あるいはそれより少しあとのこと、コンスタンティノポリス［コンスタンティノープル］でビザンティン帝国の栄華をゆるぎないものにし、もっとも名高いバシレウス[1]［東ローマ帝国の皇帝の称号］のひとりとなった皇帝ユスティニアヌス（四八二頃—五六五）が妻にめとったテオドラ（四九〇頃［五〇〇頃とも］—五四八）は、その少し前まで遊女だったのだ。「自身の体をくまなく使い、その美貌をだれかれとなく行きずりの男たちに」売っていたといわれる者が、皇后となったのだ。皇帝の富と人民の敬慕を享受するだけでなく、夫と権力を分かちあうために。

今日でも、ユスティニアヌスとテオドラは、人々の頭のなかでは切り離すことのできないカップルとなっている。まるでダビデといえばバト・シェバ［人妻であったがダビデに見そめられ、のちにその妻となった］の名が思い浮かぶように、ユスティニアヌスの名はおのずとテオドラの名を想起させるほどだ。まさかと思うなら、ラヴェンナのサン・ヴィターレ聖堂のモザイク画を見てみるといい。そこにはこの伝説的カップルの姿が永遠にとどめられている。

緋色の衣が皇帝の地位をあらわし、頭部を囲む光輪がその権威の神々しさをもの語り、手にはミサで神への供物としてささげられる大きな金の聖体皿。このような姿のユスティニアヌスが高官たちに囲まれ、衛兵たちをしたがえて、後陣の左の壁に描かれている。その対面にあるのはテオドラをほめたたえるモザイク画だ。皇后は皇帝と同等の特権をあたえられ、右の壁を占めている。二つのモザイク画の大きさは同じで、中央祭壇と、贖《あがな》い主イエス・キリストが大きく描かれた後陣の半ドームのあいだという位置も同じ、そして金のテッセラ［モザイクを構成する小さな角片］がちりばめられた背景も同じだ。皇帝とおなじように緋色の衣を身にまとったテオドラは、豪華な王冠型の髪飾りをつけ、やはり光輪をいただいた頭部は従者たちを圧倒し、宝石がはめこまれた金杯を手にしている。聖人の肖像かと見まがうほどだ。彼女は皇后なのだ。

このはるか遠い時代から、この二つの豪奢なモザイク画は、人々の記憶のなかで夫婦を結びつけている絆の強さをあらわしている。テオドラのモザイクの色彩の鮮やかさだけでなく、目を奪うその豊かな色使いはおそらく、帝国における彼女の地位がたんなる輝かしい二番手の地位ではなかったことを示唆しようとしているのだ。

## 名もなき者の娘

当時のコンスタンティノポリスでは、見世物《みせもの》にかかわる仕事ほど軽蔑される職業はなかった。戦車競争の御者、軽業師、猛獣の調教師や無言道化芝居の俳優は、競技や娯楽に熱中する一般大衆には喜ばれたものの、上流社会からは親しくするなど沽券にかかわる連中とみなされていた。テオドラはこの「人間の恥」とされていた階層の出身だった。父親は競馬場で熊使いをしていた男で、その父が亡くなって母親が再婚した相手も同じことを生業《なりわい》としていた。四九〇年頃に生まれた幼い娘は、競馬場で働く人々、いわば不可触民のあいだで少女時代を送った。五万人を収容できるこの広大な場所で、人々はひしめきあってベンチにすわっていた。観衆は、かつての剣闘士の試合にとって代わっていた格闘技や戦車競争に喝采を送り、滑稽な場面にどっと笑い、軽業師の離れ技に感嘆した。だが、いったん見世物が終われば、あれほど観衆を興奮させていた見世物師たちは、ふたたび恥辱にまみれた名もなき人々という境遇につき落とされるのだ。

この職業でもっとも虐げられていたのは女たちだった。彼女たちには合法的な結婚が禁じられており、踊り子や楽器の演奏者は遊女と同じだと考えられていた。軽業師の娘、若きテオドラは踊り子だった。無言芝居の役者でもあったはずだし、大胆な身ぶりで魅了するストリッパーであったかもしれないが、官能的な踊りを得意とする踊り子だったのはたしかだ。売春はしていたのか？　ユスティニアヌス帝の治世でただひとりともいえる歴史の記録者カンサレイアのプロコピオスは、それを認めているばかりか、遊女のなかでも下層の女であったと、さらなる非難を浴びせる。だからといってこの年代記作者を信じるしかないのだろうか？

皇帝の宮殿をよく知り、もっとも名高い将軍の秘書官であったプロコピオスは、彼が敬服してやまないユスティニアヌス帝の軍事作戦にかんする史実に忠実で詳細な物語を後世に残した。しかし、『秘史』と名づけられ、私的な配布にとどめられた彼の別の著書では、極端な内容に嘘ももりこみながら、皇帝夫妻への容赦ない攻撃に終始している。今日《こんにち》の歴史家は、史実を知るのに不可欠な存在であるプロコピオスが当事者として語る戦史を称賛し、彼がユスティニアヌス帝の治世の建造物を網羅して叙述する著作――『建築について』――を絶賛するが、『秘史』を信頼のおける情報源とみなすことは避けている。

『秘史』は攻撃文書であり、罵詈雑言《ばりぞうごん》を書きつらねる文芸の伝統につらなるが、プロコピオスが罵詈雑言をエスカレートさせていることは確かなようだ。本書はおそらく著者の性的な妄想――その時代の男たち一般の妄想といえるかもしれない――を表現しており、皇后にも刃《やいば》を向けることで攻撃を激化しようとする、皇帝の敵たちの代弁者となっている。この時代の人々にとっては、芝居の世界と売春の世界のあいだに境目はなく、女が観衆を前にして踊るのは売淫の前奏曲でしかなかったのだ。[2]

ビザンツ帝国の高官たちに言わせると、ユスティニアヌスの罪は二つある。一つは、生まれがよく、教養があり、非の打ちどころがなく評判のよい若い娘ではなく、それとはまったく異なる女をめとったこと、そしてもう一つは、国務の指揮において妻に役割をあたえたことだ。テオドラはこうした欠陥を一身にあわせもつ女性だったのだ。

しかし、立場を一八〇度変えて、皇后となる前の若いテオドラが模範的であったと想像する必要はない。彼女がユスティニアヌスと出会ったころは、すでに見世物の卑しい階層とは縁を切っており、羊毛を紡いで純潔な生活をしていた、といわれることもある。模範的な皇后像を描く話であるが、実像のテオドラはそれほど身もちがよかったとはいえない。それどころかテオドラは、愛人の一人にしたがってリビアに行き、追い出されたあげく、エジプト、次いでシリアに流れ、アンティオキアの町で夜の女王の一人となっていたらしい。親しくなった男性の踊り手が彼女をコンスタンティノポリスにつれてゆき、ユスティニアヌスに引きあわせた。その結果、テオドラは未来の皇帝の愛人となった。五二一年、執政官に就任して日が浅かったユスティニアヌスは三九歳であり、コンスタンティノポリス市民に競馬場での豪華な試合を提供することで新たな職責のスタートを切ったところだった。叔父であった時の皇帝ユスティヌス一世（在位五一八―五二七）の養子として、彼には帝位が約束されていた。テオドラの選択は悪いものではなかったのだ。

当時の人々のだれもが彼女の華麗な美しさを認めていた。プロコピオス自身もそれには異議はなかった。彼によれば、「テオドラは美しい顔をもち、また魅力的な女性だった。背は低く、色白だが、真っ白というよりつやのない均一な白さだった。そのまなざしはいつも尊大で真っすぐだった」という。そのようなまなざし——ラヴェンナのモザイク画によって再現されている——は、彼女の知性と気性の激しさを示している。テオドラは欲望の甘美な対象であっただけではない。話せば才気を感じさせ、人をからかい、当を得た発言をすることをおしまなかった。[3]なかなかの個性と気質をもった女性だったのだ。彼女に魅了されたユスティニアヌスの頭にはいまや一つの考え、常軌を逸した思いもかけないある考えしかなかった。彼女と結婚することである。ユスティヌスの妻である当時の皇后は、自分が解放奴隷出身で、かつては兵士たち相手の女であったことを棚に上げて、これに反対した。しかしまもなく皇后は亡くなり、障害はなくなった。それからユスティニアヌスは、イルストリス[4]［四世紀から使われはじめた上位の称号で元老院議員身分の最高位階をさす。ユスティニアヌス帝の治世までにすべての元老院議員はイルストリスとみなされるようになった］と女優の結婚を合法化する新しい法律を苦もなく制定させた。元老院も軍隊も、それに教会も民衆ももう、すくなくともおおっぴらには結婚に反対しなくなった。

　七七歳の老いた皇帝ユスティヌスはまもなく崩御した。ユスティニアヌスはその数か月前から、共同統治者としてすでに権力の座にあった。五二七年八月一日に叔父が亡くなると、彼は単独の皇帝《バシレウス》となった。しかし、彼は一人で冠をいただいたのではない。テオドラが彼とともに戴冠し、アウグスタ［歴代のローマ皇帝の称号の一つであるアウグストゥスの女性形］の称号を得たのだ。

　愛が社会の偏見に勝利した。しなやかな体を売りにしていた娘は、宮廷の荘厳な正装に身を固め、ゆるぎない存在となった。かつての不可触民の娘はいまや、すべての人々から敬意を表されるようになった。軽業師は政治的人物に変貌をとげようとしていた。

## 皇后への表敬

元老院議員の貴族たちは、皇后がいかに身分の低い生まれであってもひかえめな役割に徹していれば、甘んじて受け入れたことだろう。だが、帝国の運命を気にかける皇后など、がまんがならなかった。とはいえ、彼女の出自はともかく、夫ある身としてのふるまいについて陰口をたたく者は、口の悪いプロコピオスをふくめてもだれ一人いなかった。結婚後のテオドラは非の打ちどころのない貞女となった。だが、彼女がほしいままにしている栄耀栄華や、夫である皇帝がみなに強いる彼女への表敬が、ほかの者にはがまんならなかった。妻が自由に使えるようにと、皇后専用の宮殿を皇帝があたえたときには、批判のささやきがかわされた。それは、自由を手に入れたい彼女が望めば、皇帝の宮殿のほうはおろそかにして逃げこむことができる避難所なのだ。彼女は国家の頂点に上りつめた自分の地位にこだわり、皇后の権威を高めるためにこれまでの礼法を変えさせ、皇帝に対するのと同じ崇敬の所作を自分にも要求した。昇殿を許される高官はみな、皇帝のみならず皇后にも同じように平伏することになった。皇帝の緋色の靴への口づけだけでは足りず、皇后の靴にも同じ敬意をはらうことが求められた。皇后が帝国の属州に出向くときはどうだったのか？　数えきれないほどの人数の供まわりをしたがえた彼女の一行は、つきしたがう高官の身分、しもべの数、そしてその行列の豪華さで群衆に強烈な印象をあたえた。

　ユスティニアヌスの意向にそってテオドラの姿は印璽《いんじ》やモザイク画にいやというほど描かれて広まり、人々をいらだたせた。さすがの皇帝も、コインに妻の姿をきざませることはひかえたのだが。帝国の執政官は皇后に宣誓するよう義務づけられ、碑にきざまれる文面には皇帝の名とともに彼女の名が入り、いくつもの像が彼女に敬意を表して立てられた。ユスティニアヌスが自身と妻の名をつけた町は数えきれないほどある。

　夫婦愛だけが、これほどの名誉を妻にあたえることの理由だったのだろうか？　ユスティニアヌスはたしかに妻を愛していた。帝国の栄光を高めるという思いにとりつかれた仕事の鬼であった皇帝は、夫の使命の達成を助けることができる女性国家指導者の資質を彼女のなかに見い出したのだ。即位から五年後に起こることになる、おそるべきニカの乱によってゆらいだ皇位を、皇后が彼を助けて守ってくれたことを、皇帝が忘れることはなかった。

## 逃げるか、とどまるか

　統治がはじまってからの数年は穏やかだった。いわば国民と新皇帝夫妻の蜜月期であり、一部の貴族が感じていた、最下層の娘を妻にした成り上がり者の皇帝に対する怨恨は、表に出なかったのだろう。たび重なる干ばつのために食糧の供給がとどこおって困窮し、そうでなくとも政府の重税に怒りを感じていたコンスタンティノポリスの人々が、いらだちをつのらせたことはまちがいないだろうが。それでもおおむね平穏だった。一週間続くすさまじい反乱が首都を蹂躙し、皇帝の権力と皇帝その人をおびやかすことになろうとは、だれひとり予想できなかった。

すべては競馬場——社会生活における重要な場でもあった——での、「青」と「緑」の衝突にはじまった。「青」と「緑」とは、当時まだ存在していなかった政治の党派ではなく、馬車による競馬で御者のチームを熱烈に応援するサポーターの集団だった。この「過激な集団」のメンバーたちは興奮しやすく、そのスポーツファン同士の敵対関係——競技の興奮も手伝って——は、しばしば暴動に発展していた。階級闘争と解釈することも、特有の宗教運動によるものとも説明のつかない、こうした騒乱に政府的要素はなかった。チーム間のライバル関係のみが競馬場を燃え上がらせ、それが街にまであふれ出ることはめずらしくなかった。こうした勝利によせる過剰な思いからひどいこぜりあいも生まれた。「青」派と「緑」派はいまでいうフーリガンであり、男だけでなく女もいた。プロコピオスは次のように証言している。「彼らは自分たちがなぜ、わざわざそんな危険に身をさらしているのかもわからないまま、相手チーム側にすわっている人々と争うのだ。（…）そして彼らのあいだには、ばかげているがどうにもおさまらない憎悪が生まれ、くすぶりつづけるのだ」

五三二年一月になって数日のうちには競馬がはじまり、それとともにいつもの「青」と「緑」の対立も幕を開けた。積極的な取り締まりはおこなわれていたのか？　狼藉《ろうぜき》の度がすぎた三人が拘束され、一人が絞首刑になったが、あとの二人はロープがちぎれて死をまぬがれた。人々は彼らの赦免を要求した。そして、それを拒否した兵士たちが群衆に虐殺されたのだ。暴力が暴力をよび、「青」派と「緑」派は団結して当局に立ち向かった。サポーターは叛徒《はんと》と化した。

それからの数日は暴動の日々となった。暴徒が町じゅうで略奪をはたらき、家や教会、商店や公共の建物に火を放った。暴徒がはじめて皇帝の権力に反旗をひるがえした。「ニカ」、すなわち「勝利者たれ！」が彼らのかけ声だった。いつもはチームを応援する言葉だ。五三二年一月にはその言葉が、当局に対抗するために結束し、蜂起した、叛徒たちをふるいたたせたにちがいない。それはやがて「勝利を勝ちとろう！」に変わった。宮殿の門の前に集まった暴徒は大臣たちの解任をせまった。皇帝は折れたが、暴動はおさまらなかった。皇帝の宮殿に脅威がせまった。ユスティニアヌスは治安部隊を使って宮殿の周囲に集まった叛徒を解散させようとこころみた。しかしそれは失敗に終わる。暴徒の狂熱は激しさを増し、大きくふくれあがった。コンスタンティノポリスは、風にあおられ、燃えさかる巨大な猛火のかたまりとなった。目撃者が書いている。「都市はもはや黒ずんだ丘のつらなりでしかなく、（…）煙が立ちこめ、あたり一面灰だらけだった。焦げたにおいが充満して住める状態ではなく、その眺めは見る者に哀れみのまじった恐怖をいだかせた」。破壊、殺人、パニック。首都は混乱の餌食となって、この一種の自己破壊的な狂気に茫然となっているかのようだった。ユスティニアヌスは包囲された宮殿のなかに閉じこもった。加勢のためによばれた兵士たちは首都に戻るのが遅れ、やっと到着したものの市の中心までたどり着くことはできなかった。

一月一八日の日曜に――暴動は五日間昼も夜も続いていた――、皇帝は福音書を手に、競馬場に集まった民衆の前に姿をあらわした[5]。皇帝の言葉だけで反乱はおさまるだろうか？　皇帝は明言した。「この聖なる書にかけて、そなたたちのすべての罪を許そう。そなたたちが平静に戻りさえすれば、だれも検挙することはない」。すると、群衆は時をおかず非難の声を浴びせた。「うそをつけ、愚かなロバめ、その誓いはいつわりだ」。武力も説得も反乱をおさえることはできなかった。完全にいきづまったのだ。

実質的な権威を失ったユスティニアヌスは、彼の助言者たちに首都から逃げることを許可した。宮殿内で革命が起こるおそれがあり、皇帝自身も暗殺者の餌食になるかもしれなかった。彼の不安は思いすごしではなかった。皇帝を倒し、亡き皇帝の甥である将軍を皇帝にしようともくろむ陰謀を、複数の貴族たちがあおっていたのだ。民衆はこの帝位強奪者を歓呼の声で迎えて新しい皇帝と宣言し、まさに宮殿に送りこもうとしていた。ユスティニアヌスにとっては万事休すと思われた。

とどまることは死を待つこと、もしくはすくなくとも捕らえられることを意味していた。逃げることを選択すれば、属州からの加勢を頼み、主導権をとりもどす道が開ける可能性があるが、成功するとはかぎらないのだ。このようなときにはもっとも決断力のある為政者でも躊躇するものだ。すべてを失う危険を犯して、みずからの正当性を一部たりとも放棄せず、おのれの地位にしがみつくべきか。それとも、地位を明け渡して命だけは助かり、報復の希望に賭けるべきか。ユスティニアヌスはそれまでずっと誇りと謹厳さをもって任務をまっとうしてきた。彼は大きな構想を描いていたのだ。ローマ帝国から奪いとられていた属州を蛮族からとり返して帝国を再建し、その帝国内の改革をおこなうことである。彼は即位してから行政改革に着手し、現行法を整理するための委員会を設置していた。そこから彼の名前を冠した法典が生まれている。[6] 熱心に働き、ありふれた娯楽をしりぞけ、不節制を避けていた。「眠らない皇帝」は自身の職務と責任について高尚な考えをもっていたのだ。だが、つとめに忠実なこの皇帝は迷っていた。

しかしついに心を決め、大型船を用意させて、兵をあげるために使うつもりで選りすぐりの財宝を積みこませた。船長は出航準備をせよとの命令を受けとった。ユスティニアヌスはまさに逃げようとしていた。ところが、彼の計画に突然異を唱えた者があった。

テオドラが撤退に真っ向から反対したのだ。この、後年ならば「ヴァレンヌ逃亡」［フランス革命期の一七九一年にフランス国王ルイ一六世一家がパリを脱出し、東部国境に近いヴァレンヌで逮捕された事件］に相当する撤退は、政治的失敗であり、恥でしかない、と皇后は考えていた。そして、以下のように主張したのだ。逃亡は権力の放棄、そして「神に選ばれた敬虔な者」である君主としての正当性を決定的に失うことを意味します。危険から逃げれば、地上における神の代理人であり、ローマ帝国皇帝の後継者である皇帝にふさわしくない行為となるでしょう。そのうえ、恥ずべき逃亡によって、状況をふたたび掌握する機会を失うことにもなるでしょう。皇帝は味方を集め、反乱をしずめられるくらいの富をもっておられます。皇帝に忠実な船で覆いつくされている近海から、皇帝は加勢を求めることができます。亡命は君主には耐えられないことです。そして、テオドラはこうも言ったのだ。わたくしだって、たった一日でもアウグスタとよばれない日があるなど耐えられないことです。皇后は、ユスティニアヌスの計画に反対し、宮殿にとどまって抵抗することを主張したのだ。

彼女の主張は皇帝と側近たちの心を動かした。危機に直面して、卑しい踊り子は偉大な貴婦人へと変身した。意気消沈していた彼らの士気を鼓舞したのだ。夫に向けられた彼女の力強い言葉は核心をついていた。「この世に生まれた以上、人は死を避けることはできません。ですが、皇帝でありながら逃亡者となるのは、それこそ耐えられないことです。もしあなたが逃げたいのなら、それもいいでしょう。(…)でも、よくお考えなさい、そして逃亡後に救済よりも死を選ぶことをおそれなさい。『緋色の帝衣は美しい死装束である』という格言が、わたくしは好きなのです」。古代ギリシア美術のように美しいこの最後の言葉が、状況を一変させた。ユスティニアヌスは気をとりなおし、抵抗を決意した。

叛徒の一団による攻撃を何度も受けて、宮殿の門はいまにも破られようとしていた。しかしそのとき、皇帝に忠実な二人の将軍ベリサリウスとムンドゥスが脱出に成功し、競馬場の入口を封鎖した。暴徒たちはそこに集まっていたのだ。すぐさま兵士たちが競馬場に突入し、剣を手に、場内や観覧席にいた群衆を躊躇なく虐殺した。三万人が犠牲になったという。この反乱で帝位簒奪《さんだつ》をもくろんだ将軍は逮捕された。ユスティニアヌスはこの一日だけの皇帝に恩赦をあたえるつもりだった。テオドラは皇帝を翻心《ほんしん》させ、簒奪者は処刑された。

テオドラは帝国を救ったのだろうか? すくなくとも貢献したことは認めるのが公平というものだ。厳しい鎮圧はその後、新たな反乱が起きるのを防いだ。荒廃した首都は再建する必要があった。猛火の犠牲になったハギア・ソフィア聖堂の復旧は、翌月には着手された。

試練に直面した夫妻は、はじめのうちこそどのような方針をとるかで意見が分かれていたが、また固い絆をとりもどした。この機会のおかげでユスティニアヌスは、自分には助言者たちのほかにも支援と励ましをあたえてくれる存在があることを理解したのだ。彼は一人ではなかった。愛する女は偉大な人物のような気骨をもっていた。皇后の冷静さ、政治感覚、帝国の力に対する信頼、これらは賞賛に値した。こうして五三二年一月にテオドラは賭けに勝った。すなわち、死ぬまでアウグスタとよばれつづける栄誉を手に入れたのだ。

## 仕組まれた失寵

つねづね文句ばかりいうような人々は、テオドラの途方もない出世物語に眉をひそめていた。彼らは早々に、さらに不満をつのらせることになった。ユスティニアヌスが意欲を失ったことなど一度もなかったというのに、皇帝は妻の尻に敷かれている、とまで言われるようになった。テオドラが国務に口出ししている、という批判も出た。東ローマ帝国では女性は重要な公職につけないことになっている、と重鎮法学者たちは嬉々として指摘した。なぜこのような卑しい出自の女が、ほんとうに皇帝とともに帝国を共同統治するにいたるほど、その信頼を得ることができたのだろうか？　皇后が生まれた社会階層は、自分の娘を皇帝の寝所に上げることができなかった元老院議員の貴族にとって腹立たしさの根源だったが、皇帝のかたわらでのテオドラの活発な役割は、こうした貴族のみならずだれからも破廉恥きわまりないと思われていた。

テオドラは敵に事欠かなかった。彼女自身も、ユスティニアヌスの多くの大臣や助言者たちを憎悪して容赦しなかった。権勢を張りあう相手はたたき、政治的な競争相手はしりぞけ、ライバルとなって皇帝の寵愛をさらってしまいそうな女たちはせっせと遠ざけた。人は金持ちにしか金は貸さない、と世間で言われるように、非難を受けるような行為はどんなことでも、身におぼえのないことまで彼女のせいにされた。

そういうわけで、ゴート族の王テオドリックの娘で、父と息子の死によってイタリアの女王となっていた美しいアマラスンタを殺害させた張本人はテオドラである、と言われていた。事実は異なる。ビザンツ帝国の皇帝と手を組もうとしたアマラスンタは、この政策に反対するゴート族の有力者たちとの争いで苦戦していた。そしてこの不運な女王は、帝国に亡命を打診した。ユスティニアヌスはこれを許した。年代記作者のプロコピオスによれば、高貴な家柄で、女王で、「見目うるわしく」、「ほしいものは全力で手に入れようとする」ことで知られた女が来ることをテオドラはおそれていた、というのだ。このイタリアの女王には意志の強さと人を魅了する生まれもった力があると確信したテオドラは、「この女を死にいたらしめるまで攻撃する」ことを決意した。それゆえ、ユスティニアヌスがラヴェンナに送った大使に金をわたして殺害を依頼した、ともいわれた。

皇后が嫉妬したのは事実である。だが、――以上の悪意あるプロコピオスの説とは異なり――彼女は魅力的すぎる女王を殺すよう命じたりはしていない。なぜなら、アマラスンタはビザンティウムにのがれるのを断念していたからだ。彼女は玉座にとどまって敵と対決したのだ。何年かのちに新たに起こった反乱の際に、彼女は絞殺された（あるいは溺死させられた）のだが、殺害したのはビザンティウムの皇后ではなく、その頼りなさゆえに彼女がたやすく手玉にとり、権力を分かたずにすむと考えていた相手、すなわち彼女自身の夫だったのだ。

テオドラの憎悪は執拗だった。ユスティニアヌスの重要な大臣の一人でオリエンス道長官［東ローマ帝国の大半を占める道（道管区）で、その長官は皇帝に次ぐ権力者だった］、カッパドキアのヨハンネスはその犠牲となった。この男は皇后が嫌うすべてをかねそなえていた。下品で教養がなく、迷信を信じる道楽者で、彼女が抜け出した卑しい階層をいやでも思い出させるのだった。不法な手段で得た莫大な富を、彼は恥ずかしげもなく見せびらかした。あさましい娯楽に目がない成金なのだ。だが、帝国には不可欠な存在だった。財政にかんするなみはずれた能力、行政手腕、有能な働きぶりゆえに、一〇年にわたるユスティニアヌスの信頼と、首相ともいえる道管区長官への昇進を勝ちとった。前例のない速さで国庫を満たすことができる大臣は貴重な存在であり、その意見には耳を傾ける必要があったのだ。この男はまたその率直な物言いでも知られていた。皇帝の前でもほぼ媚びることなく単刀直入に考えを述べ、機会さえあれば皇后に対する軽蔑をあらわにした。だからテオドラは彼を嫌っていたのだ。

才能豊かで不道徳なカッパドキアのヨハンネスは、みずからの権力がおよぶ範囲を拡大しつづけ、道管区長官を皇帝に次ぐ権力者に変えていた。テオドラのほうがユスティニアヌスよりも危険を感じとっていた。長官は皇帝の位を熱望しているといううわさを、彼の敵たちが吹聴していた。この男を失墜させるために、皇后は巧妙な陰謀をくわだてた。

カッパドキアのヨハンネスは、父と同様に皇后を軽蔑している娘のエウフェミアをかわいがっていた。そこでテオドラは、もっとも忠実な友である、ベリサリウス将軍の妻アントニナに、皇帝夫妻の悪口を言わせてこの娘の信用を得る、という作戦を実行するよう命じた。そしてアントニナとヨハンネスの娘は二人で、何時間もユスティニアヌスとテオドラを中傷してすごしたので、エウフェミアはとうとう、皇后とその夫への憎しみという点でアントニナとすっかり共感しあっていると思いこんだ。ちょっとした共謀程度のつもりで、エウフェミアは、アントニナと密会してもよいという約束を父親からうまくとりつけた。

　二人が会うことになったのは帝都から遠くない田舎の屋敷だった。いったいカッパドキアのヨハンネスがどういうつもりで会うことを承諾したのかは、だれにもわからない。このはじめての会合のときにはすでに、それまで長く忠実に仕えてきて恩恵のかぎりを受けているその皇帝を倒すという宮殿内革命の計画は、すでに念頭にあったのだろうか？　それとも、疑り深い彼はアントニナにはっきりと批判的な発言をさせ、その本心を明らかにして、娘のエウフェミアをこれ以上まきこまないようにこの女の正体をあばくつもりでいたのだろうか？

　この会合は罠《わな》だった。テオドラは二人の高官をその屋敷にひそませておいた。彼らはなにを聞いたのだろうか？　それはわからない。だが、高官たちが折を見て突然姿を現わしたことはわかっている。争いになって、カッパドキアのヨハンネスはなんとかその場から抜け出したが、冷静を欠いていた彼は、近くの教会に逃げこんで教会の不可侵権をかさにわが身を守るという誤りを犯した。彼が逃亡し、しかも帝国の司法の手がとどかないところに逃げこんだことは、すなわち有罪の証拠であると解釈されたのだ。

　テオドラの報復は成功した。しかし、その夜あばかれた謀議くらいの現行犯では敵を完全に失墜させるには足りない、と彼女は知っていた。長官が皇帝を打倒して権力を奪おうとくわだてた、と立証するものはなに一つなかった。カッパドキアのヨハンネスは、不審な会合程度で投獄できるような大臣の一人ではなかった。この男は人気があったのだ。帝国の最富裕層から税をとりたてる厳しい姿勢ゆえに彼は民衆の支持を得ており、最近オリエンス道におもむいたときも大歓迎されていたのだ。そこで皇后は、彼と対立していたある主教を殺害したのは彼である、と非難して告発の根拠をさらに固めた。五四一年五月、カッパドキアのヨハンネスは逮捕され、投獄され、拷問にかけられた。奇妙なことに、彼は背信行為で断罪されたわけではなかったので、反逆罪であれば適用されるはずの極刑の対象にはならなかった。彼にくだされた刑罰は、冤罪にしてはあまりに厳しく、有罪にしてはあまりに軽い、謎めいたものだった。すなわち、エジプトに送られ、たった三年だけ投獄されたのだ。カッパドキアのヨハンネスはテオドラの死後になってはじめて流刑の地からもどった。だが、二度と政治にかかわることはなかった。

この謎の多い事件のあいだ、ユスティニアヌスは口を差しはさまなかったらしい。皇帝は長いあいだカッパドキアのヨハンネスを辣腕な協力者であり有能な大臣であると認めてはいたが、その自主独立の精神にはずっとがまんならなかった。この事件以降は、危険なほど人気があり権力に飢えた男とみなすようになった。ユスティニアヌスはテオドラに白紙委任状をあたえて、すべてをまかせたのかもしれない。皇后に嫌われるのは、だれにとってもまずかったのだ。

## ベリサリウスの失われた栄光

ユスティニアヌスの治世のある人物が、後年の作家や画家たちの作品にしばしば登場して、その姿を人々の記憶にとどめている。それは皇帝でもその妻でもなく、皇帝のもっとも偉大な将軍にしてヴァンダル族とゴート族に勝利した男、ベリサリウス（四九四頃―五六五頃）である。劇作家や小説家たちが、史実を曲げて物語を構築し、テオドラの将軍への嫉妬を描いた。栄光に満ちた将軍は、彼女の邪恋をしりぞけるという過ちを犯したために復讐に燃える皇后の犠牲となり、皇帝の命令により死刑を宣告されるのだ。もう一つの伝説は、ジャック＝ルイ・ダヴィッドが代表的であるが、ヴァン・ダイク[7]、サルヴァトール・ローザといったさまざまな画家が描いたことでよく知られるようになった、不興をかい、盲目になってほどこしを受けるベリサリウスだ。将軍のテオドラに対する横恋慕も、みじめな老いの姿も史実とは異なる。だが、五四二年に皇后が原因で不興をかったことは事実である。

ベリサリウスは英雄の資質をそなえていた。その美男ぶりは、人の外見の美は内面の美をうつす、というこの時代の論理の裏づけとなっていた。愛想がよく、とっつきやすく、精力的で、忠実で、すべてにおいて節度をわきまえ、だれに対しても寛大で、生まれつき勇敢で、——将軍の秘書官だったプロコピオスの言葉を信じるのであれば——欠けている美徳はなに一つないようだ。名高い戦略家としてすべての前線で指揮をとり、そのほとんどに勝利し、戦闘では自分を敬愛する兵士たちの命を大切にした。ユスティニアヌスはベリサリウスの功績に報いた。皇帝はたくさんの褒賞を彼に授け、帝国で最高位の顕職をあたえ、アフリカのゴート族に勝利したのちにはコンスタンティノポリスの競馬場で凱旋式をおこなった。これは六〇〇年近くおこなわれることのなかった、皇帝の特別なはからいであった。

資産家であるうえに大きな勢力をもっていたベリサリウスは、帝国の第一人者の座をわがものにしたいという誘惑にかられてもおかしくなかった。個人資産で費用をまかなって七〇〇〇の騎兵をかかえていたので、クーデターを成功させ、皇帝の地位を奪うことができるような軍事力を私有していたことになる。望めばみずからの高い人気を野心のために使い、戦場におもむいたことはなく軍隊を指揮したこともないユスティニアヌスに、反旗をひるがえすのはたやすいことだった。これほど切り札をもちながら、彼はなにもしなかった。主君と特別な忠誠の誓いで結ばれていたベリサリウスは、政治的頭脳の持ち主ではなかったのだ。部隊の指揮や征服した領土の統治でベリサリウスはじゅうぶんに満足していた。多くの王よりも大きな権力をにぎっていたからだ。イタリア奪還後には、敗れたゴート族から西方の統治者となるよう請われても断わっている。ベリサリウスはつねに、ユスティニアヌスに忠実に仕えると言明していた。そして、ニカの叫びが響きわたったあの反乱のとき、すでにそのことを証明していたのだ。

だが、彼のこの忠誠心もテオドラを満足させることはなかった。あれほど多くの戦いに勝利するなど幸運すぎる！　あれほど裕福なのは、国庫に入るべき金を着服したからにちがいない！　皇帝から信頼されすぎている！　皇后は、最高権力をにぎることを渇望する自身と重ねあわせ、ベリサリウスも同じように権力を欲しているにちがいないと考えた。これほどの人物はかならずや致命的な危険となる、と警戒した。忠臣であったとしても、皇后にとっては、自分が皇帝におよぼす影響力を奪うおそれのあるライバルであった。テオドラは自分と夫のあいだに割りこもうとする存在にがまんできなかった。そしてこの男をひきずりおろすことを決意する。

五四二年、ペストの蔓延がコンスタンティノポリスをおそった。ユスティニアヌスもこの病に倒れ、危険な状態となった。死を待つのみかと思われた。皇后はただちにすべてを自分でとりしきり、皇帝が崩御すれば最高権力を引き受けるつもりで準備にとりかかった。そのとき、ベリサリウスをふくむ数名の将軍が、彼女をユスティニアヌスの後継者として認めないと宣言して宿営地にこもっている、というわさが広まった。この不信のしるしは危険な陰謀の証しであると皇后は解釈した。ベリサリウスの不遜な言葉は、ひかえめにいっても軽率だった。軍人の大言壮語にすぎない、と弁明することは不可能だった。「皇帝の神に近い神性を与《あずか》っている」皇后《アウグスタ》に向けられたとなると、それは不敬で扇動的な発言となる。将軍のたわいもない、ただの威勢のいいおしゃべりは国家的犯罪となった。

　テオドラはベリサリウスとほかの軽率な将軍たちを解任し、尋問を開始させた。徐々に健康を回復しつつあったユスティニアヌスには関与させず、通常の訴訟手続きをへることもなく、彼女が一人でことを進めた。「罪人」はその財産を差し押さえられ、職を解かれ、私兵団も解散させられた。偉大な男はもう何者でもなかった。プロコピオスは次のように書いている。「彼は街に出た。ただの一個人として、つきしたがう者もほとんどなく、悲しげで、また死に値する陰謀にまきこまれるのではないかとおそれおののいていた」

　ベリサリウスの大言壮語だけが、この割の合わない懲罰の原因だったのだろうか？　この最強の将軍を打倒したいテオドラは、これを絶好の非難材料としてとらえたのだ。だが、プロコピオスの言葉を信じるなら、皇后を駆りたてた理由は別にあった。ベリサリウスは妻のアントニナを深く愛していた。だがこの妻にはテオドシウスという愛人がいた。妻の不貞を知った夫は、妻の浮気相手の青年を誘拐し、だれも知らない遠い牢獄に閉じこめたのだ。ところが、皇后はアントニナと友情を深めていた。この女友だちのために彼女は青年の居場所をさがさせ、彼を救い出した。美男のテオドシウスが宮殿につれてこられると、皇后はアントニナをよんでこう言った。

「高貴な友よ、昨日だれも見たことがないほど美しい真珠が手に入ったのです。もし見たいなら、この眼福をあなたから奪うつもりはありません。どうぞごらんなさい」

愛人の姿を一目見て、「アントニナはあまりの喜びに最初は口もきけないほどだったが、やがて、皇后から多くの恩恵を受けたことを認め、その皇后のことを救い主、恩人、真の主人とよんだ」

テオドラは勝利した。扇動的発言で有罪となったベリサリウスに、彼女は恩赦をあたえることにしたが、それは公平性への配慮からではなく、友人アントニナのためだった。アントニナは自由気ままに生きる女だったが、夫と別れるつもりはなかった。だから皇后は、それでも妻を溺愛しつづけるこの将軍に結婚を継続するよう求めたのだ。

皇后にはもう一つ、この結果に満足した理由があった。彼女はこの策謀を、病床にあったユスティニアヌスぬきで進めた。この軽率な武人を追いつめるのに主導権をにぎったのはテオドラだったのだ。彼女はさらに忠実な友アントニナのために夫婦を和解させた。そしてベリサリウスをこれまで以上に妻に従順な男に変えただけでなく、無罪放免としたことで、強力な将軍を感謝の念を忘れない臣下に変えたのだった。

権力欲はテオドラから生涯離れなかった。最高権力の座にはつけなかったので、自分の目的を果たすためには宮廷の陰謀を利用した。カッパドキアのヨハンネスの失墜とベリサリウスのつかのまの失寵には共通項がある。どちらも彼女にとって脅威であったことだ。つまり、妻である自分が夫におよぼす影響力を奪うかもしれない脅威であり、自分を妻としてのたんなるお飾りの役割に閉じこめるかもしれない脅威だったのだ。テオドラは皇帝に対する彼らの影響力をおそれた。それは彼女が遠ざけることに成功した、皇帝の近親者であり後継者とも目されたゲルマノスにも感じていた脅威である。いかなるものも彼女が関心事から目をそらすように仕向けてはならず、だれも彼女の皇帝に対する影響力をそこなってはならないのだ。

彼女は一部の敵対者に残酷な罪をあたえた。宮殿に「秘密の部屋」をいくつか作らせたのはテオドラだったとされている。彼女の憎しみの対象となった人々が世間から忘れさられ、そこで何年も幽閉された、もしくは亡くなった、といわれている。

テオドラはさまざまな人々を解任したが、一方でお気に入りたちを昇進させた。そのうちの一人が、銀行家で、財務大臣のような役職――「聖なるほどこしものの高官」という美々しい呼称であった――についたペトルス・バルスメスで、もう一人が、アルメニア出身の宦官で、アレクサンドリアでもイタリアでも軍を率いた将軍ナルセスである。自分に忠実な人物を帝国の組織のさまざまな職につけるという彼女の配慮は、さらに自分に献身的につくす聖職者たちを主教の座に推薦することにもおよんだ。彼女から見れば、宗教的問題とて「地上における神の代理人」とされる皇帝の専権事項ではなかったのだ。

## 異端の庇護者

ビザンティン帝国では、教会の日常や信仰の定義そのものに介入することが皇帝の権力のなかにふくまれていた[8]。神と人とを結ぶ存在である皇帝は、キリスト教世界の要石《かなめいし》なのだ。ユスティニアヌスはくわえて、神学に特別の関心をよせていた。彼の篤信《とくしん》はだれの目にも明らかだった。多くの教会を建設させ、教会にはふんだんに寄付し、老齢になっても巡礼をおこない、聖遺物を崇敬した。しかし彼の信仰心は外面にあらわれるものばかりではなかった。それは宗教への深い学識をともなった理解に根を下ろしていたのだ。枢機卿のダニエルーによると、彼は生涯「一徹な神学者」であった。

一〇〇年以上前から帝国ではキリスト教が国教であり、教会が特権を享受していた。「正統《オーソドックス》」信仰が勢力をふるっていたとはいえ、古くから数多く存在し、禁じられても、また多くの場合弾圧されても存続する、「キリスト教の異端」を抑制できないでいた。公会議や東方教会の総主教たち[9]は定期的にそうした異端を断罪し、皇帝は彼らの結論にお墨つきをあたえていた。三位一体説に反対して「キリストを、いってみれば第二の神とする」[10]アリウス派も例外ではなく、ニカイア公会議（三二五年）、次いでコンスタンティノポリス公会議（三八一年）は、多くの蛮族の君主たちが帰依していたアリウス派の教義を断罪していた。ユスティニアヌスも五三五年以降、侵攻して征服した北アフリカやイタリアの属州において、現地で根強かったアリウス派を弾圧した。

キリスト単性論は教会にとってさらに危険な教義だった。信者は多く、しかも帝国内ではそれが多数派となっている地域もあった。また信者はこの教義を守ることに熱意を燃やしていた。アリウス派とは反対に、キリストの人性は神性に融合され、単一の性となった、と考えるこの教義は、四五一年のカルケドン公会議で異端とされたが、それでもなお支配的だった。これに対し、ユスティニアヌスの前任者は鎮圧を強化してローマ教皇をたいへん喜ばせた。単性論によって東方の主教や修道士たちは分裂し、エジプトがその迫害を受けた信者たちの避難先となっていた。

ユスティニアヌスは、その治世がはじまって四年がすぎた五三一年頃に弾圧の手をゆるめ、国外追放になっていた聖職者たちがそれぞれの教区に戻ることを認めた。皇帝は状況を考えて現実的な対応をとったのだが、その裏には妻の働きかけもあった。テオドラは結婚以前から単性論派を援助していた。皇后になってからは彼らの庇護者となり、とりわけ宮殿ではメソポタミアから来た五〇〇人以上の修道士たちを受け入れ、修道院で暮らせるように手配した。ニカの乱ののちのある会議で、カルケドン公会議で規定された正統派と単性論派の和解がこころみられた。この会議は成果を上げられなかったとはいえ、そこでかわされた意見に気持ちを動かされた皇帝は、妥協策を探るつもりであることを表明した。歩み寄りのときが近いように見えた。ユスティニアヌスと逆の立場をとるテオドラは、妥協を拒否した。きわめて厳格な単性論者たちに好意的な皇后は、彼らの教義の勝利を助けるためにみずからの地位を利用しようとした。この計画で夫妻の意見は真っ二つに分かれた。教義についての論争は皇帝権力をもむしばんだ。

東方教会の総主教たち、公会議の神父たち、それに教皇もまきこんだ波瀾万丈の危機が幕を開けた。皇帝は、その職務ゆえに、および神学への個人的な関心から介入したが、皇后はこれが皇帝の独擅場《どくせんじょう》となることを許さず、機会あるごとに夫の選択に反対した。この難局にともなうこみいった神学的論争は汚い手口でも裏切りでもなんでもありで、キリストの人性と神性の二元性についての難解な意見交換は、それぞれの陣営の論者たちを混沌の渦におとしいれた。聖職者の任命や辞任の強制、破門、さらには、熾烈《しれつ》な政治闘争さながらに投獄がおこなわれていた。

利害の調整をはかる気などないテオドラはみずからの影響力を利用し、ユスティニアヌスの政策に逆らって、五三五年に二人の単性論者をアレクサンドリアとコンスタンティノポリスの総主教座に指名させた。彼らの就任は多くの反対にあったため、前者は武力で認めさせ、後者については、この指名を正当でないと判断した教皇を相手に弁明しなければならなかった[11]。皇后の支援を受けた単性論者たちは追い風を受けたようにみえた。修道士セウェルスの波乱に満ちた経歴の最後を飾る急展開が物語るように。穏健派の単性論者セウェルスはアンティオキアの主教座に任命されたが、その後ユスティヌス帝によって解任されていた。さらにその後エジプトに避難していたのを、彼が自説を指南したテオドラの厚意でもとの主教座に戻ったところだった。だがこの捲土重来《けんどちょうらい》はわずかな期間しか続かなかった。

主教のアンティモスが皇后の厚意により総主教に指名されたとき、教皇はアンティモスに辞職を強いた。かわりに、一点の疑いもなく正統の立場をとる者を総主教に任命させるためだった。アンティモスはただちに庇護者である皇后のもとに身をひそめた。ところが、奇妙なことに、教皇が帝都コンスタンティノポリスを軽率にも訪れた際に突然病に倒れ、五三六年四月に死去した。テオドラが毒を盛らせたというわさがささやかれたが、真相はわからないままだった。それでも、教皇が生前に準備していた公会議は春に開催され、失脚した単性論者の総主教の追放が追認され、四五一年のカルケドン公会議で規定された正統への教会の加入があらためて確認された[12]。単性論者たちはどうやら勝負に負けたのだ。

テオドラはけっして敗北を認めなかった。彼女は、お気に入りのアンティモスのコンスタンティノポリス総主教座復帰が、五三六年六月に新教皇となったシリウェリウスによって認められることを望んだ。これは、ちょうどベリサリウスがゴート族からイタリアを奪還するのに成功したころであった。五三六年一二月、ベリサリウスはローマに入った。勝ちほこる将軍か、もしくはその妻アントニナが、皇后をよろこばせようと、アンティモスの復帰を教皇にせまった。教皇はそれをこばんだ。そこで教皇を標的に腹黒い陰謀がくわだてられ、彼がローマを帝国の敵にゆだねようとしているという不当な非難が教皇に浴びせられた。このいつわりの告発によって教皇はやすやすと解任され（五三七年三月）、国外追放された。テオドラは復讐をとげたのだ。翌日には、ベリサリウスは新たな教皇にウィギリウスを指名した。何年か前にはテオドラの助言者だったウィギリウスは、時がくれば単性論の復権を助けると皇后に約束していたのだった。

テオドラは五三五年、単性論派のテオドシウスをアレクサンドリアの総主教座に指名させた。しかし、この総主教は数日しかもたなかった。民衆が暴動を起こし、彼は逃げるしかなくなったからだ。皇后のおかげで彼はコンスタンティノポリスに避難することができた。アレクサンドリア総主教の後継者としてユスティニアヌスに指名されたタベンネシスのパウロスは、カルケドン派、すなわち正統派だった。彼は軍の助けを借りて、ただちにアレクサンドリア中の単性論派の教会を閉鎖させた。弾圧の波がエジプトを襲った。単性論は負けたのだろうか？　皇后はそれでも守ろうと努めた。五三九年の末には、パウロス総主教の暴力的な方法を声高に非難し、解任させるのに成功した。それでもシリア、メソポタミアにおける帝国のすべての属州で単性論派への弾圧をやめさせることはできなかった。エジプトも例外ではなかった。

しかし五四〇年以降は、ユスティニアヌスは考えをあらため、強引な方法が失敗したことを認めて和解の道を探るようになった。読者の大方の推察に違《たが》わず、この方針転換の影にはテオドラがいた。対話、そして歩み寄りは結束を強化するよりよい機会になったのだろうか？　皇帝の勅令によって和解が開始された。だがローマは不満を示した。教皇は認めるのをこばんだ。皇后の応援を受けた皇帝と教皇の力くらべがはじまった。教皇は拉致され、囚人としてコンスタンティノポリスにつれてこられた。強い圧力に服従させられた彼は抵抗する気力を失い、テオドラの死の数週間前にあたる五四八年四月に屈服した。これがテオドラの最後の勝利となった。

このように皇后は生涯を通じて単性論派を支持して庇護をあたえつづけ、夫の宗教政策とは逆の立場をとって行動した。こうした夫婦間の意見の相違は、歴史家たちの探究心を刺激した。この相違は国家のトップにおける機能の深刻な混乱を意味しているのではないだろうか？　ユスティニアヌス帝政が最後まで克服できなかった弱点なのか？　想像力のたくましい研究者たちは、皇帝夫妻の意見対立はじつのところ、当人たちがしかるべく実行していた役割分担の隠れ蓑《みの》であった、と考えた。この説によると、ユスティニアヌスは、正統派は寛容であってほしいと内心では願いつつ、表向きはその正統派の擁護を、テオドラはいずれは本流に合流するかもしれない異端の信徒たちの庇護を、それぞれに分担して任務とした。そうしながら、両人とも帝国と皇帝権力の最大の栄光のために力をつくした、というのだ。創造性に富んだ解釈ではあるが、この説が正しいと証明することはできない。それでも疑問が一つ残る。ユスティニアヌスは皇后が異端者たちを宮廷にかくまい、ローマを怒らせ、自分の考えを押しとおすために陰謀をたくらんだことを、はたして知っていたのだろうか？　皇帝が知らなかった、あるいは目をつぶっていたとは考えにくい。同じように宗教への情熱をもっていた夫妻はこのテーマにかんして対立していたが、ユスティニアヌスは独立心の旺盛な妻の気骨を考慮しなければならなかった、と認めるべきだろう。

## 女性の境遇改善への心くばり

年代記を信じるならば、テオドラは終始《しゅうし》帝国を共同統治していたという。だがカンサレイアのプロコピオスが皮肉たっぷりに描いてみせた彼女の姿には矛盾する点がないわけではない。あいかわらずとげとげしい調子の本文にはこう書かれている。「彼女は身体の手入れに必要以上に熱心だった。(…)朝は早すぎる時間から風呂に入り、長々と入浴してから、遅すぎる時間にやっと出てくる。それから食事をとって、さらに(…)休養をとり、(…)いつもたいへん長い睡眠をとるのだが、それは日中から夜の早い時間まで、夜から日の出までなのだ」。このような時間の使い方をする怠け者の皇后であれば、統治にあてる時間はいっさいないはずだ。だが、『秘史』の別の一節でプロコピオスは、テオドラが「国家に絶対的な影響力」をおよぼし、「執政官職や聖職の人選を掌握していた。(…)彼女はすべての結婚をとりしきっていた」と書いている。しかも、気に入らない者からは寵をとりあげ、気に入った者は昇進させ、単性論者たちを庇護し、ニカの乱を打ち破る、そういったことのための時間はあった、というのだ。

今日《こんにち》の歴史家は皇后の政治的役割の重要性を認めているが、べつに過大評価しているわけではない。彼女がユスティニアヌスにおよぼした影響には、恐妻家の夫を従わせる、といった要素はいっさいなかった。たしかにテオドラは単性論者たちに庇護をあたえたが、この異端が公式の教会に勝利することはなく、しばしば迫害を受ける反主流派という位置づけに変化はなかった。ユスティニアヌスが野心を燃やしていた旧ローマ帝国の版図の復興や蛮族の王国の絶滅に、皇后は反対していた。にもかかわらず、北アフリカのヴァンダル族、イタリアのゴート族、スペインの西ゴート族を打ち破って旧ローマ帝国領土を再征服するための戦いは実行された。また、テオドラは公式には皇帝がおこなう外交を、自分も平行して自由におこなっていたといわれることもある。もしそれがほんとうだとしても、成功したことはほとんどなかった。たとえば、五三九年の末頃、ペルシアとの新たな衝突を危惧して、テオドラがペルシアの大王に平和維持を訴える手紙を書いたが、なんの結果も得られなかった。翌春、帝国は敵軍の侵入を許したのだ。

ということは、皇后は宮廷の陰謀だけに秀でていたのだろうか？　だが、ユスティニアヌス治世下の国内改革における彼女の役割は無視できない。戦場におもむいたことのないユスティニアヌス帝が、「神を喜ばせ、わが民のためになる」方策について昼も夜も考えをめぐらしている、と述べていたことを忘れてはならない。テオドラもまた、夫とともに考えをめぐらしていたのだ。五三五年四月一五日に公布された、行政改革の開始を告げた長い序文のなかで――「地方官職の売買の禁止について」――、ユスティニアヌスは、この改革案作成において妻が大きな役割を演じた、と強調している。

プロコピオスはこう指摘する。「テオドラにはもともと不幸な女性たちの助けになりたいという気持ちがあった」。たしかに皇后は女性のおかれた状況の改善に労力をおしまなかった。彼女の尽力は、名高いユスティニアヌス法典が女性の権利を法的に認めることで結実した。既婚女性に夫への服従が求められることに変わりはなかったが、妻の個人財産は厳密に保護されることになった[13]。誘拐は厳しい取り締まりの対象となり、売春斡旋業者は司法で裁かれることになった――テオドラは積年の恨みを晴らした、といえよう。そして、皇后は多数の娼婦を金を払って解放し、またそのうちの多くを宮殿で引きとった[14]。これまた若いころの屈辱が忘れられなかったためか、彼女は女優差別を撤廃する法律の制定をうながした。姦通を犯した妻が死罪で罰せられることはなくなった。法律が妻による姦通を離婚の理由として認めることにかわりはなかったが、夫による姦通も妻が離婚を要求できる理由となった。教会内に支持者を得たテオドラは、結婚破棄の禁止をおしすすめた。それまでは、離婚とはじつのところ、移り気な夫による離縁にほかならなかったのだ。そうして離縁された女たちは、慈善制度などの救援を受ける機会がなければ貧窮と売春におちいり、抜け出せなくなってしまうのが通例であった。

たしかに女性の地位はまだ依存的かつ従属的で、単独では法律行為ができない無能力者の扱いのままではあったが、女性の状況の改善（および奴隷の状況改善）はユスティニアヌス帝の治世下の注目に値する改革案の一つであり、皇后はその推進にたえず心をくだいていた。このことを確信するには、次のようなプロコピオスの皮肉たっぷりの一文を読めば足りる。「いまの時代、ほとんどすべての女の良俗は地に落ちた」。夫に不貞を働いた女たちは「皇后のもとへ駆けつけて状況を逆転させ、夫を司法に引きずり出し、告発には根拠なしとの判決を勝ちとるのだ」。このような悪意ある発言からは、君主が妻の勧めで定めた結婚にかんする法律を前にして、当時の男たちが感じていた苦々しさが透けて見えるようだ。

＊

ユスティニアヌスとテオドラは真のカップルであった。いまさらその証拠を示す必要などないと思うが、この夫婦のあいだの愛が本物であったことは、皇后の死であらためて明らかとなった。五四八年六月二九日、癌が彼女の命を奪ったとき、ユスティニアヌスとともに生きた期間はおよそ四半世紀になっていた。妻を失った悲しみはこの夫を終わりのない苦悩の淵につき落とした。妻とのあいだに子どものいなかった彼は、孤独のうちに閉じこもった。人前にはまず出なくなり、宮殿に身を隠し、公の儀式にすらほとんど姿を現わさなかった。五六五年に死去するまでの一七年間、ビザンティウムの皇后にのぼりつめた、競馬場の踊り子を悼みつづけた。この踊り子はその後も、ラヴェンナのサン・ヴィターレ聖堂の色鮮やかなモザイク画のなかで、厳《おごそ》かな姿となって無言で夫によりそい、二一年にわたって最高権力を分かちあったカップルの肖像を後世に伝えることになる。

〈原注〉

1　このため、コンスタンティノポリスの皇帝とよばれていた。

2　Procope, *Histoire secrète*, traduit et commenté par Pierre Maraval, préface d'Alain Nadaud, Paris, Les Belles Lettres, 1990, 214 p（プロコピオス『秘史』、ピエール・マラヴァルによる翻訳と注釈、Alain Nadaudによる序文）。編者の序文を参照、p. 1-26（プロコピオス『秘史（西洋古典叢書）』、和田

廣訳、京都大学学術出版会、二〇一五年)。Pierre Maraval, *L'Empereur Justinien*, Paris, PUF, coll. «Que sais-je ?», 1999.(ピエール・マラヴァル『皇帝ユスティニアヌス』(文庫クセジュ)、大月康弘訳、白水社、二〇〇五年)

3 Georges Tate, *Justinien. L'épopée de l'Empire d'Orient*, Paris, Fayard, 2004, p. 96. この大全は本書の手引きとなった。Guy Gauthier, *Justinien. Le rêve impérial*, Paris, France Empire, 1998も参照するとよい。

4 元老院議員身分の最高位階。

5 大宮殿は、カティスマとよばれる、それ自体が巨大な建物である貴賓席を介して、競馬場とつながっている。

6 ユスティニアヌス法典は五二九年に発布された。その他の法文集の『学説彙纂』も『法学提要』も、ニカの乱より後年のものである。

7 長年フランドルの画家ヴァン・ダイクのものとされてきたこの作品は、今日ではルチアーノ・ボルゾーネ作であるとされる。ダヴィッドの有名な絵のほかにはピエール・ペイロンとフランソワ=アンドレ・ヴァンサンのものがある。

8 Michel Kaplan, *Tout l'or de byzance*, Paris, Gallimard, 1991, p. 32.(ミシェル・カプラン『黄金のビザンティン帝国——文明の十字路の1100年』(「知の再発見」双書)、田辺希久子/松田廸子訳、創元社、一九九三年)

9 総主教座は次の四か所、コンスタンティノポリス、アレクサンドリア、アンティオキア、エルサレムにある。西の総主教座はローマのものである。

10 あるいはアリウス派異端。三位一体に反対する、アリウスが唱えた教義。François Bluche, *La Foi*

*chrétienne. Histoire et doctrines*, Paris, Le Rocher, 1996, p. 248.

11 当時すでに主教座についている主教を転任させることは禁じられていた。しかし、コンスタンティノポリス総主教に指名されたアンティモスは、すでにトレビゾンドの主教だった。

12 *Le Dictionnaire historique de la papauté*, sous la direction de Philippe Levillain, Paris, Fayard, 1994を参照。

13 Guy Gauthier、前掲書、p. 218.

14 Pierre Maraval、前掲書、p. 89.

## 2 シャルル六世とイザボー・ド・バヴィエール
（一三八五―一四二二）

# 狂気がひき起こすめまぐるしい事態の急転

「お妃さまは、現在傷ついているこの王国を癒《い》やす薬、特効薬となることができます」（クリスティーヌ・ド・ピザン、王妃への手紙）

「そなたは王妃、醜い皮膚におおわれた奥方イザボー」（詠み人知らず）

一三六八年。イングランドとフランスが、のちに一〇〇年戦争とよばれることになる戦《いくさ》に明けくれるようになってもう三〇年がたっていたが、その帰趨《きすう》はまだだれにもわからなかった。とはいえ、フランス王国には喜ぶ理由があった。この年の終わり、すなわち一二月三日に国王シャルル五世（在位一三六四―一三八〇）と王妃ジャンヌ・ド・ブルボンのあいだに王太子、のちのシャルル六世が誕生したのだ。三人の娘という無意味な出産と一人の男児の誕生――しかも、四人とも幼年でなくなった――をへての慶事だった。国王は男子の後継者をもつことは叶《かな》わないのでは、と絶望していた。今回の出産に期待し、これまでの不安を一掃してくれる朗報を待ち望んでいたパリの人々は「降誕祭だ！降誕祭だ！」と叫んだ。不安の原因は、数年前から結婚生活が破綻していた国王夫妻は離婚にふみきろうとしている、という噂だった。離婚の許可を求める願いが教皇に届けられたが、教皇は夫妻がふたたび暮らしをともにするよう勧め、男児の誕生を予言した、といわれる。神は教皇の祈りを聞きとどけてくださった。ゆえに、人々は新生児を「教皇ウルバヌスの子ども」とよんだ。[1]

## 困難をかかえたフランスが戴いたのは幼い王

丈夫な赤ん坊として産まれたシャルル少年がすくすくと育ち、母である王妃がその後も子どもを産みつづけるのなら、[2]フランスは希望をとりもどすことができる。というのも、イングランド国王は以前より、フランスのカペー＝ヴァロワ朝の正統性に異議を申し立て、自分にこそフランスの王権を継ぐ権利があると主張し、実力行使に出ていたからだ［一三二八年、シャルル四世の死によってフランスのカペー朝はとだえ、傍系のヴァロワ伯が即位してヴァロワ朝がはじまった。だが、イングランドのエドワード三世は、母親がシャルル四世の妹であることからフランスの王位継承権は自分にある、と主張した。これが百年戦争の発端となる］。この本家争いのライバル関係に、現フランス南西部のギュイエンヌにおける宗主権にかんする揉《も》め事《ごと》とフランドルの支配権をめぐる紛糾がくわわり、戦争がはじまった。宮廷人にも国民にも歓迎された王太子の誕生をもってしても、屈辱的な敗北の記憶は消えることはなかった。フランスはスロイスの海戦、クレシーの戦い、カレーの戦い、ポワティエの戦いで連敗を喫したうえ、黒ペストの流行はおさまらず、王太子シャルルの祖父にあたる善良王ジャン二世が一三五六年にイングランド軍の捕虜となり、パリでは商人頭のエティエンヌ・マルセルが先導する反乱が起き、大規模な農民一揆が勃発し、一三六〇年にはブレティニー条約によって王国の三分の一がイングランド国王に割譲された。この時点でフランス王国は最悪の状況下にあった。一三六四年に即位したシャルル五世は、空いてしまった穴をふさぐことに粘りづよく取り組んだ。

賢明な相談役たちと名将デュ・ゲクラン大元帥に助けられ、シャルル五世はフランスの立て直しに取り組み、失った地方の奪還に力をそそいだ。王の努力は報われた。軍事面では、戦いがない期間は解雇されるので掠奪を働く傭兵たちの強盗団（グランド・コンパニとよばれた）を一掃した。外交面では、フランドル伯の跡取り娘マルグリット・ド・ダンピエールがイングランド国王の息子と結婚するのを阻止して、王弟ブルゴーニュ公フィリップ（豪胆公）の妻となるように事《こと》を運び、フランドルとブルゴーニュの一体化を実現した（のちに、富裕なフランドルを領地とするブルゴーニュ公の力が強くなりすぎて王権をおびやかすことになるが、この時点では弟ブルゴーニュ公のフランドルへの進出はフランス国王にとって有益であった）。賢明王とよばれたシャルル五世は、王太子が生まれたまさにその年に、イングランドに対する攻勢にものりだした。「百合の花の君子たち」［百合の花はフランス王家の象徴］とよばれた王弟たち、すなわちベリー公ジャン、アンジュー公ルイ、豪胆公（ブルゴーニュ公）フィリップは、イングランドに占領されていた領土の一部を奪還した。以上の結果、シャルル五世が死去した一三八〇年の時点でイングランドが支配下に置いていたのはもはや、羊毛取引で栄える港町のカレー、ワインの積み出し港であるボルドー、青色染料を輸出する港があるバイヨンヌだけであった。

休戦は続くのだろうか？　ドーヴァー海峡をはさんだ両国で少年が王位についたことで、希望的観測が生まれた。ロンドンでは、一三七七年にエドワード三世がなくなったが、残された後継者は一〇歳のリチャード二世〔エドワード三世の孫〕だった。フランスのシャルル六世（在位一三八〇―一四二二）は一二歳だったから、ほぼ同年齢だった。どちらの国にとっても幸いなことに、未成年の国王のもとでは対外戦争はむずかしいので、休戦状態は延長されることになる。だが、これは同時に、どちらの国にとっても内政が面倒なものとなることを意味した。

パリでは、シャルル五世の妃は夫より先に亡くなっていたので、こういった場合に幼い国王を補佐する王太后は存在せず、叔父であるベリー公、アンジュー公、ブルゴーニュ公が権力の行使にあたった。しかし、いずれの叔父も亡くなった兄王があげた成果を守ることに無関心であり、自分勝手な政治を行なおうとしたので、これが絶えざる紛争の火種となった。フランス王国の臣民たちにとって、王権の行使とは公子たちの野心を満たすための新税徴収にほかならなかった。その結果、さまざまな反乱が起きて叔父たちによる統治はゆらいだ。

少年王は成長した。いまや、頑強で、武芸が得意で狩猟が大好きな青年である。武人かつ文筆家のフィリップ・ド・メジエールが最初に傅育《ふいく》官をつとめ、シャルル五世の死後は、叔父のフィリップ豪胆公があとを引き継ぎ、父親がわりとなった。新王の教育はなおざりにされ、国王の職責を担うために学ぶべきことを教わらなかった、といわれる。これは、お堅い連中の意見であった！　シャルル六世が、当時の法学者たちが難解な著作のなかで描き出した国王の理想像――彼らが模範としていたのは、「法律家や知識人たちの王」であった故シャルル五世である――に合致していなかったことは本当だ。シャルル六世は父親とはまったく違っていた。信仰心は篤かったが、宮廷生活に慣れ親しみ、運動が大好きで、競技に熱心に参加し、球技が得意で、巧みに馬を乗りこなした。流行《はやり》の騎士道物語の主人公を思わせる騎士王だったのだ。こうした好ましい特徴のすべては、シャルル六世統治下の王国に光をもたらすことを約束していたが、そうはならなかった。シャルル五世が死去するやいなや、納税拒否の動き、地方都市やパリでの騒擾《そうじょう》、三部会［身分制議会］の紛糾によってフランス王国はふたたびゆらぎはじめたからだ。こうした騒ぎが一段落したところで、一七歳という若い王を結婚させねば、という話になった。

## 「国王のお気に召した」王女さま

先王の意向を尊重し、ドイツ圏との結束を固めるため、ドイツ人の姫君を探すことになった。バイエルン公の娘であるイザボー（一三七〇―一四三五）が候補に上がったが、父親であるバイエルン公は色よい返事をしなかった。それでは、イングランド、スコットランド、カスティーリャ、ロレーヌで適切な姫君を探し求めるべきだろうか？　豪胆公フィリップが月下氷人の役を引き受け、三人の有力候補の肖像画を描かせた。ある同時代人は次のように伝えている。「これらの肖像画を国王にご覧に入れたところ、一四歳のイザボー・ド・バヴィエール姫をお選びになった。ほかの姫君よりはるかに気品があって美しい、と思われたからだ[3]」。すべての証言が一致している。イザボー姫は「美しく、若々しく、愛らしく、立ち居ふるまいがたいへんにゆかしい」と述べる者もいれば、「高貴そのものである」とたたえる者もいた。シャルルはぜひとも結婚したいと思い、周囲が自分のために見つけてくれたこのたぐいまれな姫君との出会いを待ちこがれ、「いつ会えるのか?」と周囲にたずねた。

甥の望みをかなえるため、ブルゴーニュ公はアミアンでの非公式な見合いを設定した。口実は、アミアンのカテドラルに祀られている洗者ヨハネの聖遺物（頭部）の礼拝である。イザボーがシャルル六世のお気に召せば、彼女はフランス王妃となる。お気に召さなければ、持参金の交渉に入るまでもなく話は終わりとなる。この第二の可能性こそが、イザボーの父、バイエルン公シュテファン三世がおそれていたことであった。同公は、姫をアミアンにつれていく役目を仰せつかった者に次のように述べた。「もしフランス国王が娘を気に入らなかったら、娘は死ぬまで恥にまみれることになる。ゆえに、出発する前に熟慮せよ。そなたが、娘をつれ帰る事態となれば、わたしはそなたにとって最悪の敵となるのだから」。イザボー自身はなにも知らず、見合いではなく、巡礼に行くのだと思っていた。ピカルディ地方までの三週間の旅のあいだ、イザボーは即席教育でフランス宮廷のしきたりと、ひとこともしゃべれなかったフランス語の初歩を教えこまれた。服装が田舎くさいのでは、ということで、パリ風のファッションで飾り立てられた。なにごともゆるがせにできなかった。シャルル六世に気に入られなかったら、その代償は大きい。シャルル六世に嫌われて恥をかいた場合、イザボーは修道院に送りこまれる危険があった。

若い二人が出会ったのは一三八五年七月一四日だった。双方にとって一目惚れであった。シャルルはイザボーを「じっと見つめた。そうして見つめると、喜びと愛が心を満たした。彼女を美しく若々しいと思ったからだ。彼女をいつでも見ることができるようになりたい、彼女を自分のものにしたいと熱望した」（フロワサール）。とはいえ、イザボーは、透きとおるように白い肌の金髪女性を好ましいと考えていた当時の美女の基準からはずれていた。髪はブルネット、目鼻立ちがはっきりとして、肌はどちらかといえば浅黒い小柄な娘だった。しかしシャルルは虜《とりこ》となった。シャルル自身も、女性の心をとらえる魅力に事欠かなかった。平均を上まわる身長、厚い胸板、活き活きとした目、金髪。見てくれのよい君主であった。双方が相手の外見を気に入ったので、ただちに結婚が決まった。ブルゴーニュ公はアラスでの挙式を考えていた。しかしシャルルは待ちきれなかった。そこで、出会いから三日目にアミアンで結婚式がとりおこなわれた。あけすけな物言いをおそれないフロワサールは「二人は初夜を楽しんだ。このことはまちがいない」と述べている。

ゆえにシャルルとイザボーは恋愛結婚をしたことになる。すくなくとも、たちどころに互いに惹かれての結婚だった。君主の恋情が結婚に結実することはまれだ。しかし、シャルルはイザボーへの恋情を押しとおした。結婚が待ちきれない、元気でたくましい若者の機嫌をそこねることを周囲の人間はおそれたのだろうか？　このロマンティックな結婚物語には外交上の利点もあった、との指摘はもっともだ。ヴァロワ朝とヴィッテルスバッハ家の絆を強めることは、イングランドの脅威に立ち向かううえで重要だった。シャルルはほかのどの姫君とも結婚する気はなかったが、イザボーというドイツの姫君との結婚は亡父の意向と合致していた。

## 親政のはじまり

イザボーは幸せに目が眩《くら》んだ。若い夫は彼女の望みをすべてかなえてくれるし、王家の宮殿の絢爛《けんらん》豪華は、子ども時代をすごした質素な城とは比べものにならなかった。故シャルル五世が好んで暮らしていたヴァンセンヌ城。そこからほど近く、ヴァンセンヌの森のきわに位置し、ぜいたくな家具調度をしつらえたボーテ城。パリのサンタントワーヌ通りのはずれにあり、様式がばらばらな建物の集合体であるが、ぜいたくな装飾がほどこされた部屋が数多くあり、蒸し風呂施設もそなえ、広い庭園とライオンを目玉とする有名な動物園が楽しみをそえる王城、サン＝ポル館。何十人もの陪食官にかしずかれるイザボーは、こうした王宮の奥にひっそりと暮らしているわけではなかった。国王の狩猟に同伴し、ムラン、サンジェルマン、モービュイッソン、モンモランシーにあるその他の城も訪れた。若いイザボーは、自分を王妃に戴《いただ》く国の言葉と歴史の学習に励んだ。すばらしい人生が開けると思われた。若夫婦は愛を育んだ。国王が軍事のために王宮を留守にしたときは、二人のあいだでたえず手紙がやりとりされた。イザボーは早々に妊娠した。この結婚は神に祝福されていたらしく、生まれたのは男児だった。この第一子は数か月で亡くなるが、その後も次々に子どもが生まれる。二六年間で合計一二人。男児六名と女児六人だ。

宮廷は、若人の独擅場《どくせんじょう》であった。国王夫妻は二〇歳にもなっていなかった。シャルルの唯一の弟ルイ（オルレアン公）は三歳年下だった。兄弟はいっしょに育てられ、同じ教育を受けた。会話が巧みなルイはあきらかに知的にすぐれていて、文芸を愛好していた。一三八七年、ルイとヴァランティーヌ・ヴィスコンティの婚約（結婚は二年後）を祝って、盛大な祝宴が開かれ、若い王妃は大いに楽しんだ。旧世代を代表する叔父たち――ベリー公ジャン、ブルゴーニュ公フィリップ――は五〇歳代に入ろうとしていた。[4] フランス国内における叔父たちの不人気ははなはだしかったので、シャルル六世は叔父たちの後見を受けるのはやめようと考え、一三八八年一一月に親政を開始した。マルムゼ[5]という綽名《あだな》で有名な顧問官たち、弟ルイ、献身的な士官たちが国王を支えた。あいつぐイザボーの出産――残念なことに三人の女児がたてつづけに生まれた――、国政をみずからの手で動かすというシャルル六世の決意、イングランドとの休戦の数回にわたる延長により、親政は幸先のよいスタートを切った。宮廷の宴会は、久しぶりに訪れた平穏を反映しているかのように華やかだった。一三八九年、盛大なセレモニーが催され、パリ市民は感嘆した。百合の花を金糸で刺繍した青色のビロードのドレスをまとった王妃の入市式と、王宮の礼拝堂サント＝シャペルにおける王妃戴冠式である。一週間にわたって祝祭がくりひろげられ、騎馬槍試合、舞踏会、宴会があいついだ。こうした華やかな催事は、国王が若い妻をいかに愛しているかの証《あかし》である、とだれもが思った。

シャルル六世が妻に求めたつとめは、妊娠のあいまに王権の象徴として公の場に姿を見せることだけだった。イザボーは、宮廷を華やかに見せるいちばんの飾りだった。「学をもちあわせていた」、すなわち教養があったイザボーは、王妃所蔵の写本の修繕や装飾のための出費を記した会計簿が物語るように、宗教書や世俗書を手もとに置く熱心な読書家であった。音楽好きでもあり、自分でも演奏し、高貴な女性の常として針仕事にも精を出した。信仰の篤さでも人後に落ちず、天からのお告げを信じていた。一三九〇年の夏、王家が暮らしていたサン＝ジェルマン＝アン＝レ城を竜巻が襲った。ものの数分で、王妃礼拝堂のガラスがこなごなにくだけ、多くの居室の窓ははずれ、樹木は根こそぎに倒された。荒天がおさまってても、またしても妊娠していたイザボーは恐怖にとらわれたままで、この天災に神意を読みとった。これは重税にあえぐ民草《たみくさ》の不幸をまのあたりにした神の怒りの表われに違いありません、とイザボーは夫に訴えた。年代記作者たちによると、「出産を間近にした王妃の懇願を受け、国王はその後まもなく、この問題（新たな人頭税の徴収）を審議することを禁じた」

## 「国王の病は大きな悲しみであった」

幸福な結婚生活は長続きしなかった。一三九二年八月五日、ル・マンの森を騎行している最中にシャルルは狂気の発作に襲われた。その数週間前から、シャルルは体調不良で、発熱し、倦怠感を訴えていた。ドラマが起きたこの日、夏の暑さは耐えがたいほどであった。突然、一行が進む道に一人の男が姿を現わし、王が裏切りにあう、と警告を発した。シャルルは動揺したものの歩みを止めることはなかった。森をぬけると、真昼の焼けつく陽に照らされる野原が広がっていた。馬上で眠気に襲われた一人の小姓が手から槍を落としてしまい、これが直前を騎行していた別の小姓の兜にあたって大きな音を立てた。うとうととしていたシャルルはこの音に驚きあわて、小姓に襲いかかって殺そうとした。家来たちが、あいだに割って入って殺害を止めようとしたが、国王を傷つけてはならないのでうっかり手出しはできず、死者が出た。王は、弟のオルレアン公もふくめ、だれがだれであるかを認識できなかった。皆はやっとのことで王から武器をとりあげ、荷車に寝かせてル・マンまで運んだ。それから二日間、シャルルは心身の衰弱状態から脱しなかった。亡くなるのだろうか、と人々は不安をおぼえた。

困惑した同時代の人々は「高温となった黒胆汁の浸出」がもたらした症状である、とみなした。この説明ならば病の秘密を守ることができるし、だれも責任も問われることがない。現代の医学者たちは、シャルルは統合失調症を患《わずら》っていたのだろう、と推定している。シャルルは精神病患者であったが、症状の出現は間欠的であった。狂気の発作が起きると、自分の名前も肩書きも忘れ、家族のだれを見てもだれだかわからなかった。王妃をさして、「あの女はだれだ？　彼女の姿が目に焼きついている」と述べる始末だった。そうなったシャルルは本人にとっても周囲の人間にとっても危険な存在となり、国政をつかさどることなど論外だった。[6] やがて症状が治まるとすべてが元どおりとなり、シャルルは国王、愛妻家に戻った。

はじめての発作は三日間しか続かなかった。だが、翌年の六月なかばに再発すると一三九四年一月まで続いた。以降、発作と小康状態が交互に訪れ、治癒の希望は消え失せた。本人、妻、周囲の人間のだれもが、次の発作が起きるのはいつだろうかと戦々恐々となった。一年あたりの発作は三回というのが通例であるが、一四〇三年、一四〇五年、一四〇九年のそれぞれでは、すくなくとも四回は起きた。発作の期間は、短いときは数日で、長いと九か月にもおよんだ。時間がたつにつれ、小康状態の期間はだんだん短くなり、シャルルは心身ともに衰弱した。一三九二年夏の悲劇のさなか、国王がそれから三〇年間も狂気に苦しむことになるとはだれも予測していなかった。

イザボーはなすすべもなく、夫の症状が重くなるのを身近で見ていた。回復を願い、苦行を実践し、連禱《れんとう》を唱え、喜捨を行ない、ミサをたててもらい、礼拝行列を組織し、奇跡を起こせるといわれる者や、不思議な力をもっているとの幻想をふりまく者をよび集めた。国王が正気に戻り、夫婦が（ほぼ）正常な暮らしをとりもどせますように！というイザボーの祈りに、天は応えてくれなかった。一三九三年から一四〇七年にかけて、王妃は七回も出産する。イザボーは夫の面倒を見ることを拒否したという悪意に満ちた噂が流れたが、事実は逆であり、妃は国王のそばを離れず、愛しつづけた。ただし、歳月とともに愛情は鈍麻していった。夫の病が、彼女の神経をすり減らしたからだ。狂気に襲われているあいだ、シャルルは身のまわりのものすべてを破壊し、自分の衣服を汚した。妻を無視するならましなほうで、最悪の場合はののしり、侮辱し、おどした。唯一、義妹のヴァランティーヌ・ヴィスコンティのみがシャルルをなだめることができた。王が小康状態のときに懐妊するという七年間をへて、イザボーは狂気の発作が起きているときも夫婦のまじわりをもつことを余儀なくされた。一〇人目の子どもで、将来はイングランド王妃となるカトリーヌも、将来のシャルル七世も、受胎はこうした時期に相当する。ゆえに、イザボーの負担を減らすため、そしてイザボーの同意を得て、一四〇五年に国王には公妾があてがわれた。これが「小王妃」とよばれたオデット・ド・シャンディヴェールである。シャルルが亡くなる日まで彼女が国王にそそいだ献身的な愛は、ロマンティックな芸術家たちが好んでとりあげる題材となる。

正気を失った国王をどうすべきか？　権力から遠ざけ、退位させるべきか？　だが、これを実行することは、神聖な国王に対する冒涜である。あえて火中の栗をひろう者はいるだろうか？　とりあえず、フランス王国には統治が必要だ。最初に狂気の発作が起きた一三九二年当時、王弟のオルレアン公ルイはまだ二〇歳であり、国政を託すには若すぎる、と判断された。こうしてオルレアン公は除外された。二二歳のイザボーも同様に排除された。国王の叔父であるベリー公とブルゴーニュ公が待っていた復讐のときが到来した。四年前にシャルル六世の後見役から降ろされた二人は、一三九二年八月五日の夜に国政の実権をふたたびにぎり、数日後に正気をとりもどしたが心身のダメージが大きくて国務への復帰はむずかしかったシャルル六世から承認をとりつけた。叔父たちに政務を託するというシャルルの意向に、王妃も王弟も従うほかなかった。それからというもの、シャルルは小康状態のときにかぎって王としてのつとめを果たし、発症中は叔父たちが仕事を引き継ぐことになった[7]。

だが、もし国王が亡くなったら？　一三九二年二月に二番目の男児が誕生していたが、まだ数か月の赤児であった。王となる者の成人年齢は一四歳と決まっていた。後見と摂政――前者は私生活の監督を、後者は政務の代行を意味するので、厳密に区別されていた――が必要となる事態にそなえる必要があった。シャルル六世が最初の狂気の発作から正気に戻っていたさなか、一三九三年一月付けの政令が二つ布告され、後見と摂政の子細が決められた。寡婦となった場合、イザボーは子どもたちを養育する使命を託される（布告は「後見、保護、監督」と定めている）が、ベリー公とブルゴーニュ公のみならず、シャルル六世の母方の伯父であるブルボン公ルイ、イザボー自身の兄（将来のバイエルン公ルートヴィヒ七世。この頃、フランスに滞在していた）にも報告を行なう義務を負う。彼らはイザボーの指導役、そしてなによりも保護者となるからだ。王太子が成人に達する前にシャルル六世が死去した場合、摂政をつとめるのはシャルル六世の弟、オルレアン公ルイであり、寡婦となるイザボーではない。フランスは「権力が女の手にわたり、女が治めるには高貴すぎる王国」だからだ。このような決定がくだされたのははじめてでないことは確かだ。すでに、シャルル五世の治世下、一三七四年に、国王が死去した場合は「王国を治め、保護し、防衛する権限」(「摂政」という言葉は使われていない)が王弟に託され、王の子どもたちの後見は母親に託される、と決められた。したがって、イザボーがとくにひどい扱いを受けたというわけではないのだが、実質的な権威をともなわない、家族会議の議長役ともいえるお飾りのような役割だけを認められ、それ以上を望むことは許されなかった。[8]

公的な場で王妃としてふるまい、妊娠出産し、慈善活動に励むことに忙しいイザボーは、叔父たちや王弟と権力を争うことなど、考えもしなかった。彼女には、財政的な自立のほうが重要だった。イザボーの出費を王国財務と切り離し、彼女自身が管理することを夫が認めてくれた時点で、この自立は確保された。シャルルは気前よく、妻にサン゠トゥアン城をゆずり、寡婦となった場合に彼女にあたえられる領地を指定した。これは、財政的自立の基盤となる所領をイザボーが築く第一歩となり、その後に彼女が政治的自由を享受することにつながる。この頃のイザボーは実質的な権力とは無縁であったものの、無為に日々をすごしていたわけではない。ベリー公やオルレアン公をはじめとする重要人物全員と手紙をやりとりし、旗幟《きし》を鮮明にすることは避けつつ外交交渉についての情報を集めた。しかしながら、彼女がもっとも崇敬していたのは、自分の結婚を仲介してくれたブルゴーニュ公であり、同公にはとくにひんぱんに手紙を書いていた。[9] それでも、彼女の役割が限定的であったことに変わりはない。一三九五年、彼女の娘のイザベル（六歳）とイングランドのリチャード二世（二八歳）の結婚話をまとめるための交渉がはじまった。イザボーは準備会議に一度も参加していないし、公式書類に署名したのは王の叔父たちであり、イザボーの署名は不要とみなされたようだ。ブルターニュ公国とイングランドとの接近を阻止するために、フランスがイザボーのもう一人の娘、ジャンヌをブルターニュ公と婚約させたときも、母親がこれについてどのような感想をいだいたのかを書き残す必要がある、と考えた年代記作者は一人もいなかった。彼女の父親であるバイエルン公シュテファン三世がパリを訪れ、ヴィッテルスバッハ家の候補者が神聖ローマ帝国の皇位につけるように助力を求めたことがあった。シャルル六世はこのとき狂気発症中であったため、バイエルン公は国王の近親者と面会したが、娘が交渉の席にくわわることを認めなかった。イザボーに求められたのは相も変わらず、子どもを産むことであった。五年間で男児二人をふくむ四人が生まれた。

## イザボー、王族間の確執の仲裁役となる

イザボー王妃は、一三九六年からはじまった、王弟オルレアン公ルイと叔父のフィリップ豪胆公［ブルゴーニュ公］の対立による政治危機を通じて、女性権力者としての地歩を固めた。自分の発言権を強めたいと逸《はや》るオルレアン公は、妻の実家――ミラノの支配者であるヴィスコンティ家――の権益にかなう政策を独断でおしすすめた。このヴィスコンティ家にイザボーは恨みをいだいていた。母方の祖父が現ヴィスコンティ家によってミラノの支配権を奪われ、殺されたからだ。そこでイザボーは、

イタリアにおけるヴィスコンティ家の覇権のたくらみを邪魔するためにさまざまな策動をめぐらし、義弟オルレアン公の不興をかうことになる。二人のあいだの紛糾の種はつきず、諍《いさか》いは日増しに深刻化した。

しかし、叔父ブルゴーニュ公をもってしても王弟オルレアン公ルイの野心をはばむことはできなかった。二人のあいだには世代の壁があった。二人の利害は一致しなかった。二人のどちらも、相手と権威を分かちあおうとしなかった。一四〇一年一二月、二人の党派はにらみあいに入った。どちらが先に攻撃を仕かけるか、という一触即発の事態であった。平和を保つため、フランス王国は仲裁者を必要とした。イザボーの出番がやってきた。

これまでは国王の子どもたちの母親にすぎなかった王妃が頼みの綱となったのだ。ここぞとばかりに、イザボーは努力をおしまなかった。落としどころを探るための話しあいの場を設け、「華麗な宴《うたげ》」を開催して敵対する二人を招いた（二人は招待に応じたが、用心深くも護衛の武人たちをともなってやってきた）。一四〇二年一月にライバルたちは合意に達した。オルレアン公とブルゴーニュ公は、敵対感情と怨恨をすてさる、と誓った。この誓いはあっというまに忘れさられるのだが、イザボーはあくまで不可欠な仲裁役とみなされた。国王が、妻は信頼に足る、と判断したからだ。同じ年の三月、シャルル六世は政令により、国王が「不在」（狂気の発作は、このように婉曲に表現された）の場合にあらゆる紛糾をおさめ、分断を終わらせ、裁定をくだすための全権限を妻にあたえた[10]。

だが、イザボーには自分の「抜擢《ばってき》、昇進」を喜ぶ余裕がなかった。一一回目の妊娠で体力を消耗したからだ。一四〇三年二月二二日、五人目の息子が生まれた。これで王家存続は盤石となった。シャルルと名づけられた新生児（将来の国王シャルル七世である）には、健在の兄が二人いたからだ。[11] イザボーは産後の肥立ちが悪く、政治から遠ざかった。

イザボーの妊娠、出産をいいことに、オルレアン公とブルゴーニュ公は「罵詈雑言」の応酬を再開し、一時的に失った権威を回復しようと競った。国王の病気の進行は二人にとって都合がよかった。一四〇二年の五月から一〇月にかけて、狂気の発作はたてつづけに三回も起きた。一四〇三年はさらに悪化した。最初の発作は四月に起き、六月に再発すると七月から一〇月まで続き、一二月にまた起こった。国王が発狂してからすでに一〇年がすぎていた。くりかえし起こる発作に、国王はあとどれほど耐えて生きのびることができるのだろうか？

またもや、シャルル六世に万が一のことがあった場合の対策を練らねばならない。ブルゴーニュ公たちが自分たちの都合にあわせて発案した二つの政令が一四〇三年四月に布告され、前年の法令をくつがえした。イザボーは夫からあたえられた最高権限をとりあげられた。国王の病が発症しているあいだ、諮問会議において王妃に認められるのは象徴的な上位権のみとなった。ブルゴーニュ公らは王妃に対する自分たちの優位を強化した。シャルル六世が死去した場合、王太子はただちに即位し、未成年であってもただちに統治を開始する、と決められた。そうなると摂政のかわりに合議制の統治体制が敷かれることになり、オルレアン公であれイザボーであれ、だれも摂政として権力をにぎることができなくなる。一四〇三年の春は、この政令発案の中心人物であったブルゴーニュ公に追い風が吹いていた。王弟オルレアン公は怒りを煮えたぎらせたが、体力が回復していなかったイザボーはこの新たなとりきめにさして反対しなかったようだ。

しかし、天はブルゴーニュ公の勝利をはばんだ。翌年、フィリップ豪胆公は六二歳で亡くなった。

王妃よ、お泣きなさい、悲しみなさい
あなたさまに玉座を贈った方を偲んで！

クリスティーヌ・ド・ピザンは以上の二行で、シャルルとの結婚を仲介したブルゴーニュ公がイザボーにとっていかに恩人であったかを語っている。同公の死を受け、ライバルであったオルレアン公ルイの復讐がはじまる。同時に、王妃は以前よりも自由にふるまえることになる。

## オルレアン公、王妃の新たな同盟者

イザボーは味方を必要としていた。国王の叔父たちの時代は終わった。豪胆公［ブルゴーニュ公フィリップ］の死後、残っていたのはぜいたく好きなベリー公ジャンだけだ。一度死にかけたことがある六四歳の虚弱な老人であった。いまや、次の世代が表舞台に立つことになった。豪胆公フィリップの息子で新ブルゴーニュ公となったジャン無畏《むい》公――一三九六年のニコポリスにおける対オスマン十字軍の戦いにおける英雄――は、国王夫妻と同年代であった。しかし無畏公は、首都パリにはまれにしか姿を見せず、最初はディジョン［ブルゴーニュ］に、次にアルトワ地方やフランドルで暮らすことを好んでいたため、国王諮問会議への影響力を欠いていた。ジャン無畏公はそもそも、覇権を狙う前に財政を立てなおす必要があった。これとは対照的に、すべての状況はオルレアン公ルイにとって有利だと思われた。兄である国王がもっとも信頼する顧問であり、祝宴を好む社交家であり、弁舌の才があった。「雄弁な言いまわしをごく自然にちりばめた見事な語り口」が自慢で、人を魅了する才覚はもって生まれたものだった。ゆえにイザボーは、ついこのあいだまでの意見の相違を忘れ、義弟を味方とするほかなかった。オルレアン公の側も、国王「不在」のあいだに権威をにぎる正当性をもつ王妃を無視することはできなかった。二人は必要に応じて接近したのだ。

二人の関係は、それ以上に深まったのだろうか？　二人ともぜいたくや遊興が好きであったので、後世の人々は愛人関係があった、と噂した。根拠のない噂である。そもそも、王妃が姦通を犯した、と非難した同時代人は一人もいない。だが、オルレアン公への不満が高まるにつれ、イザボーもこれにまきこまれてしまった。オルレアン公は徴税を強化していた。フランス王国の海岸を荒らしまわっているイングランドに対処するため、戦費調達の徴税は必須であったことは確かだ。しかし国民は、徴税強化は王妃と王弟の強欲を満たすためであり、ぜいたくきわまりない宴《うたげ》のためにむだづかいされるだけだ、と感じた。二人の「不手際な政治手腕と底知らずの貪欲」を非難する声が高まった。サン＝ドゥニの修道僧とよばれる年代記作者は次のように記している。「ゆえに、尊敬に値する人々が、すっかり空であった国庫に一エキュも納めなかった、といって二人を声高に非難するのをわたしはたびたび耳にした[12]」

こうした批判や中傷が高まった裏には、ブルゴーニュ公［無畏公］ジャンのプロパガンダがあった。同公は、「国王をないがしろにし、看護を放棄し、子どもたちの面倒もみない」と王妃を非難する世論を焚きつけた。もはや、シャルル六世の小康状態は長続きしなくなり、オルレアン公ルイとイザボーが二人だけで国政をとりしきり、王族や国王諮問会議のメンバーの意見を無視していた。だが二人の権勢は長続きしなかった。一四〇五年八月、無畏公ジャン［ブルゴーニュ公］が、派手な示威行動に出る意図をかくそうともせず、かなりの軍勢をひきつれてパリにやってきた。敵対するオルレアン公とブルゴーニュ公のどちらもが、自分の力を誇示するエンブレムを選んだ。オルレアン公が選んだのは、ブルゴーニュ公を打擲《ちょうちゃく》してやろうという意図もあきらかな節くれだった棍棒である。他方、ジャン無畏公は「鉋《かんな》と削り屑」を選び、無礼なオルレアン公の太い棍棒を細くしてやる、という魂胆を見せつけた[13]。

ムランに通じる街道で、ジャン無畏公はムラン城に滞在する母親に合流しようとしていた王太子ルイの身柄をとらえ、国王がほぼたえまのない狂気の発作に苦しんでいるパリにつれもどした。力を背景に、ブルゴーニュ公ジャンは有無をいわせずに王妃から子どもたちの養育権をとりあげ、王太子をルーヴル宮に閉じこめて配下たちに監視させた。ジャン無畏公はこうした処置を正当化する理屈をいろいろとあげてみせたが、彼の敵にとって同公は大逆罪を犯したことにかわりなかった。内戦の危機がせまった。

両陣営の仲をとりもつことで内戦を回避するのはイザボーの役目となった。彼女は国王から、どちらも王族であるブルゴーニュ公とオルレアン公に仲裁を強制的に受け入れさせるための全権限を託された。一四〇二年の仲裁をあれほどみごとに成功させたイザボーへの期待が高まった！　一四〇五年一〇月に妥協が成立した。パリ市民はついこの前まで中傷していたことを忘れ、王妃の手腕をたたえた。国がこれで一致団結したと考えるのは無邪気すぎるが、短期間の小康状態にあったシャルル六世はそうなってほしいと願った。だが、この均衡状態は幻想であった！　ジャン無畏公がフランドルに戻るやいなや、オルレアン公ルイは自分の息がかかった者たちを国王諮問会議に送りこんだ。諮問会議を制する者は国を制する、と確信して。[14]

だが、オルレアン公が国王諮問会議掌握を足がかりにして次の一手をうつことはかなわなかった。一四〇七年一一月二三日の夕べ、王妃訪問を終えた同公は、バルベット門近くのヴィエイユ＝デュ＝タンプル通りで暗殺された。殺害者たちは同公を落馬させ、頭部を強く打ちすえたので「敷石に脳みそが飛びちり、国王とその子どもたちに次ぐ高い位にあった彼［オルレアン公ルイ］は、あっというまにひどく衰弱した」[15]。二日後、ブルゴーニュ公は自分こそがオルレアン公殺害の首謀者であると公言し、フランドルに逃げた。「あまりにも大きな恐怖とおぞましさをおぼえ」て金縛り状態となった王妃は、「より安全な」サン＝ポル館まで護衛してもらい、国王に合流した。王弟が実の従兄の指令で暗殺されたのだ。しかも、この犯罪は、国王のお膝元である首都パリで決行されたのだ！　ブルゴーニュ公を全面的に支持していたパリ市民はオルレアン公を少しも悼《いた》まず、「節くれだった棍棒は地面につき刺さった」と戯《ざ》れごとを述べた。暗雲がたれこめた。これほど足蹴《あしげ》にされた王権に未来はあるのだろうか？　暗殺されたオルレアン公には一六歳の息子がいた。この息子に忠誠を誓う者たちの頭にあるのは敵討《かたきう》ちのみだった。王族同士が張りあうのはありがちなことだが、これに復讐の怨念がくわわる危険が生じた。イザボーは、ブルゴーニュ派に憎しみをおぼえながらも、またもや仲介の労をとってフランスを内戦の危機から救い出すことができるのだろうか？

## 追いつめられての選択

王妃には一つならず切り札があるように思われた。第一に、国王が、自分が死亡した場合もしくは自分の「不在」のあいだは王妃が優先的な権限をもつ、とあらためて公式に宣言した。くわえて、ブルターニュ公が王妃を軍事的に救援すべく態勢を整えた。しかし、無畏公ジャンはあなどれない敵であった。パリはブルゴーニュ派であり、一朝《いっちょう》ことあればパリ市民はためらいなく無畏公の側につくことは明らかだった。このことを承知しているブルゴーニュ公は大胆にもパリに戻り、殺害には正当な理由があったのだ、と主張した。その説明によると、オルレアン公には暴君のふるまいがあったので殺すのはやむをえなかった。そして一四〇八年三月九日、暗殺からたった三か月後に、ブルゴーニュ公ジャンは国王から赦免状をせしめた。まもなくブルゴーニュ公が国政を掌握するだろう、と人々はささやいた。同公に敵対していた人々は早々と、パリを離れたほうが無難だと判断した。

ブルゴーニュ公に対する憎悪にかられた王妃は子どもたちとムランの城塞に引きこもり、三月に出された赦免状を七月に撤回させることに成功し、夫の狂気発症中は王権が全面的に自分に託されることをあらためて認めてもらった。だが、こうした努力はすべてむだとなる。パリ市民は、ブルゴーニュ公が求めればすぐにでも蜂起する気でいた。イザボーのたっての願いに応じ、シャルル六世は一一月三日に首都を去ってトゥールに向かった。そして翌年の三月まで王妃および王太子とともにトゥールにとどまった。これは、王家は自分にお墨つきをあたえている、とブルゴーニュ公に言わせないための策であった。

しかしながら、敵と自分のあいだの力の差ははなはだしかったので、どうしても手放せないものを失わないためには妥協するほかない、とイザボーは理解した。イザボーに救いの手を差しのべ、彼女を補佐して政務をとることができる者はだれひとりいなかったからだ。殺された義弟の息子である新オルレアン公シャルルは若すぎるし、夫の叔父であるベリー公は年寄りすぎる。王太子はまだ一二歳であり、夫に頼ろうにも、間欠的に訪れる小康状態のあいだにかぎられる。ゆえに、これまで憎んでいたブルゴーニュ公ジャンと和解しなければならない。一四〇九年が明けると、王妃とブルゴーニュ公それぞれの代理人が会合や交渉を重ね、過去のことは忘れ、これからは良好な関係を築こう、という約束がかわされた。三月の終わり、イザボーは自分の名前でブルゴーニュ公と協定を結び、王妃の権利を認めてもらうのと引き替えに、ブルゴーニュ公が提案する王国財政改革案を承認した。こうしてブルゴーニュ公は国家指導者となった。巧妙なうえ、国民的人気を強みにしている同公は、これでも足りぬとばかりに、さらに要求を強め、王太子の養育権を勝ちとり、母親のイザボーはもはや後見として口出しすることもできなくなった。

ブルゴーニュ公が国政を牛耳っていることはだれの目にも明らかになった。そうなると、不満をもつ者が生まれた。そして、ガスゴーニュの強大な封建領主であるアルマニャック伯ベルナールを旗頭として、反ジャン無畏公で結束する同盟が形成された。またしても国を二分《にぶん》する内戦となった。しかし、今回の内戦は、その規模と期間、および強大な敵国であるイングランドの介入によって、フランス中世史上もっともドラマティックな内戦の一つとなった。ブルゴーニュ派と、いまやアルマニャック派とよばれる勢力のぶつかりあいである。容易ではなかったが、イザボーは争いをおさめようと努めた。一四一〇年一一月に一年間の休戦が宣告された。「朕《ちん》にとってかけがえのない、朕がまことに愛する配偶者である王妃が、朕の許可と是認のもと、おおいに力をつくした[16]」とシャルル六世が認めているように、イザボーの苦労が実ったのである。

休戦協定は破られる、というのが世の常だ。一四一〇年の休戦も例外ではなかった。それでもイザボーは、長剣や短剣が鞘《さや》におさまるようにたえず奔走した。しかしその努力は報われなかった。あいかわらずブルゴーニュ派が支配しているパリは危険だと感じたイザボーは、ムランやヴァンセンヌの城に滞在するほうを好んだ。その一方で、国王と王太子は捕虜さながらに首都に留め置かれた。

一四一一年一〇月二三日にジャン無畏公がパリに入市すると、パリ市民は熱狂し、救世主であるかのように歓迎した。彼らがブルゴーニュ公に信頼をよせるのももっともだった。同公にとってすべてが順風満帆であった。アルマニャック派との対立開始直後、ブルゴーニュ公は、パリを兵糧攻めするためにオルレアン家の公子たち[17]がぐいぐいと狭めていた首都攻囲網を打破したばかりか、敵が押さえていた近隣の町を征服した。同公がやることなすこと、すべてうまく運ぶかと思われた。その証拠に、国王は同公に軍事にかんする大きな権限を託した。しかしながら、あいかわらずフランスに居座っているイングランド勢、およびアルマニャック派を相手にしての戦いには費用がかかり、これが短期間のうちに納税者の怒りをまねいた。戦費のためのさらなる協力を受け入れてもらうために招集された三部会は、これ以上の税負担を拒絶した。

王室の過剰な出費に対する反発は高まり、一四一三年春にパリで、サン＝ジャック肉市場で働く屠殺人の一人であったシモンをリーダーとする有名な暴動（シモンの綽名《あだな》がカボシュであることから、

「カボシアンたちの暴動」とよばれる）が起きた[18]「ブルゴーニュ公本人よりも熱烈なブルゴーニュ派」であったパリにおいて、無畏公ジャンは不満をいだく市民が求める改革を約束することで叛徒《はんと》たちを焚きつけた。しかし暴力はエスカレートし、制御不能となった。叛徒らは王太子ルイの住まいであるギュイエンヌ館に侵入し、王太子のとりまきの一部を追いまわして王太子の部屋まで押しかけた。死者が出た。翌日、群衆がバスティーユの前に集まり、パリ奉行を引き渡すように要求した。裁判のまねごとが行なわれ、奉行は処刑された。魔法使いの弟子さながらに、ブルゴーニュ公は自分がひき起こした騒擾の予想を超えた展開にお手上げとなった。騒乱は何日も続いた。五月の初め、サン＝ポル館までもが二回にわたって侵入され、叛徒（カボシアン）たちは、自分たちが疑わしいと判断した顧問を解任し、暴動指導者たちに褒美をあたえるよう、王太子に強く要求した。

パリはカボシアンたちの支配下に置かれた。無畏公ジャンはもはや、なにもコントロールできなかった。掠奪、殺人が毎日のように起きた。カボシアンたちの要求は倍加した。五月の終わり、彼らは王妃の居城にデモを仕かけ、王妃の側近たちと彼女の兄ルートヴィヒの逮捕を要求した。王太子は自室に引きこもって泣いていたが、イザボーは気丈にも叛徒と向きあった。イザボーは交渉を試みた。カボシアンたちは焦《じ》れて、王の部屋に押しかけてでも、自分たちが要求する者たちをひっ捕らえる、とおどした。イザボーは毅然としたところを見せたが、折れるほかなかった。兄、そして側近や女官たちは投獄された。パリは無政府状態におちいった。

この行きつくところまで行った混沌に、パリ市民もついに嫌気をさした。七月、春の暴動に替わって、反カボシアンの動きが起きた。無畏公ジャンが不在のあいだに、首都のブルジョワ穏健派が市の門を開いてアルマニャック派公子たちの軍勢をまねき入れた。風向きが変わり、今度はブルゴーニュ派に対する弾圧がはじまった。イザボーは、オルレアン家の公子たちと協定を結ぶ時期が到来した、と判断した。王妃はまたもや同盟相手を変え、今度はアルマニャック派と手を結んだ。彼女はブルゴーニュ公を王権の敵と名ざしし、同公に対する軍事遠征決定を正当なものと認めた。

枝の主日［復活祭直前の日曜日］に、国王、王妃、王太子はサン＝ドゥニ修道院におもむき、王国が重大な脅威にさらされたときに同修道院からもちだす王旗をおごそかに受けとり、軍隊をサンリスに招集した。向かう先はブルゴーニュ公の領地である。国王自身がアルマニャックの軍勢を率いた。イザボーも夫に同行した。遠征において国王夫妻がそろって姿を見せることはまれなだけに、これは強みとなり、ブルゴーニュ派の幟旗《のぼりはた》のもとで戦うことを武人たちにためらわせる効果を発揮した。こうなると、アルマニャック派が次々に戦闘を制した。コンピエーニュは降伏した。ソワソン攻略は成功した。ランも落ちた。軍勢はアルトワ地方にせまった。しかし、連勝の勢いが鈍くなった。アラスの町はふんばり、その頑強な抵抗に手を焼いたアルマニャック派は和平を探ることになり、一四一四年九月四日に講和予備条約が署名された。骨を折っての交渉でようやくまとまった和平だが、だれひとり――なにも手放す気はなかった無畏公ジャンも、復讐心に燃えるアルマニャック派の公子たちも――満足しなかったし、なにひとつ解決されなかった。さらには、無畏公ジャンがイングランド国王との同盟に傾いたことが、この脆《もろ》い和平をいっそうあやうくした。多くの敗北を喫した無畏公は、イングランドとの同盟以外に自分が再浮上する手立てはない、と確信していた。だが、なみはずれて狡猾なイングランド国王、ヘンリー五世（ランカスター朝）は迷った。フランス国王夫妻の娘、カトリーヌを妻にしたいと思う一方で、ブルゴーニュ公からはフランス王国を侵略するための支援を期待していたのだ。

一四一五年一〇月二五日、アザンクールで、アルマニャック派もブルゴーニュ派もまじえたフランスの精鋭騎士団がイングランド軍の長弓によって壊滅したのにくわえ、疫病がフランス王国に新たな試練を課した。イザボーはだれにも頼ることができず、孤立していたようだ。国王の狂気の発作はますますひんぱんとなり、甥のオルレアン公シャルルはアザンクールの戦いで捕虜となってイングランドにつれていかれた。すぐれた詩人であったシャルルは、二五年間におよぶ異国での捕囚生活の苦しみを、「フランスに思いをはせながら」、数多くのバラードとロンドーで表現することになる。イザボーが希望を託すことができるのではと考えた相手は、いまやオルレアン党派の唯一の首領となり、国王によって王国大元帥および財務総監に任命されたアルマニャック伯ベルナールであった。アルマニャック伯は、イングランドとブルゴーニュ派という二つの脅威に立ち向かうことになった。[19]

じつのところ、経験と年齢の積み重ねで知恵がついた王妃は、ブルゴーニュ派もアルマニャック派も同じくらいに脅威に感じていた。無畏公ジャンについては、自分と王族の公子たちを排除する陰謀を練って実力行使に出るのでは、とおそれた。実際、一四一六年の復活祭のさなかに、そうした計略があばかれ、王妃暗殺を託された陰謀荷担者たちが寸前のところで摘発、投獄された。イザボーが安全だと感じられる居場所は、城塞であったルーヴルとヴァンセンヌ城だけであり、この二個所は彼女の避難所となった。しかし彼女は同時に、自分が集めた財宝――貴重な品々や金貨――をアルマニャック伯ベルナールが狙っていることに警戒心をいだいていた。アルマニャック伯は、国政の長として国家財政をまかなう資金を必要としていた。ブルゴーニュ公に敵対していることを公言するいっぽうで、アルマニャック派にも不信感をつのらせた王妃は、自分の意をくんでくれる「第三者」はいないだろうか、と夢見た。過激とはほど遠い人物、息子のうしろだてとして抜擢できるような人物だ。

彼女が心から望む穏健な問題解決がもたらされる徴候はいっさいなかった。息子たちのうち、上の二人が先ごろ亡くなっていた。いちばん下の息子、将来のシャルル七世が一四一七年に一四歳にして王太子となった。この子は一四一三年にマリー・ダンジューと婚約しており、そのためにアルマニャック派との結びつきが強かった。アルマニャック派は、パリにとどまっていたら危ないという理由でシャルル少年をアンジューに迎え入れたので、王太子はすでに四年間近くを将来の義父母のもとですごしていた。王太子がアルマニャック派にとりこまれてしまったことは、イザボーが望む中庸な政権が実現する可能性を希薄にした。

## 高くついたブルゴーニュ派との同盟

大元帥アルマニャックには、不可能なことなどないようだった。アンジューから戻った王太子を事実上、人質とし、母親である王妃をパリから遠ざけた。一四一七年の春の終わり、イザボーはトゥールに追放され、軟禁状態に置かれた。狂気の王と一四歳の王太子をすでに思うがままにあやつっているアルマニャックは王国の新たな支配者であり、自分の道をふさぐ障碍をいっさい許さなかった。イザボーの懸念は杞憂ではなかった。潤沢な資金を必要としてるアルマニャック伯は、王妃から資産を奪うことしか考えていなかった。間髪《かんぱつ》を入れず、イザボーのパリの住まいに置かれていた家具調度や宝石類を奪い、王妃は王家から財宝をもちだして複数の修道院に隠しているにちがいないと思いこみ、大がかりな捜索を行なっていた。アルマニャックの強圧的な手法がフランス全土をしめつけた。これがあまりにも重苦しいのでブルゴーニュ公を支持する者が増えた。アルマニャックのやり口は自分に対する重大な屈辱だと思ったイザボーは、これまで敵対していた無畏公ジャンに接近した。またもや仕切りなおしである。パリから遠ざけられて物理的な脅威にさらされ、資産を奪われて丸裸にされそうになったイザボーは、やむをえずに反対陣営に移ったのだ。

最初に相手方に歩みよったのが王妃イザボーなのかブルゴーニュ公ジャンなのかは不明である。いずれにせよ、二者の結束は必須であった。双方はこれが不可避である、と同時に理解した。イザボーは庇護者を必要としていた。ブルゴーニュ公は、自分の正当性をたとえわずかでも裏づける縁《よすが》として王妃は役立つ、と考えた。無畏公ジャンに助けられ、王妃は一四一七年一一月二日にトゥールを脱出してシャルトルに逃げこむと、フランス各地の都市宛てにマニフェストを出し、自分は「国王陛下の代理として、この王国の統治と行政を託されている」[20]という事実をあらためて強調した。王妃の側につこうとする動きがすぐさま生じた。イザボーが、塩税を除くすべての税金を廃止する、と宣言しただけになおさらであった。新たな同盟者となったブルゴーニュ公とともに、イザボーはボース地方とガティネ地方をまわり、オセールに滞在し、トロワに身をおちつけると、アルマニャックが押さえているパリの政府に対抗するもう一つの政府を組織した。大臣諮問会議や国務諮問会議をそなえた組織であり、全員がブルゴーニュ派であった。

アルマニャックの政府はすぐさま反撃に出た。一一月六日、国王シャルル六世はアルマニャック大元帥に言われるままに、これまで妻に認めていた代理権限を取り消して王太子にあたえる、とする政令に署名した。夫の治癒不能の精神病とめまぐるしい政変によってすでに摩耗していたロイヤルカップルは完全に破綻した、と思われた。新たな権力者となったアルマニャック伯にコントロールされた狂王の意向により、父王が政務をとれない場合は若い王太子シャルルが王国総司令官および国王諮問会議の長をつとめることが決まったのだ。若輩の王太子はじつのところ、アルマニャック伯ベルナールのあやつり人形でしかなかった。王妃のほうも事情は同じようなものであり、外国大使を謁見し、外国と手紙のやりとりをし、ブルゴーニュ公不在の折は一人で権限を行使したものの、ブルゴーニュ公の掌《てのひら》の上で踊らされているにすぎなかった。イザボーはブルゴーニュ公にフランス王国を「統治し律する」全権限を託していた。アルマニャック派とブルゴーニュ派の争いはこのように錯綜していたうえに、イングランド王が新たなフランス侵攻を仕かけたことで、収束の可能性はいっそう遠のいた。

いまや、イングランドによるノルマンディ征服は着々と進んでいた。一つ、また一つと、重要な都市がイングランド国王ヘンリー五世の手中に落ち、ルーアンが射程に入っていた。パリの政府は自衛のため、外国によるこの侵略、およびパリ周辺におしよせるブルゴーニュ派の軍事攻撃に対処しなければならなかった。幸運の女神はブルゴーニュ派にほほえみかけた。一四一八年五月、無畏公ジャンの支持者たちがパリを制圧し、アルマニャック派を逮捕、虐殺し、大元帥アルマニャックを殺した。王太子はブルジュに逃げのびることを余儀なくされた。七月一四日、イザボーと無畏公ジャンは、国王があいかわらず住んでいるパリへの入市を果たした。

正当性が逆転した。復讐が次々と実行された。イザボーと彼女の同盟者であるブルゴーニュ公は、政府組織の粛清に努め、アルマニャック派を一掃した。イザボーのもう一つの仕事は、息子である王太子との和解模索であった。王太子の軍勢を母およびブルゴーニュ公ジャンの軍勢に合流させて、イングランド軍を押し戻すことは考えられないか？　ブルジュに統治諮問会議、法院、会計院を設立した王太子シャルルは、自分はだれの下僕にもならない、ましてやブルゴーニュ公の指図を受けるなんてありえない、と考えていた。彼は母親が提案した和解案をしりぞけた――母親には会わないし、父親に合流することもない、とけんもほろろの態度を示した――のみならず、王国摂政の肩書を自称した。だが、手もちの軍勢は不十分であったから、ブルゴーニュ公と戦うには同盟者が必要だった。ゆえに、王太子はイングランドに接近することを決意し、支援を求めた。両陣営から秋波を送られた――ブルゴーニュ派からは休戦を、王太子からは同盟を提案された――ヘンリー五世は、フランスの支配者となる前段階として、フランス国内の紛争の行方を左右する役目を楽しむことにした。イングランド国王は、より有利な条件を約束する側につくぞ。さて、どちらかな？

イザボーは、息子と和解するか、敵国と手を結ぶか、どちらを選ぶべきかで迷った。一四一九年五月三〇日、夫とブルゴーニュ公ジャンにともなわれたイザボーはムランとポントワーズの中間地点でイングランド国王と会った。ヘンリー五世はノルマンディとアキテーヌの割譲を要求した。イザボーの娘、カトリーヌとの結婚も求めた。そうすればシャルル六世の娘婿、王太子シャルルの義兄となれるからだ。会談は四時間も続いたが、成果はなかった。休戦延長だけが決まった。王太子との和解のほうが実現の可能性が大きいのだろうか？

七月八日、王太子と無畏公ジャンの話しあいの場が設けられた。イザボーも同席した。交渉は五時間も続いたが、決裂に終わった。三日後、もう一度交渉が行なわれ、今回は話がまとまるかと思われた。王太子シャルルと無畏公ジャンは、友情をとりもどした、これまでの諍《いさか》いを水に流すと声高に宣言し、和解の接吻をかわした。国民も武人たちもこの和解が本物だと信じたいと思った。イングランド軍が破竹の勢いでパリにもせまっていたからだ。危険があまりにも高まっていたので、国王、王妃、そして二人の娘であるカトリーヌは安全のために首都から離れてトロワに避難した。しかし、王太子シャルルは、パリ攻囲を打破しようと努めるブルゴーニュ公を支援しようという熱意を示さず、両親のもとを訪れる気もないようだった。無畏公ジャンの心のなかに不信感が芽生えた。

それでも、九月一〇日にモントローの橋でジャンと王太子が三回目の会談を行なうこととなった。しかし、今回の主役は死であった。しかも、議論が熱をおび、当事者らが激高したすえの死ではなかった。ブルゴーニュ公は罠《わな》にはまったのだ。同公が王太子にあいさつするために膝を折ったとたんに、シャルルの部下が斧で襲いかかった。無畏公は頭を割られて絶命した。次期フランス王ともあろう者が、同じ王家の血を引く公子の殺害を予謀し、命じたのだ！　ベルトラン・シュネルブは「彼の死は王国に大災害に比するインパクトをあたえた[21]」と述べている。王太子はモントローで、最悪の政治的ミスを犯した。これにより、イザボーはイングランドと手を結ぶことになるからだ。

## ましな選択肢

　当時は、政治にともなう暴力はあたりまえで、だれも衝撃を受けなかった。この荒々しい時代、大量虐殺、殺人、暗殺は日常茶飯事であった。一つの党派が勝って国家の頂点に立つことは、敵対していた者たちの死刑宣告を意味した。かつては一四一三年八月、パリがアルマニャック派の手に落ちると、ブルゴーニュ派狩りがはじまった。一四一八年五月にブルゴーニュ派がパリに入市すると、アルマニャック派は虐殺された。殺戮の対象となったのは平民だけではなかった。大貴族も、自分が肩入れした党派が敗れれば死を覚悟しなければならなかった。内戦がほぼたえまなかったこの時代、王弟オルレアン公ルイも、大元帥アルマニャック伯も犠牲者となったことは記憶に新しかった。

　とはいえ、ブルゴーニュ公殺害は王妃を大恐慌《だいきょうこう》におとしいれた。彼女は大あわてでトロワに戻り、まだ自分が王権を行使しているとの幻想をふりまきつづけようとした。[22]まさに蟷螂《とうろう》の斧《おの》であった。夫は狂人で、王太子は王族を殺した犯人であり、殺された無畏公の息子で「善良」公の添え名をもつことになる新ブルゴーニュ公フィリップは父の仇を討つことしか頭になく、イングランド軍はフランスに居座っていた。これほどの試練のさなか、敵対に終止符を打ってくれる有力者がいるとしたら、それは唯一、イングランド国王ではないだろうか？　しかし、力を貸す代償として、ヘンリー五世は以前のようにフランス王国の一部で満足する気はなかった。いまや、彼が狙っているのはフランスの王位であった。このような征服欲にどうやって抵抗できようか。強国イングランドに挑まれているフランスは弱々しいうえに分裂していた。王太子シャルル、新ブルゴーニュ公フィリップ、王妃イザボーのうちのだれがいちばん先に、イングランドと個別の講和を締結することに成功するのだろうか？いずれもが交渉した。新ブルゴーニュ公フィリップ（善良公）の周囲では、フランスの敵と同盟を結ぶとしたら、大逆罪を犯すことになり、「軽蔑」されるのではないか、と懸念する声が上がった。しかし現実主義者たちは、もしヘンリー五世が「武力を背景に」フランス王位を要求したとしたら、「すべてがくつがえされたろうから、イングランド国王に同意するのは仕方がない」と主張した。国王シャルル六世が追放される事態をまねくよりも、勝ちほこるイングランド国王との同盟を交渉するほうが好ましかったのだ。その他の選択肢はいきづまりとなる、と思われた。

イザボーは、王太子シャルルと善良公フィリップ［ブルゴーニュ公］との和解は絶対に不可能だと確信していたにもかかわらず、イングランドになびこうとせずにふみとどまっていた。理性的に考えればヘンリー五世との同盟は不可避だったが、まだためらいがあった。イザボーは、娘婿でもある善良公フィリップ［シャルル六世とイザボーの娘であるミシェルがフィリップの妻であった］の言いなりではなく、無畏公ジャンがもっていた王国総司令官の肩書をフィリップが受け継ぐことを拒否したばかりだった。イングランドの要求にいそいそと応えようともしていなかった。また、歴史資料から読みとれることだが、イザボーは王太子との接触を断っていたわけでもない。彼女が息子を憎んでいた、というのは根拠のない伝説にすぎない。

一四一九年一二月初め、善良公フィリップはだれよりも先に、ヘンリー五世が出した和平の条件をのむ、国王と王妃にも承認させる、と誓った。だが王妃はあいかわらず決心がつかず、時間ばかりがすぎた。ブルゴーニュ派が彼女に圧力をかけてきた。諮問会議ではブルゴーニュ派が圧倒的に多数であり、彼らの言い分には説得力があった。国庫は空っぽで、これ以上の出費は不可能である、ブルゴーニュ公の財政支援があれば王妃は破滅から救われる、といわれた。歴史研究者のフランソワーズ・オートランは、財政の窮乏が王妃に最後のためらいをすてさせた、と述べている。王妃は不本意ながら腹を決め、善良公フィリップの選択に自分も従うことにした。

一四一九年一二月二五日、善良公フィリップはフランス国王の名でイングランドと条約を結んだ。いまだに懐疑的な連中を黙らせるため、ヘンリー五世がカトリーヌ・ド・ヴァロワ（シャルル六世とイザボーの娘）と、善良公フィリップの妹の一人がヘンリー五世の弟と結婚することが決まった。ゆえに、この同盟は二つの王朝の絆を固めるものでもあった。だがいまのところ、この同盟はフランスの王太子を敵としていた。戦闘停止は決まったが、王太子シャルルの軍には適用されず、王太子はイングランド軍とブルゴーニュ派の軍の双方を相手にすることになる。

イザボーは臍《ほぞ》を固めた。一四二〇年一月一七日、トロワで国王の名前で出された公開状により、シャルル［王太子］は、モントローで行なわれた犯罪［無畏公の殺害］におけるその役割ゆえにフランスの王冠を戴くのにふさわしくない、と宣告された。彼は「尊属殺害者、大逆罪を犯した者、公的秩序の破壊者かつ敵、（…）神と正義の敵[23]」とよばれた。こうして、王太子との絆は決定的に断たれた。これにひき続き、国王シャルル六世は、ヘンリー五世を養子に迎えた。和平の先ぶれとなる「彼と余の娘［カトリーヌ］との結婚のとりきめにより」、フランス国王はイングランド国王を自分の息子とみなしたからだ。

ヘンリー五世は三か月の休戦に同意した。英仏の王家はこの期間を利用して条約を準備した。イザボーはイングランドが広げた腕に嬉々として飛びこんだという伝説が流布しているが、事実は異なり、交渉は長引いた。三月二三日にトロワにやってきたブルゴーニュ公フィリップ［善良公］は、条約の各項目には正当性がある、と国王諮問会議の面々を説得しなければならなかった。イザボーと国王が条約の文言を受け入れたのは四月六日である。五月二〇日、今度はヘンリー五世が姿を現わした。イングランド王を出迎えた新たな同盟者たちは困惑し、居心地が悪そうなようすだった。勝者であるヘンリー五世の横柄な態度が反感をかった。しかし、いまさらためらってはいられない。翌日、トロワ条約は大聖堂でおごそかに締結された。三一条からなる文面が読み上げられた。イングランド国王は条約遵守を誓約し、シャルル六世の代理であるイザボーもこれに倣《なら》った。悪意のある年代記作者がなにを言おうとも、自分の息子から相続権を奪ってランカスター朝のヘンリー五世にあたえる条約に署名するとき、王妃は少しも喜びをおぼえなかった[24]。

このトロワ条約は王朝の交代をはかるものだからだ。カペー王朝の系譜に属するヴァロワ朝に替わり、プランタジネット朝の分家ランカスター朝がフランスの王座につくことになるのだ。これを正当化する理由はまやかしであった。表向きには、正当な継承者である王太子は政治的犯罪をとがめられて相続からはずされた。だが、若い王太子シャルルにはイングランド王を打ち負かす力がなかった、というのが現実である。ヘンリー五世がフランスの王座につくとしても、ヴァロワ朝のカトリーヌの夫として君臨するのであり、カペー王朝本家の端麗王フィリップ四世の子孫としてではない［カペー朝のフィリップ四世の娘、イザベルはイングランド王エドワード二世に嫁ぎ、エドワード三世を生んだ。ヘンリー五世はエドワード三世の曾孫[25]］。

シャルル六世の存命中は、ヘンリー五世はフランス国王の肩書をもたない。その間、ヘンリー五世は継承予定者にすぎないが、トロワ条約署名直後に、狂王が政務をとれないことを理由として国王から全権限を託され、これを賢人諮問会議と分かちあうこととなった。ヘンリー五世がフランス国王となっても、イングランドはフランスを合併しない。二つの国は同一の君主を戴く「二重王国」を形成することになる。以上が条約の内容である。

条約が締結されると祝祭が催されるのが伝統であるが、今回はそれどころではなかった。この年の夏、新たな同盟者たちは「自称」王太子のシャルルとの戦いで忙しかった。ヘンリー五世は、シャルルの支持者たちが支配しているサンスへと進軍した。善良公フィリップ、フランス国王、そして王妃も同行した。サンスは陥落した。次はモントロー、ムランの番だった。秋の終わり、パリの周囲はイングランド・ブルゴーニュ派の合同軍に押さえられた。一二月一日、ヘンリー五世はシャルル六世とならんで首都に入った。翌日、イザボーと娘のカトリーヌもやってきて合流した。

## シャルルに甘く、イザボーに厳しい世評

「恥ずべきトロワ条約」とよばれる条約が締結されて以来、フランス国民の集団的記憶および一部の歴史家はイザボー・ド・バヴィエールを歴史の裁きの庭にひきずり出し、自分の息子の相続権をはく奪し、フランス王国をイングランドに売り渡した邪悪な王妃と決めつけた。彼女は王太子シャルルを憎んだ、強欲に駆られて娘をイングランド国王に引き渡した、夫が統治不能であるのをいいことに

権力欲の鬼となった、というのが主要な告訴箇条である。王妃が外国出身であること――ドイツ女だ！　何世紀かのちに、マリー・アントワネットが「オーストリア女」とよばれたように――が、心証をさらに悪くした。もっとひどいことも言われた。シャルルは、姦通におぼれた彼女が数多い愛人の一人とのあいだに作った子だ、と。そうなると、王太子は国王の実子ではないことになる。トロワ条約の締結者たちがフランスの王座からシャルルをしめ出すことをためらわなかったのは、彼が私生児だったからだ、とも言われた。

トロワ条約には、シャルルが非嫡子であるといったような仄《ほの》めかしはいっさいないが――フランスの王妃の名誉を傷つけるような記載がある外交文書など想像もできない――、この噂は消えず、将来のシャルル七世も自分は先王の実子でないかもしれないと疑念をいだくことになる。ただし、彼が私生児だと伝えている公式文書は一つもない。同様に、同時代人は一人として、王国をイングランドに売り渡した、とイザボーを非難していない。愛国心は芽生えていたかもしれないが、まだはっきりとした形をとっていなかったし、それよりも和平を望む気持ちが強かったからだ。しかし、「フランス国民の物語」は、堕落していたゆえに王国を破滅させた（といわれる）イザボーを、数年後に王国を救済する清らかな処女、殉教者ジャンヌと対比させるのが好きだ。一方は、外国と手を結び、国家の利益を躊躇《ちゅうちょ》なく裏切る悪女。他方は、永遠なるフランスの理念を体現し、模範を示し、壮挙をなしとげる羊飼い娘である。

現実は違う。イザボーはブルゴーニュ派から圧力をかけられ、対抗手段を欠いていたのであり、「息子の権利を否定したのは、自分から進んでやったことでも、喜んでやったことでもなかった」[26]のだ。

イングランドとの同盟を支持した者たちは「二つの悪しき選択肢をつきつけられた以上、ましなほうを選ぶべき」と判断したのであり、戦争に嫌気をさした民衆も幻想をいだくことなく同じ気持ちをいだいていた。軍規の乱れた兵隊の群、彼らが行なう掠奪、その結果としての貧窮に対するおそれゆえに、人々はトロワ条約を受け入れた。これまでさんざん苦しんだパリ市民は、悪いのは「王太子を自称する」シャルルである、と考えた。「パリの町民」とよばれる氏名不詳の年代記作者は、「フランスが今日ほど悲惨な状態におちいり、分断されていたことは一度もなかった。王太子が昼も夜も、戦火と血で父王の国を荒廃させることしか考えていないからだ[27]」と嘆いている。

廃嫡され、王国を追われたシャルルが不運にまみれる一方で、幸運の女神はイングランド国王とその同盟者たちにほほえんだ。ヘンリー五世は、ロワール川北部で王太子一派が最後まで押さえていた城塞を奪取し、妻カトリーヌは男児を産んだ［のちのヘンリー六世］。「フランス国王の息子を自称する」一九歳のシャルルはまだ結婚していないのに対して、ランカスター朝は跡継ぎを確保したのだ。確保できたのは幸いだった。ヘンリー五世は一四二二年八月三一日に、モー攻囲戦のさなかに罹患した病が悪化してヴァンセンヌで亡くなるからだ。遺児となったヘンリー六世はまだ一歳だったので、摂政体制が組まれた。いまや、シャルル六世の孫がイングランドの王座につき、同時にフランス国王の跡継ぎとなった。わずか二か月後の一〇月二一日、パリで狂王が死去する。人々は嘆き悲しんだ。シャルル六世は国民に愛されていたのだ。王太子シャルルがすぐさま自分がフランス国王であると宣言し、シャルル七世を名のる一方で、ヘンリー五世の弟でイングランド摂政であったベッドフォード公はトロワ条約にもとづき、兄の遺児ヘンリー六世がフランスとイングランドの国王である、と宣言した。

シャルル六世の死により、彼がイザボーと形成していた奇妙なカップルに終止符が打たれた。三七年間の苦悩に満ちた共同生活をへて、アミアンで祝われた恋愛結婚は遠い思い出となってしまった。シャルル六世の生涯は苦難に満ちていた。イザボーの生涯も、彼女が大好きだった宴《うたげ》が華やかさをそえたとはいえ、生き残るための戦いの連続でしかなく、犠牲者にならぬために彼女は同盟相手をたえず変えざるをえなかった。多くの子どもを妊娠、出産したためにおそろしいまで肥満した。奢侈を好んだ彼女が自由にできる財政手段は不十分であった。アルマニャック派とブルゴーニュ派が対立するなかで第三の道を探ったが挫折した。同盟相手を何度か唐突に切り替えたことは、後世から糾弾される。以上のどれをとっても、イザボーが偉大な王妃であったとはいえない。イザボーは国王の妻としての権威を周囲に認めさせることに苦労した。王太子の母であるのに、彼女が摂政となることを状況が許さなかった。一四二二年以降、彼女は寡婦資産を認められた元王妃でしかなかった。幼いヘンリー六世の祖母ではあったが、摂政ではなかった。娘カトリーヌと共同摂政をつとめることを望んだが、イングランドからは受け入れてもらえなかった。

イザボーは寡婦として一三年の歳月を送ることになる。わずかな寡婦資産をあたえられ、サン゠ポル王城の住まいでひっそりと暮らし、政治からは距離を置いた傍観者であった。一四二三年に息子シャルルに男児（将来のルイ一一世）が生まれたと知っては喜び、イングランドがシャルル七世は不義の子であると悪意たっぷりにほのめかしたときは「大いに動揺し、心の底から嘆き」悲しんだ。客の来訪（彼女のもとを訪れる者はいなかったといわれてきたが、それなりの訪問はあった）、ときたま催される宴が単調な生活に彩りをそえた。政治的な出来事に彼女がどのような反応を示したのかはいっさい不明だ。ジャンヌ・ダルクの活躍によるオルレアン攻囲の打破、「気高い王太子さま［ジャンヌ・ダルクが、まだ王太子であった将来のシャルル七世によびかけたときの言葉］」のランスでの戴冠（一四二九年）、ジャンヌ・ダルクの火刑による死、ヘンリー六世のパリのノートルダム寺院での戴冠（一四三一年）に彼女が無関心であったはずがない。年代記によると、一四三五年九月二〇日のアラスにおけるシャルル七世と善良公ジャンとの和解にイザボーはあまりにも感動したために九日後に亡くなった。

だれも彼女の死に気をとめなかった。パリの住民に「王妃はどこ？」とたずねると、「だれも答えられなかった。王妃のことはほぼなにも知らなかったからだ」、と「パリの町民」は記している。イザボーは忘れられたが、彼女の黒い伝説は生きのびた。今日でも多くの人が、勝者であるイングランド国王の側についた、といって彼女を非難し、イングランドとブルゴーニュ派のあいだのかけひきにほかならなかったトロワ条約[28]の首謀者である、と糾弾している。「パリの町民」は、「当時、地上で起きていた最悪の事態と苦しみの原因は彼女である、と人々は言っていた」と伝えている。

このロイヤルカップルにおいて、シャルル六世はその狂気にもかかわらず国民に敬愛された「親愛王」であり、イザボーはどす黒い評判を背負っている。イザボーは、あらがいがたい時代の流れに翻弄され、最終的に選択をまちがえた。しかし、彼女がくりかえし悲劇に直面し、国の分断を避けようと努めたことを歴史が忘れているのはあまりにも不公平だ。

〈原注〉

1 Françoise Autrand, *Charles V le Sage*, Paris, Fayard, 1994, p. 535538 ; *Charles VI, la folie du roi*, Paris, Fayard, 1986, p. 33-34.

2 四人が生き残ったが、そのうちの一人が、一三七二年生まれのもう一人の男児、ルイである。ジャンヌ王妃は一三七八年に四〇歳で死去する。

3 フィリップ・ドゥロルムが『イザボー・ド・バヴィエール』（ピグマリオン社、二〇〇三年）の三〇ページで引用している、サン＝ドゥニの修道僧とよばれる年代記作者の言葉。イザボーの正確な生年は不明であり、一三六九年の末から一三七〇年の初頭のあいだだと思われる。結婚当時、イザボーは一四歳ではなく一五歳であったにちがいない。

4 父方の三人目の叔父である、アンジュー公とナポリ王の二つの称号をもつルイ一世は、シャルル六世が結婚する一年前にあたる一三八四年に亡くなった。遺児は、一三七七年生まれのルイ二世である。

5 薪台などを飾る怪人像をさすマルムゼは、シャルル五世に仕えた顧問官に政敵があたえた呼び名である。シャルル六世は親政開始にあたり、亡父の顧問官たちを重用することにした。

6 Cf. Bernard Guenée, *La Folie de Charles VI, Paris*, Perrin, 2004. この本のなかで、著者グネは、狂気の発作と小康状態が交互に現われるようすを時系列で丹念に追っている。

7 同書、p225.

8 Philippe Delorme、前掲書、p. 138.

9 Jean Verdon, *Isbeau de Bavière. La mal-aimée*, Paris, Tallandier, 2001, p. 110.

10 同書、p. 170およびJean Verdon、前掲書、p. 113.

11 イザボーは、一三八六年に男児シャルルを生んだが死産であった。次に、一三九二年にふたたび男児を産み、この子もシャルルと名づけられ王太子となったが、一四〇一年に九歳で亡くなる。一三九七年に生まれた三番目の息子ルイ（ギュイエンヌ公、兄シャルルの死後は王太子となる）は、一四一五年に一八歳で死去する。一三九八年に生まれた四番目の息子ジャン（トゥーレーヌ公、兄ルイの死後は王太子となる）は一四一七年に一九歳で亡くなる。一四〇三年に生まれたシャルルが、兄ジャンの死後に王太子となり、やがてシャルル七世の名でフランス国王となる。最後の男児、フィリップは一四〇七に生まれるが、その日のうちに亡くなる。

12　Philippe Delorme、前掲書、p. 190.

13　Bertrand Schnerb, *Armagnacs et Bourguignons. La maudite guerre, 1407-1435*, Paris, Perrin, 2001 ; « Tempus », 2009, p. 82.

14　Bertrand Schnerb、前掲書、p. 88, Robert Fawtier の引用。

15　Françoise Autrand, *Charles VI*、前掲書、p. 349に引用されている、パリ法院記録保管所記録簿の一節。

16　Philippe Delorme、前掲書、p. 235.

17　殺されたオルレアン公ルイの長男シャルルには、ヴェルチュ伯フィリップそしてアングレーム伯ジャンという二人の弟（いずれも嫡子）がいた。

18　この暴動についての詳細は、Bertrand Schnerb の前掲書を参照のこと。

19　Philippe Delorme、前掲書、p. 261.

20　Bertrand Schnerb、前掲書、p. 241.

21　Bertrand Schnerb、前掲書、p. 271.

22　Philippe Delorme、前掲書、p. 292.

23 Georges Minois, *Charles VII. Un roi shakespearien*, Paris, Perrin, 2005, p. 129.
24 同書、p. 130-132.
25 端麗王フィリップ四世の息子三人があいついで王位についたが、三人とも男子の相続人をもてないまま亡くなってしまい、カペー王朝本家は断絶してヴァロワ朝へと交替する（フランスは男子にしか王位継承権を認めないサリカ法を採用していたため）。だが、フィリップ四世の娘イザベルとイングランドのエドワード二世とのあいだに生まれたエドワード三世が、自分にこそカペー王朝の継承権があると主張して百年戦争がはじまる。
26 Françoise Autrand、前掲書、p. 588.
27 同書、p. 583- 584.
28 Bertrand Schnerb、前掲書、p. 339.

# 3 イサベル一世とフェルナンド五世（一四六九―一五〇四）

## カトリック両王

「スペインのイサベル女王に比肩しうるのはだれでしょうか」「夫君フェルナンド王です」とガスパロ殿［ガスパロ・パッラヴィチーノ］は答えた。

「わたしもそれは否定しません」と、イル・マニフィコ［豪華王の末子ジュリアーノ・デ・メディチ］はつけくわえた。（…）「王が女王のおかげで得た名声は、カスティーリャ王国にまさるともおとらない持参金だったと思います」

これを受けてガスパロ殿は「わたしの見るところ」と応じた。「イサベル女王も、フェルナンド王の多くの業績のおかげで賞賛を得たのです」（バルダッサーレ・カスティリオーネ［一四七八―一五二九。イタリアの外交官・作家。本引用の出典は『宮廷人』第三の書、三五］）

「多くの偉大な君侯たちが長年なしえなかったことを、一人の女性が短期間に達成した。みずか

らの働きと統治とによって」(エルナンド・デル・プルガール[一四三六頃—一四九三頃。宮廷年代記作家])

トレド大聖堂の豪華な聖歌隊席の下段にすえられた五四枚の木彫パネルは、イスラム国家グラナダ王国に勝利したカトリック両王の栄光をたたえている。ロドリゴ・アレマンの手になるこの作品では、一〇年にわたるグラナダ戦争のほぼすべての場面に、カスティーリャ女王イサベル(一四五一—一五〇四)とアラゴン王フェルナンド(一四五二—一五一六)が描かれている。この戦争はアルハンブラの占領をもって八〇〇年におよぶムーア人支配に終止符を打ち、レコンキスタ(再征服運動)は完結した。フェルナンド王が三四回登場するのに対し、包囲作戦から離れた場所にいた女王は六回登場する。このように、たとえ一つの事績に夫婦の働きが同等でなかった場合でさえ——戦争は男の仕事だった——歴史は二人を一体として、ことあるごとに夫妻を賞賛してきた。大作『カトリック両王年代記』の著者である同時代のエルナンド・デル・プルガールは、夫妻の強い結びつきを簡潔な言葉で表現している。「二つの体に一つの意志」と。

両王の治世を記録したさまざまな公文書はどうだろうか。やはり二人の共同行動を強調する言葉ばかりがならんでいる。「国王と女王は…をされた」「国王と女王は…ことをお決めになった」など、二人を別々に分けてみることなどできないほどだ。スペイン人もほほえましく見守り、「先日、王と女王が女の子を産んだ」などと冗談を言ったりした。グラナダの王室礼拝堂など、両王に捧げられた記念建造物をのぞいてみよう。フェルナンドの「くびきとゴルディアスの結び目」、イサベルの「矢束」

という二人の紋章は、夫婦の絆の強さを象徴するように一体化している、もしくは、仲よくならんでいる。二人のために Tantomonta（同等）という標語も考案されて、建物やメダルにきざまれた。これが誤って補足されて、Tantomonta, montatanto Isabel como Fernando（二人は同等、イサベルとフェルナンド）という言葉になったが、歴史家のジョゼフ・ペレスによれば、スペイン語ではなんの意味もない言葉で、カトリック両王の標語だったことは一度もないという[1]。

国民の記憶のなかで、イサベルはフェルナンドから、フェルナンドはイサベルから切り離すことができない。両者を区別することはできず、ある事績をいずれか一方に帰することも、統治スタイルの違いを見分けることもできない。固い絆で結ばれ、近代スペインの扉を開いた二人の共同作業に、わずかなニュアンスの違いも、すれ違いも見いだすことはできない。いかなる大臣も側近も、二人のあいだに割りこむことはできなかったかに見える。カトリック両王は二人だけで、完璧な調和のもとに統治した。「王の寵愛は女王のみにそそがれ、女王の寵愛は王のみにそそがれた」と年代記作家は記している。イサベルとフェルナンドのあいだで、権力はほんとうに同等に二分されていたのだろうか。

## 遺産を勝ちとるために

このように、同時代の人々は統治における両者の関与度の違いを見出せなかったが、二人が王位につくまでにいかに多くの陰謀や罠《わな》、武力闘争をくぐりぬけてきたかはだれもが知るところだった。二人ともゆりかごのなかにいるときから、慈悲深い妖精に王冠を授けられたりはしなかった。イサベルは継承順位からしてカスティーリャの王位には遠く、その座につくには強い決意と柔軟性を発揮しなければならなかった。一方のフェルナンドも、父アラゴン王の後継と認められるまでに一〇年におよぶ内戦をひき起こしている。

スペインはまだ統一されていなかった。イベリア半島では、七一一年以来アラブ人に占領されていた領土が徐々に再征服され、複数のキリスト教国家が生まれつつあった。トレド、サラゴサ、レリダ、コルドバ、バレンシア、セビーリャなどが奪還されるにともなって、イスラム勢力はドゥエロからタガスへ、タガスからグアダルキビルへと押し返されていった。回復した領土の上にカスティーリャ、ポルトガル、ナバラ、アラゴンなどのキリスト教王国が誕生した。アラブ人が征服した領土のうち、中世末期まで残っていたのはグラナダ王国のみだった。[2]

危機の時代こそ、だれが国家指導者にふさわしいかが明確になるとよくいわれる。一五世紀後半のカスティーリャ王位をめぐる混乱において、イサベルは若年ながら類まれな政治力を証明してみせた。現王エンリケ四世（在位一四五四―一四七四）の異母妹である彼女は、カスティーリャ貴族が王に反旗をひるがえしていなければ、またエンリケ四世の後継者とされた同母弟アルフォンソがペストによって一五歳で早世しなければ、王位につく見こみなどまったくなかった。イサベルの幼少期は不幸の連続だった。四歳で父が死んだ後も、精神に異常をきたした母に慰めを見いだすことはできなかった。一三歳でエンリケ四世に引きとられ、セゴビアの宮廷で暮らしたが、そこはとうてい貴重な学習の場とはいえなかった。政敵によっておおげさに誇張されていたとはいえ、王は自堕落な生活を送り、家臣を従わせることもできず、王の権威がないがしろにされるのは日常茶飯事だった。宮廷は無政府状態で派閥抗争に明けくれ、カスティーリャが分裂し、内戦にいたるのも確実と思われた。貴族のなかにはイサベルに期待をよせる者もいた。若く経験がない彼女なら、あやつるのも簡単と考えたのだ。

女子の継承を禁じたサリカ法は、カスティーリャ王位にかんしては存在せず、女性が統治することは可能だった。イサベルを候補としてかつぎあげた貴族たちは、エンリケ四世の継承権をもつ娘のことは忘れていたのだろうか。この娘の通称、「フアナ・ラ・ベルトラネーハ（ベルトランの子、フアナ）」とは、王妃と王の寵臣ベルトラン・デ・ラ・クエバの不倫から生まれた庶子という意味である。反エンリケ派はフアナが非嫡出であること（立証されてはいなかったが）を口実に、イサベルをかつぎあげようとしていた。王の権力基盤がたえずゆさぶられるなか、王はフアナが非嫡出であることを否定しつつも、後継者とすることをあきらめざるをえなかった。一四六八年、弟アルフォンソの死とフアナの失脚により、イサベルの前に王位への道が開かれたかに見えた。このとき、イサベルは一七歳の少女とは思えない知恵と度量を示したのだった。

数年前に、これ以上統治を続ける能力に欠けるとして、エンリケ四世に模した木像を辱《はずかし》めた貴族たち［「アビラの笑劇」事件］に対し、イサベルは次のカスティーリャ女王として推戴したいとの申し出を断わった。反国王派の旗頭にかつぎあげられることも、異母兄エンリケの権威に挑戦することも、混乱状態に拍車をかけることも避けたのだ。弟アルフォンソが死に、「ベルトラネーハ」が国を出てはじめて、彼女は王位継承者となることを考えはじめた。現国王エンリケを追放し、国内の分裂を悪化させるよりも、じっとがまんすることを選んだ。ただし女王でも、かといってたんなる王女の一人でもなく、「カスティーリャ＝レオン王国王位継承権をもつ内親王」であることは宣言した。権威が地に墜ちてていた自分を王として尊重してくれるイサベルに感銘を受けたエンリケ四世は、彼女を「アストゥリアス公女」、すなわち正式な王位継承者と認めた。こうして二〇歳年長の兄エンリケの死とともに、王位は彼女に引き継がれることになった。イサベルは王の許可がなければ結婚しないことを誓約したが、王も彼女の意に染まぬ結婚は強要しないことを約束した。

アラゴンにいた未来の夫フェルナンドは、王座を手にするためにイサベルのように巧妙に立ちまわる必要はなかったが、彼が王位継承権になったことが内戦をひき起こした。父フアン二世（在位一四五八―一四七九）には最初の妻とのあいだに王位継承者のビアナ公がおり、フェルナンドは二度目の結婚で生まれた子どもだった。両王子のライバル関係は不可避と思えたが、短期間で終わった。ビアナ公が毒殺とおぼしき原因で一四六一年三月に死去したからだ。フェルナンドはまだ一〇歳にも満たなかった。継承戦争にまでは発展しなかったものの、亡き王子に忠誠を誓う勢力がカタルーニャで反乱を起こし、アラゴン王家の統一をおびやかす内戦が勃発した。フアン二世はこの内戦に勝利するのに一〇年を要した。イサベルとの違いはなにかといえば、王国分裂の危機は両者に共通していたものの、フェルナンドの場合はことさら王位継承権を主張する必要はなかったということだ。ライバルが消えれば、確実に父の後を継ぐ立場にあったのだ。

## 政略結婚

カスティーリャの後継者であるイサベルには、求婚者があとを絶たなかった。そのうちには、フランス国王ルイ一一世の弟ギュイエンヌ公や、ポルトガルのアフォンソ五世もいた。スペインでも、大貴族のドン・ペドロ・ヒロンは、一四六六年に亡くなるまで結婚をあきらめなかった。周知のとおりイサベルはアラゴンのフェルナンドと結婚する。配偶者の選択権はイサベルにあり、主導権はフェルナンドではなくイサベルにあった。カスティーリャがイベリア半島において文句なく優勢な立場にあったからだ。アラゴンの三倍の広さと、五、六倍の人口があり、産業のさかんな都市や、主要な輸出品である羊毛を供給する牧畜産業のおかげで、アラゴンとは比べものにならない活気にあふれたカスティーリャは、アラゴンの王位継承者がうらやましがらずにいられないほどの大国だった。

　イサベルの選択は、フェルナンドへの恋心ゆえだったのだろうか。夫婦の仲むつまじさを見れば、ロマンティックな解釈もしたくなるかもしれない。だが現実には、イサベルの決断は恋愛感情ぬきのものだった。当時の婚姻は感情とは無縁だった。そもそも若い二人は、結婚式当日にはじめて顔を合わせたのだ。二人とも平均的な体格で、フェルナンドは暗褐色の髪、イサベルは金髪で色白だった。年代記作家エルナンド・デル・プルガールは、好意をこめて主君イサベルを「見目うるわしく、均整のとれた体つきで（…）まなざしはやさしく率直で、目鼻立ちは整っていて、顔は美しくて晴れやか」[3]と述べているが、これにはお追従も入っているだろうし、同じようにフェルナンドの容姿をほめたたえてくれる年代記作者はいなかったようだ。

ではこの結婚は、スペインの統一をめざす、長年あたためられてきた理論的考察の結果であり、未来への展望をにらんだものだったのだろうか。そう考える人も多い。近代スペインの国家統一はカトリック両王の結婚によって実現したのだろうか。当時の現実からすると、こうした後世の歴史理解は半分しかあたっていない。後述するとおり、カスティーリャとアラゴンという二つの王国は決して融合したわけではなく、イサベルはフェルナンドを選ぶことで、有力な同盟関係を得て国力を強められたわけでもない。イサベルは、求婚者のなかでももっとも権力のない人物を選んだ。アラゴン王国を支えるカタルーニャの繁栄はいまや遠い昔の話であり、アラゴンやカタルーニャの陰気な臣民たちはみずからの特権に固執して王権に抵抗し、フアン二世の手を焼かせていた。むしろポルトガルと同盟を結ぶほうが、カスティーリャにとって利益だっただろう。

ロマンティストや、予知夢を見たにちがいないと思う者はがっかりするかもしれないが、イサベルの選択はむしろ国内政治への配慮や、自身の利益を見すえたものだった。兄からカスティーリャ王位継承者と宣言されても、貴族層を分断する派閥抗争のおそれがなくなったわけではなく、やがて来る王位継承の障害となる可能性もあった。国王から権利を剥奪されたとはいえ、ベルトラネーハを継承者とみなす向きもあり、貴族のなかにはベルトラネーハ擁立に固執している者もいた。したがってイサベルは継承権を認めてくれるトレド大司教ドン・アロンソ・カリッリョやエンリケス提督ら、宮廷内の別の派閥に頼らざるをえなかった。この派閥はアラゴン王フアン二世の使節にうながされて、フェルナンドとの結婚を推奨していた（実際、アラゴン党とよばれていた）。彼らのうしろだてを得て王位を手にするには、要求に応えてフェルナンドを夫に選ぶ必要があった。ポルトガルの求婚者アフォンソ五世が四〇歳近くだったの対し、選ばれた男はなかなかの美男で、同年代だったことも後押しにはなったが、それが最初の動機だったわけではない。数多のライバルからフェルナンドを選んだのは、結婚によってなによりも自分の利益を守りたいという現実主義があった。

さりとて、みずからの運命を夫の手にゆだねる気はさらさらなかった。イサベルがフェルナンドに渡した婚姻契約書には、夫の義務ばかりが記されていた。「将来的な笏の所有［王権の分配］については、完全に王女側に有利だった」[4]と、同時代の記録にある。フェルナンドに特権は認められるものの、王位を名のれるのはイサベルだけで、夫は王配の地位にとどめられた[5]。ようするに、若き王女は将来得ることになる権力を、少しもゆずるつもりはなかったのだ。

これほど危険に満ちた王室の婚儀はまれである。イサベルの選択でカスティーリャの政治危機は悪化し、アラゴンでも王位継承者がこの結婚に同意したことで貴族のあいだに賛否両論がまきおこった。フェルナンドを選んだことで、イサベルは兄の許可なしには結婚しないという、エンリケ四世との約束も破っていた。王の怒りを回避し、ライバルであるベルトラネーハ支持派の手をのがれるため、イサベルはすぐさま宮廷を離れ、バリャドリッドでフェルナンドと落ちあうことにした。結婚に反対する人々は、若い王子がカスティーリャに入るのを阻止しようと、暗殺までもくろんだ。フェルナンドは危険をものともせず、護衛もつけず商人や驢馬《ろば》引きに変装して道を急ぎ、一四六九年一〇月一四日深夜、バリャドリッドに到着した。四日後に婚礼が行なわれ、ただちに結婚が成立した。民衆の歓声もなかったこの地味な婚礼は多くの伝説に彩られることになるが、物語を盛り上げる要素は新郎新婦の愛ではなく、花婿が変装して到着したことである。

イサベルの決意は固く、キリスト教徒としての道徳さえかえりみなかった。第一に兄への誓いを破った。第二に、はとこ同士の結婚だったため、近親結婚にかんする教皇特免を偽装した。そして一四七四年一二月一二日にエンリケ四世がマドリードで死去すると、若き王女はそこでも意志の強さを発揮することになる。

## カスティーリャ女王とその王配

イサベルがその日のうちに王の死を知ったのは、身の安全を守れるセゴビア要塞においてのことだった。フェルナンドは対フランス戦で老いた父王を助けるためアラゴンに戻っていて、彼女は一人だった。国家元首に求められる冷静さと対応力で、彼女は翌日、フェルナンドの帰還を待つことなく、カスティーリャ女王即位を宣言した。宣誓を行なって「女王にして王国の所有者」の称号を得た。これは「正式な夫」と認められたフェルナンドは王配にすぎない、ということを暗黙のうちに表明したに等しい。あわただしい戴冠式に列席したのは少数の小貴族で、スペインのグランデ（特権をあたえられた大貴族）は一人もいなかった。儀式では若き女王に正義の剣を捧げる古い伝統が復活した。剣先を持って、柄の部分を高く差し出すのは臣下が罰を受ける仕草であり、王のみに許される伝統だった。プライドを傷つけられたフェルナンドは恨みと憤りをいだいた。妻は自分を添えものとしか見ていないのか。共通の敵に向かって共同戦線を張ってきたことも、幸運の女神がほほえんだ瞬間に忘れてしまったのか。カスティーリャのイサベルは、忘恩の化身だったのか。

フェルナンドはセゴビアに急行した。女王の軽率さを責め、納得できないとして自分の要求をつきつけた。激しいやりとりが行なわれた。イサベルは手にしたばかりの権力をいっさい手放すつもりはなかった。夫は、結婚の契約は純粋に形式的なものと確信し、自分が全面的に王権をあたえられると思っていた。妻の抵抗にあったフェルナンドは、アラゴンに戻ると言っておどした。かけひきがはじまった。一四七五年一月一五日、「セゴビア裁定書」とよばれる公文書により、行き違いは女王に有利な形で決着した。エルナンド・デル・プルガールはこう記している。「たとえ女性であっても、王国は女王に属するものとされ（…）たとえ男性であっても、傍系の相続人は王位を継承できないとされた」。アラゴンでは有効なサリカ法がカスティーリャでは採用されていなかったうえ、フェルナンドの継承権は妻より下位とされた。トラスタマラ朝の家系でイサベルは二代目の長男の系統、フェルナンドは同じく二代目の次男の系統だったからだ。

フェルナンドには、妻が認める権力だけしかあたえられない。軍を指揮したり（男性に期待される役割）、反乱を鎮圧したりはするが、要塞の司令官を任命したり、軍隊の編成や徴税を決裁するのは女王だ。つまり財政も軍隊も彼女がとりしきる。もちろん、地方官吏や聖職者の任命、司法権の行使はフェルナンドとイサベルの連名で行なわれるが、「女王の助言と同意を得て」という一筆が明記された。つまり女王は王の決定をくつがえすことができた。連名で公式文書を交付する場合、王の名を妻より先に記すかどうかをめぐって論争が起きた。妥協の産物として、名前を夫＝妻の順番にするなら、女王の紋章を王の紋章の先にすることで決着した。だれもが理解したのは、セゴビア裁定書でカスティーリャ女王の優位が確定し、フェルナンドは「王配」の地位につくということだった[6]。

夫婦は最初の重大な危機をのりこえた。イサベルは以後も夫を納得させるべく努力をおしまなかった。夫婦のあいだには、まだイサベルという五歳の娘しかいなかった。女王は女系の後継者がいることを、フェルナンドに対する優位を正当化する口実として巧みに利用した。いまの自分の優位が認められれば、娘の権威も認められることになり、将来において外国人の夫が口出しすることを防止できる、という理屈だ。

イサベルはフェルナンドを説き伏せた。「わたしたちの次の代で、カスティーリャ王家の男の子孫、それも傍系の者が、女だからという理由で、直系であるあなたの姫君を差し置いて、王位を主張してくるかもしれません。おわかりでしょう、これがわたしたちの子孫にとって、どれだけやっかいなことになるか」

さらに、女性が完全な統治権をもつことが禁じられれば、内親王が外国の親王と結婚して危機をまねくおそれもあるとも訴えた。「結婚相手が統治権を要求し、わが国の要塞や国費をカスティーリャ人でなく、自国の者たちにゆだねるかもしれません。そうなれば王国は外国の王家のものになってしまいます。そのようなことになれば、わたしたちは重大な責任を問われます」

女王は説得に成功した。「なにか問題が起きたとき、わが国の法律にしたがって解決される以上に望ましいことはありません」。こうして二人の共通理解はゆるぎないものとなった。「いまやことは決着した。(…)以後は不都合が生じないよう、このようにすべてが明確にされたのはよいことだった」と、年代記作家のエルナンド・デル・プルガールは結論づけている。「王は女王の主張を聞き、理にかなった主張だと認め、同意した。二人は、この問題についてこれ以上話しあわないと決めた」

## 女王は指揮官にして外交官

イサベルがカスティーリャ女王即位を宣言し、セゴビア裁定書が調印されても、やるべきことは山積みだった。ライバルの「ラ・ベルトラネーハ」ことファアナを支持する勢力は、矛をおさめたわけではなかった。ファアナの出自をめぐる疑念以上に、貴族のあいだでは今後の王権のあり方をめぐって大きな分裂があった。貴族と王家で権力を分けあう形をファアナ支持派は主張し、強力な王権のもとで必要な秩序を回復させようとする勢力と対立していた。貴族は調整役として政治の担い手になるのか、それとも王権に服従するのか。それまでも、合従連衡は絶えなかった。大貴族たちも二つの陣営を行ったり来たりするありさまで、未来には暗雲がたれこめ、疑心暗鬼が続いていた。スペインはどっちつかずの状態にあった。それまで女王をあやつれると考えて忠誠を示していたトレド大司教も、女王の自立心の強さに苛《いら》だちをおぼえはじめた。「わたしがお世話をしている頃は、糸紡ぎに夢中でおられた。いま一度、糸車にお戻ししよう」と、大司教は吐きすてるように言った。若い女王夫妻の意志の強さにあきれ、大司教は反対派にまわった。カスティーリャ王国はイサベルをこばまなかったが、満場一致で、ただちに支持にまわったわけではなかったのだ。

最大の脅威は隣国ポルトガルだった。リスボンの王権はカスティーリャと手を組んでアラゴンを孤立させ、自分たちに有利な形でイベリア半島を統一することを夢想していた。イサベルがフェルナンドと結婚したことでこの夢はついえ、イサベルの即位で完全にその芽はなくなった。夢をよみがえらせるには、もはや武力に訴えるしかない。ポルトガル王アフォンソ五世はためらうことなく、一四七五年五月にカスティーリャに侵攻し、ベルトラネーハとの結婚によって、軍事介入の法的正当性を主張した。フェルナンドとイサベルは、国の内でも外でも戦争に直面したのである。

若さゆえの大胆さで、夫婦は戦いに身を投じた。戦場では、フェルナンドが指揮官としての手腕を証明した。王が戦っているあいだ、王妃は見守るしかないのがふつうだ。だがイサベルは宮殿で戦闘開始の知らせを待ってはいなかった。まるで女優のように、ほとんどすべての前線に姿を見せ、ポルトガルの侵略から守るべき都市に忠誠をうながした。決定的な勝利はフェルナンドの手でもたらされた。一四七六年三月一日、カスティーリャの町トロ付近で、アフォンソ王が指揮する敵軍は敗北した。敗北にもかかわらず、ポルトガル王は交渉の可能性を信じていた。フェルナンドには迷いがあり、協定に応じる気持ちもあったが、イサベルは妥協を許さず、ルシタニア（ポルトガルの古名）人の敵には一寸たりとも領土をゆずらなかった。[7]

こうしたくいちがいはあったものの、勝利の喜びに変わりはなかった。成功の女神は若き両王にほほえんだ。フェルナンドは妻に自分の貢献を強調した。「今夜、神はあなたにカスティーリャ王国を手渡されました」。二人は感謝のしるしに、トレドに修道院を建立することを決めた。これがフランシスコ会に託されたサン・フアン・デ・ロス・レジェス修道院であり、女王の名にちなんだ「イサベル様式」建築の傑作とされている。

勝利の高揚感がさめたとき、勝利後の方針に対するフェルナンドとイサベルの見方は一致しなかった。フェルナンドはトロの戦いの成功で、もはやカスティーリャの平和は万全と考えた。ぐずぐずしている暇はない。フェルナンドにとって喫緊の課題は、フランスの侵攻におびやかされているカタルーニャに一刻も早く駆けつけることだった。だが現実的で几帳面なイサベルは、まず国内に残る抵抗勢力を一掃することを望んだ。このくいちがいは、軍をどこに、どれだけ出動させるかを左右する。これが最後の夫婦げんかだった、といわれている。拝謁を求めていたある高官は、王妃はお怒りでだれにもお会いになりませんと告げられ、フェルナンドも高ぶった神経をしずめるため狩りに出かけたという。[8]

現実には選択の余地はなかった。国境の町ヘンダヤを通過したフランス軍と戦うことも、カスティーリャ内の反乱勢力を一刻も早く鎮圧することも、両方とも必要だった。ときには単独で、ときには国王とともに、イサベルは軍を率いて君主に反逆する地域におもむいた。ガリシア、エストレマドゥーラ、ムルシアを転戦し、アンダルシアでは一四七七年七月二五日にセビーリャに凱旋入城し、さらに国境からの撤退を先送りしていたポルトガル軍を追撃することも忘れなかった。二六歳の女王は、疲れも見せず国内を移動し、物資の補給を整え、民衆を叱咤激励し、兵士を指揮し、攻撃を命じ、反乱勢力を処刑し、懲罰と交渉を使い分け、迷う者をみずからの陣営に引き入れ、忠実な者には報酬をあたえた。側近に囲まれてはいたものの、女王はしばしば一人で決断をくださなければならなかった。フェルナンドは遠く離れた地で忙殺されており、女王のもとに戻ったのは数か月後のことだった。[9]

ポルトガルとの四年にわたる戦争をへて、ようやく王国に平和が訪れ、カトリック両王の王権は確定した。一四七九年にポルトガルとの戦闘が終結する前から、国内の混乱を収拾し、反抗的な貴族を懐柔するための手が打たれていた。こうしてサンタ・エルマンダー（神聖兄弟団）とよばれる武装組織が誕生した。地方での慢性的な山賊行為を取り締まり、治安維持を担う自警団のようなもので、ほかにも王権に反逆する勢力の掃討も行なった。このアイディアは以前からあったもので、おそらく両王にもちかけられて、ブルゴス選出の議員たちがコルテス（議会）に提案したものだった。だがカスティーリャ起源の制度であるこの組織の真の生みの親は、当時、アラゴンでの戦争に忙殺されていたフェルナンドではなく、イサベルだった。

カラトラバ、サンチャゴ、アルカンタラなどの騎士修道会はレコンキスタの時代に生まれたもので、これらを掌握しようという考えも女王の発案といわねばならない。これらの武装勢力は王権をおびやかすほどの力をもち、その指導者たちは公然と政治に口出しをしていた。イサベルは国家内国家ともいうべき、これらの志願制の反乱勢力を支配下に置こうと決意していた。一四七六年一一月、サンチャゴ騎士修道会総長が死去し、好機が到来した。慣例によると、騎士修道会本部は新しい総長を選ぶために会議を召集する。すでに二人の候補が名のりを上げていた。騎士たちはマンシュ地方ウクレスにある騎士修道会本部に集まるという。イサベルもその地におもむくことにした。当時住んでいたトロとウクレスが遠く離れていることにも、会議にまにあうための強行軍（雪に覆われたグアダラマ山脈を越え、夜っぴての長時間の騎馬行）にも、女王はひるまなかった。

騎士修道会の面々に対し、イサベルは自分のためにはなにも求めず、フェルナンドに総長の責任をゆだねることを提案した。イサベルは現実をわきまえていた。教皇が、戦う修道士の団体の指揮を女性にゆだねることはありえないからだ。そして内戦のさなかなのだから、国王の権威のもとに結束する必要があると騎士たちを説得することに成功した。みずからウクレスに足を運んだこと、粘りづよい説得、それにくわえて巧妙なさじ加減で圧力をくわえたことが、騎士修道会の満場一致の賛同という結果をもたらした。フェルナンドが当面は期間限定で、だが一四九三年以降は無期限に騎士修道会の管理を行なうことになった。ほんの数年のうちに、カラトラバ、ついでアルカンタラの騎士修道会も、フェルナンドを総長として受け入れることになった。

騎士修道会を従属させることは、両君主の共通の課題だったが、行動を起こし、作戦を練り、説得するのはイサベルが一人で行なった。それでも不安は残った。フェルナンド亡き後、三つの騎士修道会が王権から離反することはないだろうか。そんなことになれば努力が水の泡となり、イサベルにとってはとうてい受け入れがたい。王を騎士修道会の管理者とすることを承認した教皇は、寡婦となった女王に同じ特権を認めてくれるだろうか。だが駐ローマのスペイン大使が障害をとりのぞくことに成功し、一五〇一年、アレクサンデル六世はカトリック両王の望みに応えた。イサベルがフェルナンドより長生きした場合、騎士修道会は女王の管轄下に置かれ、王権の膝下《しっか》にとどまるものとされた。

## 異端審問——慎重な女王と断固たる姿勢をくずさない国王

一四七七年七月にセビーリャに凱旋入城したとき、イサベルは改宗者《コンベルソ》を政府の要職に任命したことを非難された。そうでなくても、一四世紀末の迫害以来、表向きにはカトリックに改宗したが、改宗の真意が疑わしく、ひそかにユダヤ教を信奉しつづけているユダヤ人が多すぎる、というのだ。「旧キリスト教徒」とよばれていた土着のセビーリャ人たちは、王妃に警告を発した。すでに側近に三人も四人も改宗ユダヤ人がいるのに、女王はさらに一人を追加して問題を悪化させようとするのか。イサベルは耳をかさず、予定どおりその候補者を採用した。

こうした不満はいまにはじまったものではなかった。何年も前から聖職者、とくにドミニコ会は女王に危険性を警告していた。完全には改宗していない改宗者《コンベルソ》は異端であるだけでなく、洗礼における誓いに違反し、信奉したはずのキリスト教の教義に不従順な反逆者である。完全なユダヤ人ではないが、心からキリスト教に帰依していないならまだましなほうで、最悪の場合は心中ユダヤ人のままであり、しばしばひそかにユダヤ教の儀式を行なっている。彼らの背教は懲罰に値する。まして素朴な職人から貴族にいたるまで、スペイン社会全体にそうした背教者がはびこっている。悪が横行し、それにともなって犯罪も起きるというのである。

もはやイサベルも、こうした偽キリスト教徒がユダヤ教の安息日を守ったり、豚肉を食さなかったり、秘密裏にユダヤ教の礼拝を行なったりするのに目を瞑ってはいられなくなった。もとの宗教に戻っているこれらの改宗者が、ミサや聖餐の折にささやく冒涜的な発言を認めるわけにいかなかった。聖餐の冒涜と教義上の違反を処罰せずに放置してよいものだろうか。アンダルシアのある役人は女王にこう警告した。「陛下、ここには地獄の穴が二つ三つ口をあけており、そこでは悪魔が礼拝され、われらの主と聖母マリアが軽んじられています。来る日も来る日も、否認と侮辱が続いているのです」。執拗な圧力がイサベルの行動をうながしていた。

それでも女王にはためらいがあった。セビーリャのドミニコ修道会総長の厳しい要求にも動じなかった。女王が乗り気でなかったし、側近、専属の聴罪司祭（彼自身も改宗者だった）、セビーリャ大司教も同じ意見だった。全員が迫害に嫌悪感をもっていた。イサベルは、ただちに迫害を立法化することを承諾しなかった。性急にことを運ぶのは、弟アルフォンソの死に際して即位を拒否したことからもわかるように、女王の統治スタイルではなかった。彼女はよくよく熟考し、人にも相談し、情報を集めた。

一方のフェルナンドに、女王のようなためらいはなかった。王の信仰に迷いはなく、迫害は必要だと考えていた。アラゴンでは一三世紀の初めから異端審問（当時はカタリ派を対象としていた）が存在していた。しかし王はさらに一歩を進めることを望んだ。司教の手によるのでなく、王権が直接統括する国家組織による異端審問だ。そうした組織をもたなかったカスティーリャにも、これが設置されるべきだ、と主張した。それでもイサベルはあくまで自分の流儀をとおし、即位から四年間は、提案された極端な解決法をとることをこばんだ。むしろ宗教的教導によって改宗者をカトリックに結びつけることをめざし、メンドーサ枢機卿に命じて、「真のキリスト教徒が生涯のあらゆる瞬間、来る日も来る日も守るべき義務」を教えるカテキズム（教理解説）の執筆を命じた。そして王国内のどんな小さな教会にも、よきキリスト者となるためのこの書を配ることとした。イサベルにとって、宣教は平和的なものでなければならなかった。

だがドミニコ会やフランシスコ会などの強硬派は、ますます執拗に、憎まれ嫉妬されている改宗者たちの二枚舌の証拠を集めてきた。エクストレマドゥーラとアンダルシアに滞在していたあいだ、女王はひっきりなしに苦情と、行動をうながす陳情を聞かされつづけた。セビーリャには重い空気がただよっていた。のちにフェルナンドはユダヤ人迫害にふみきったことの言いわけとして、当時のようすをこう証言している。「われわれにはほかにどうしようもなかった。アンダルシアについてあまりに多くのことを聞かされたので、たとえそれがわたしたちの息子である王子に対する非難であったとしても、ことのなりゆきを阻止することはできなかっただろう」

セビーリャから戻ると、両王は王権が統括する異端審問法廷の創設を教皇に願い出ることを決めたが、これはフェルナンドの願いを入れてのことだった。国王の運動が功を奏し、自分の専権事項である異端審問の権利をあたえることに乗り気でなかったシクストゥス四世も、両王に認可をあたえた。こうして一四七八年一一月一日の教皇勅書により、両王はもっぱら隠れユダヤ教徒の取り締まりを行なう異端審問官を、王国内で任命することを許された。

伝説に反して、やがて迫害の象徴的人物となるおそるべき異端審問所長官トマス・デ・トルケマダは、実際には異端審問の開設にはいっさいかかわっていなかった。トルケマダはじつのところ、改宗ユダヤ人の家系に属するドミニコ会士で、セゴビアのサンタ・クルス修道院の院長をつとめながら、宮廷にもひんぱんに出入りしていたが、カトリック両王の個人的な聴罪司祭ではなかった。多くの托鉢修道会士と同じく、改宗者の偽装を確信していた彼は、両王に報告書を提出したものの、異端審問の開設を進言したりはしなかった。長官としての活動がはじまったのは一四八二年のことだった[10]。

イサベルはさらに二年待ったうえで、異端審問をスタートさせた。この怪物的組織を稼働させることに抵抗があったのだろうか。迫害がはてしなくエスカレートすることを予感していたのだろうか。女王の側近も同じような不安をおぼえていた。だがフェルナンドもふくめ、教義に対するこだわりの強い人々が多く、ユダヤ教に再改宗する者を減らすための説得やカテキズム教育はうまくいっていないと感じていた。「それはあまり役に立っていない」と、みずからも改宗者で異端審問に批判的だったエルナンド・デル・プルガールも認めている[11]。

一四八〇年春、両王はトレドでのコルテス（身分制議会）に列席した。異端審問の件はとりあげられず、女王はまだふんぎりがつかなかった。だが各方面から行動をうながされ、一一月に決意を固めた。教皇勅書が発せられ、二人の異端審問官が任命された。審判は尋問、逮捕、判決というおそろしげな過程をふんで進められる。一四八一年二月に最初の火あぶりの刑が行なわれ、その後も多数執行された。迫害のすさまじさに、穏健派が教皇に「このようにおそろしい仕組みを止めてほしい」と訴えたほどだった。そこでシクストゥス四世は一四七八年の勅書を撤回し、三〇〇年にわたって審問を担ってきた司教たちの手に審判をゆだねることとした。このため審問を統括するのは司教に限定され、審問官は司教によって任命され、司教にのみ報告義務を負うこととなった。だがフェルナンドは納得しなかった。怒り狂って抗議したため教皇は譲歩し、一四七八年の勅書の有効性が回復された。

このように、スペインの異端審問開設の共同責任を負った両王だが、各段階で足なみがそろっていたわけではない。イサベルは平和的な宣教を望み、異端審問を最小限にとどめようとした節がある。審問官の任命を遅らせ、迫害が混乱の原因になって、悪くすれば反乱が起こるのではないかと心配した。初期の一連の処罰を見ておそれをなした女王は、すべての容疑者に一か月の改悛の猶予をあたえるよう指示した。その後、グラナダ王国が征服された際、イサベルは、この地ではすくなくとも四〇年間、異端審問を延期すると言明していたフェルナンドに約束を守らせようとしたが、果たせなかった。

対するフェルナンドは熱意にあふれていた。妻を説得し、教皇から譲歩を引き出し、アラゴン、バルセロナ、そしてバレンシアでも、司法権を手放そうとしない地元組織の抵抗をものともせず、異端審問制度を導入していった。歴史資料を見ると、それぞれの段階で王の名前が登場する。フェルナンドは異端審問所の役人と定期的に手紙をかわしていたが、女王の名を出さず、いつも一人称単数を使っている。また王位継承者たちにも制度の維持を勧めたが、イサベルは遺言でこの件にいっさい言及しなかった。すべてを総合すると、異端審問はアラゴン王の主導だったことがわかる[12]。

イサベルとフェルナンドは、隠れユダヤ人の背教を根絶するという目標では一致していた。だがその方法において、二人のあいだに大きなへだたりがあった。

## 責任の共有

異端審問所の開設を許可する教皇勅書を受けとってから一年後、父王の死去にともないフェルナンドはアラゴン王となった。この年、一四七九年はイサベル即位後のカスティーリャ継承戦争が終わり、ポルトガルとの和平が調印された年でもある。王女ベルトラネーハを支持する人々の望みは完全に絶たれ、王女は修道院に入り、イサベルは彼女がそこから出ることがないように目を配った。フェルナンドが即位したのは、妻がカスティーリャ女王に即位してから五年後、結婚してから一〇年後のことだったが、これでスペインが政治的に統一国家になったわけではない。両王国は、君主二人の個人的な結びつきによって結ばれていたにすぎない。双方が自由裁量権を保持し、制度も通貨も、言葉も習慣も別々だった。またそれぞれの王国で、領土の統合が同じように進んでいたわけではない。カスティーリャではガリシアからアンダルシアにいたるまで、同じ制度・法律・税金が適用されていたが、アラゴン、カタルーニャ、バレンシア王国は制度・法律・財政がバラバラだった。フェルナンドとイサベルは統一王国をめざしていたわけではなく、ジョゼフ・ペレスによれば、そんなことは「考えもしなかったかに見える[13]」

両王に夫婦の絆があったとしても、あくまで自分の王国、つまりイサベルはカスティーリャ、フェルナンドはアラゴンを最優先していた。両者は二つの王国の双方を共同で統治した。カスティーリャでは、フェルナンドは王として、妻と同じ権限と責任を担った。たしかに豊かで活気があり、将来性のあるカスティーリャにより多くの関心をそそぎ、アラゴンの統治には本腰を入れず、滞在も短く政治は副王たちにまかせていた。それでも重要な儀式の際には、一方が出席できなければ他方が代理で出席するようにしていた。たとえば一四八一年、サラゴサで開かれたコルテスでは、フェルナンドがバルセロナを離れることができなかったため、同国にサリカ法があったにもかかわらず、イサベルが一人で議会を主催した。

一方で、スペインの外交政策を担っていたのは、どちらかといえばフェルナンドだった。アラゴンは地中海世界に属し、ナバラやルシヨン地方、南イタリアのナポリ王国をめぐってフランスと敵対関係にあった。カスティーリャはカペー朝フランスと長年にわたり友好関係があったが、フェルナンドはイギリスであれ、ハプスブルクであれ、フランスに対抗するための同盟相手を探すのに必死だった。

だからといって、両王国の外交を一手に担うフェルナンドがアラゴンのためならカスティーリャの利益をかえりみない、イサベルはカスティーリャの外交政策に無関心である、などということはなかった。カスティーリャはアフリカに野心をいだいており、イサベルは北アフリカの沿岸部にカスティーリャの要塞を建設することを奨励し、一四九四年にはメリリャ（現モロッコ国内のスペイン自治都市）に進出した。夫妻の二人の子どもとハプスブルク家の王女・王子との二重縁組は、[14] ハプスブルク領フランドルへの羊毛輸出を拡大する意味で、カスティーリャ経済にとって有益なものだった。外交政策の指揮はフェルナンドがとったと思われるが、夫ほど行動派ではないが消極的でもないイサベルが排除されていたわけではない。

そもそも、クリストファー・コロンブスがくわだてた外洋探検でイサベルが大きな役割を果たしたことは、女王が外交政策に消極的どころではなかったことを雄弁に物語っている。カトリック両王は他国の君主たちと異なり、西まわりでアジア航路を発見しようというジェノヴァ人コロンブスの破天荒な計画を信じたとされる。だが実際のところ、イサベルのほうが夫以上に、この有名な船乗りに興味をもち激励した。フェルナンドは同意したにすぎない。コロンブスは両王に二度拝謁している。一四八六年一月、マドリード近郊のアルカラ・デ・ヘナレスでの面会で、グラナダ戦争に苦闘している最中だったにもかかわらず、女王はコロンブスの話に熱心に耳を傾けた。のちに彼はこう記している。「だれもがわたしの計画をあざわらったが、女王陛下だけが変わらぬ信頼をよせてくださったのは、疑いもなく聖霊の光によるものだった」。イサベルはコロンブスに少額の年金をあたえ、自身の聴罪司祭でのちのグラナダ大司教、エルナンド・デ・タラベラが主宰する科学委員会にコロンブスの計画を検討させた。コロンブスは裁定を待ちながら、宮廷にしたがって各地を転々とした。専門家の意見がなかなかまとまらず、焦ったコロンブスはポルトガル、イギリス、フランスの王たちを説得しようとしたが、うまくいかなかった。結局、委員会の出した結論は「否決」だった。

計画書が再検討され、またも否決されても、コロンブスは決してあきらめなかった。そしてあらためてスペインの両王に直訴することにした。コロンブスはふたたび宮廷に近づこうとグラナダにやってきた。おりしもグラナダ陥落の歓喜が広がるなか、攻略のため建設されたサンタフェ要塞の王の天幕で、コロンブスは二度目の拝謁に成功した。だが今回も話を聞いてもらえただけで、説得にはいたらなかった。コロンブスの過大な要求にうんざりした両王は、彼を追い返した。ところが劇的にも、すぐに伝令がコロンブスをよびもどしにやってきた。彼を待っていた女王は計画に同意し、航海の資金を出すことになった。一四九二年四月一七日、両王とジェノヴァ人コロンブスのあいだに契約が結ばれる。そして八月三日、二隻のキャラベル船、ピンタ号とニーニャ号、そしてのちに新大陸を発見するこことになるキャラック船、サンタマリア号がパロス港を出航した。外洋へとのりだす冒険がはじまった。

いきなり拒否から同意に変わったのは奇跡だったのだろうか。コロンブスはそう信じていたらしく、女王に「この件にかんして知性の光」をあたえた神に感謝を捧げている。聖霊の息吹はともかく、イサベルの心変わりに聖戦意識があったとも考えられるし、世俗的な利益への期待も後押しになったのだろう。航海計画の科学的欠陥や技術的な不備ばかり批判する学者の意見よりも、女王は元聴罪司祭のファン・ペレス、息子の養育係でのちにセビーリャ大司教となるドミニコ会士ディエゴ・デ・デサ、フェルナンドの財務官ルイス・デ・サンタンヘル、スペイン大司教で両王の側近だったペドロ・ゴンザレス・デ・メンドーサ枢機卿ら、コロンブスの情熱と粘りづよさに感銘を受け、その信念に心を動かされ、その計画に魅了された人々の意見に耳をかしたのだった。

イサベルが一四八六年、最初にコロンブスの提案を却下したのは、アンダルシアのムーア人勢力との戦争に精力をそそいでいたからだろう。一方で、六年後のグラナダ陥落後にコロンブスを受け入れたのは、心の余裕があったからとの説明は少々ものたりない。それより重要なのは、戦争の最後の数か月間、そしてグラナダ陥落後に最高潮に達した宗教的な高揚感だろう。イサベルはつねに福音宣教、キリスト教の勝利、十字架の勝利を語っていた。異教徒への勝利をあたえたのは神だ。神は、カスティーリャを加護していることのさらなる証拠をお示しくださるであろう。

コロンブスは神の御意志を実現するために遣わされたのではないだろうか。ドミニコ会士ディエゴ・デサは、コロンブスの計画を支援すれば、どれほど神と教会とキリスト教に奉仕できるか、スペインがどれほど勢力を拡大できるか、女王自身がどれほど栄光を得られるかを訴えた。財務官サンタンヘルもこう吹きこんだ。期待できる利益と比べれば、ちっぽけな海洋探検への投資などささいなものにすぎないと[15]。

福音を新たな土地に広めるという考えが、フェルナンドよりイサベルの心を引きつけた。夫婦のうち、将来の提督コロンブスを支持したのは女王のほうだった。コロンブスが出帆できるよう女王が自分の宝石を売却、ないし質入れしたという伝説があるが、想像の域を出ない話である。発見された領土への権限を教皇から付与され、その住民への福音伝道のつとめを果たしたのも女王である。またラス・カサス（のちに新大陸での先住民抑圧を告発した司祭）の言葉を借りれば、「インディオがやさしく扱われ、彼らの幸福に資する措置をとること」をたえず願い、遺言で人道的扱いを推奨したのも女王だった。さらにコロンブスが一四九六年にカディスで三〇〇人のインディオ奴隷を売却しようとしたことを非難し、「なんの権利があって提督がわたしの臣下を奴隷にするのか」と言ったのも女王だった。

従来、外交政策はフェルナンドに帰せられているが、イサベルの関与がなかったというのはまちがいであり、それどころか、天才的探検家コロンブスが死ぬまでアジアの東端と信じていた、新大陸の発見における彼女の役割は大きかったのだ。

一四九二年三月三一日、スペインからのユダヤ人追放令が出されたのは、イサベルよりフェルナンド単独の判断とされてきた。女王が長いあいだ自分たちを保護していたことに恩義を感じていたユダヤ人側の記録もこの説を裏づけている。「王国のすべてのユダヤ人はわたしのものであり、わたしの保護下にあり、彼らを守り公正に扱うのはわたしの義務である」と、女王は一四七七年に宣言している。一四九二年、大金を王室に差し出すので追放令を破棄してほしいと訴えるユダヤ人貴族の嘆願に、アラゴン王は耳をかさなかった。しかし現代の歴史家は、追放令の責任はカトリック両王の双方にあるとし、王室の強欲、デマ、人種差別意識などが原因だとする説を否定し、公式に示された追放の理由が動機であった、と認めている。すなわちスペインの地にユダヤ人が存在していることで、親であれ友人であれ仕事仲間であれ、新たな改宗者たちが罪深き隠れユダヤ人でありつづけることをうながす、という動機だ。これは、両王となってからの一四年間、イサベルとフェルナンドが共有し、実行してきた政策の一環だった。

イサベルは在位三〇年にあたる一五〇四年、メディナ・デル・カンポで死去した。この死によって、名高い夫婦の三五年におよぶ結婚生活は終止符を打った。フェルナンドはその後一二年間生きながらえるが、この年から後継者問題という難題がもちあがった。

イサベル亡き後、二つの王国の個人的な結びつきは消える運命にあると思われた。二人の唯一の息子で、男子としてカスティーリャとアラゴンの両方を継承できるファンは一四九七年に死亡していた。長女イサベルは翌年、その息子ミゲルも二歳の一五〇〇年に後を追うように世を去った。夫婦の第三子ファナ王女がカスティーリャ王国の後継者となったが、精神状態が不安定だったため、女王は遺言で、統治不能となった場合は父フェルナンドが政務を代行することを定めていた。母の死後、ファナと夫のブルゴーニュ公フィリップ美公はカスティーリャの国王・女王となった。フェルナンドは一四七四年以来、妻とともに統治していたカスティーリャを離れ、アラゴンのみの統治者となった。

またも運命の歯車がまわり、妻に代わって全権を行使するつもりだったフィリップ美公が一五〇六年九月に早世する。ファナは精神に異常をきたして統治が困難だったため、急遽フェルナンドがよびもどされた。フェルナンドは娘をトルデシリャスの城館に幽閉し、摂政として一五一六年に亡くなるまでカスティーリャを統治した。反対派から「アラゴン人」とよばれたフェルナンドは、政治から遠ざけられてわずか二年で復帰したのだ。

## 分かれる死後の評価

君主が人々に愛称で記憶されている例はめずらしい。一五世紀末スペインの君主のなかで、イサベルとフェルナンドの名を知らない人も、歴史的に二人をよぶ「カトリック両王」の名は知っている。だが一四九六年一二月一九日、教皇アレクサンデル六世ボルジアからあたえられたこの称号には、あいまいなところがある。この称号は、信仰の一致に努め、異端審問制度をつくり、ユダヤ人を追放し、グラナダを奪還し、その後にイスラム教徒を強制的に改宗させたことに報いたものとされている。教皇からの称号授与という栄誉は、（フェルナンドよりも）イサベルの個人的信仰を認めてのことであり、彼女の信仰心が熱く、激しいものだったのだろうとも想像しがちだ。

しかし現実はそうではなかった。伝説に反して、イサベルの性格や行動は、頑迷ともいえる熱狂的信仰とだけかたづけることはできない。彼女のなかにカトリック信仰を擁護しようとする熱意があったのは事実だが、専制的政治権力を行使しようとの意思のほうがまさっていた。その時代にあって女王の名を高め、歴史に足跡を残すことを可能にしたのは、後者のほうだった。女王の顧問の一人、ゴメス・マンリケはこう警告していた。「人はあなたが多く祈ったか、あるいは自分を律していたかなどに関心はありません。感情に流されずに裁きをくだしたか、悪人を罰したのか大目に見たのかを問うでしょう。これが判断の基準なのです」と。[16] 後世の人は女王の信心深さに敬意を表するより、公明正大な権力行使を賞賛するのだと、マンリケは言いたかったのだ。イサベルは敬虔なキリスト教徒である以前に、君主でなければならなかった。

教皇が「カトリック両王」の称号を授けたのにも、世俗的な理由があった。カトリックへの熱心な奉仕を称揚するためばかりでなく、アレクサンデル六世自身への夫妻の多大な貢献をも認めてのことだった。シャルル八世率いるフランス軍がイタリア戦争で勝利したとき、スペインは教皇を救い、教皇領と臣下であるナポリ王国を侵略したフランス軍を撤退に追いこんだ。表向きは宗教的な理由があげられていたが、教皇がフェルナンドとイサベルにあたえたこの贈り物は、なによりも政治的な配慮が動機となっていたのだ。[17]

カトリック両王という称号のもとにひとくくりにされてはいたが、二人の君主はそっくりの相似形だったわけではない。二人が生涯をかけて、つねに一致団結した姿を見せようと努力し、物理的に離れていても、協力して仕事をし、ささいなことでも大きな決断でも共同で行なうように努めたことはまちがいない。本人たちに言わせれば、二人のソリストがハーモニーを奏でるというより、二人の音楽家がまったく同じ楽譜を演奏するようなものだという。イサベルとフェルナンドは、二人のあいだにはいかなる意見の相違、くいちがい、あるいはニュアンスの違いさえ許されないことを周知させようと心をくだいていた。完全な共通理解のもとに、君主としてのつとめを果たしていると主張していた。だが事実はまったく異なる。

同時代の人々も、ことさら強調される二人の一致に疑いの目を向けていた。夫婦の好みの違いにも気づいていた。大きな政治的決断はフェルナンドがくだし、両王の頭脳として機能していたにちがいない、とみなす人々がいた。成功という尺度を重視するマキャヴェッリも、フェルナンドを賞賛する点でそうした一人だった。代表作『君主論』（一五一三年）の二一章では、フェルナンドを大事業で名をあげる君主の例としてとりあげてもよいだろう」フェルナンドを「新しい君主とみなしてもよいだろう」と、フィレンツェ人マキャヴェッリは指摘する。業績によってキリスト教世界最大の君主となったからだ。「なぜなら弱小国の王にすぎなかったのが、偉大なが随所に現われていて、そのなかにはまことにけたはずれなものもふくまれている」[18]。そして彼の行動を考察してみると、偉大さとをいっさい賞賛していないのは、マキャヴェッリが女王のことをわかっていなかったということである。イサベルのこ一六世紀末から一七世紀にかけても、フェルナンドを賞賛する意見が圧倒的に多い。「すべては彼のおかげ」と、曾孫にあたるフェリペ二世は認めているし、フェリペ四世はフェルナンドを「王のなかの王」と賞賛している。異端審問にもかかわらず、ヴォルテールは彼を称賛する。主役として栄誉を受けたのは、フェルナンドのほうだった。

遠い昔であるこの時代、賞賛の光はイサベルにとどかなかった。だがロマン主義の幕開けとともに彼女の時代がやってきた。おおげさな礼賛の言葉が並べたてられ、理想化へとつながった。フェルナンドのイメージは色あせ、妻のイメージはまるでステンドグラスのように色鮮やかに輝いた。一八一五年、スペイン国王フェルナンド七世は、アメリカの植民地での貢献を顕彰するものとして「カトリック女王イサベル勲章」を創設。一八四七年からは軍・民とわず、すべての対象者に授与されるようになった。フランコ時代も同様であり、女王が権威主義・中央集権の政治体制の模範として、恣意的に賞揚されるようになった。ただしフランコ政権に利用されたのは女王だけでなく両王であり、ファランヘ党の旗や青シャツにはカトリック両王の象徴であるくびきと矢束があしらわれた。

二〇世紀末になると、スペイン司教座がイサベルを高く評価した。一九七〇年代初め、教皇庁に列福の申請が提出され、申請は受理された。手続きは二〇年以上も先送りされたが、一九九一年にはスペイン司教協議会議長、一九九七年にはバリャドリッド大司教が教皇への運動を再開した。女王崩御五〇〇周年にあたる二〇〇四年が近づいている、というのが理由だった。だが反対派が騒ぎ出し、教皇庁はふたたび申請を無視し、一件落着となった。

イサベルの列福を求めるにあたって、支持者たちは新世界征服には教皇が求めた住民への布教活動がふくまれていたこと、女王がインディオを大切に扱い、コロンブスが奴隷として売却するためスペインに送った人々を解放したことを強調した[19]。一方、反対派はインディオに対するさまざまな犯罪行為、異端審問の創設、ユダヤ人の追放を遺憾として非難した。スペインの高位聖職者たちはイサベルを賞賛し、癒しの奇跡までもちだしているが、歴史家にはどうでもよいことだ。イサベルを祭壇にまつり上げて福者とすることは、教皇が彼女の夫にカトリック両王の称号をあたえた以上に宗教的なお墨つきをあたえる行為だ。そして二人を束ねる称号として、フェルナンドとイサベルは格上げされて「いともカトリックな両王」になるのだろうか。それともイサベルの列福により、「福者イサベルとカトリック王フェルナンド」とよばれるようになるのだろうか。

二人は互いに得意分野があったわけでも、それぞれ特定の政務を担当していたわけでもない。一方がある政務を実行したとしても、単独でしたことではなく、全体を統括したわけでもない。外交政策はフェルナンドの領分とされていたが、先にも述べたようにイサベルも蚊帳の外だったわけではない。内政は女王とも思われがちだが、王との共同作業であり、かならず王の同意を得て行動した。二人の君主は、結束が強い内閣をさすときに現代人が言うように、しっかりと連帯していた。両者がどんな領域を得意とし、どちらが決定をくだしたかを明らかにするのは正しいことだが、両者のそれぞれを特定の活動に限定してしまうのは、二人があくまで保とうとした調和のとれたイメージをぼやけさせることになる。フェルナンドとイサベルのどちらかを優先して他方を軽んじたり、両者のスタイルの違いを必要以上に強調したりするのは、二人が人々の記憶のなかに残そうと望んだ姿を踏みにじることになるのではなかろうか。

〈原注〉

1　Joseph Pérez, *Isabelle et Ferdinand. Rois Catholiques d'Espagne*, Paris, Fayard, 1988, p. 98-99.

2　アラゴン王家のイベリア半島における領土は、アラゴン王国（首都サラゴサ）、バレンシア王国、カタルーニャ公領（首都バルセロナ）、バレアレス諸島である。

3　*Chronique des Rois Catholiques*, chap. XXIV, cité et traduit par Joseph Pérez, dans *L'Espagne des Rois Catholiques*, Paris, Bordas, 1971, p. 99.

4　Orestes Ferrara, *L'Avènement d'Isabelle la Catholique*, Paris, Albin Michel, 1958, p. 278-279.

5　Joseph Pérez, *Isabelle et Ferdinand*, *op. cit.*, p. 82-83.

6　ジョゼフ・ペレ以外の参考文献としては、Janine Bouissounouse, *Isabelle la Catholique. Comment se fit l'Espagne*, Paris, Hachette, 1949、およびOrestes Ferraraの前掲書がある。

7　W.T Walsh, *Isabelle la Catholique*, Paris, Payot, 1932, p. 104、およびJanine Bouissounouse, *op. cit.*, p. 79-80.

8 Joseph Pérez, *Isabelle et Ferdinand*, *op. cit.*, p. 106.

9 Louis Cardaillac, *L'Espagne des Rois Catholiques*, Paris, Autrement, coll. « Mémoires », n° 63, mai 2000.

10 Bartolomé Bennassar, « Portrait d'un fanatique : Torquemada », *L'Histoire*, n° 259, novembre 2001, p. 48-55.

11 Joseph Pérez, *Isabelle et Ferdinand*, *op. cit.*, p. 331.

12 Joseph Pérez, *Isabelle la Catholique. Un modèle de chrétienté ?*, Paris, Payot, 2004, p. 70-72.

13 Joseph Pérez, *Isabelle la Catholique*, *op. cit.*, p. 120.

14 ファンはマルグリット・ドートリッシュと、狂女とよばれたファナはブルゴーニュ公フィリップ美公と結婚した。

15 クリストファー・コロンブスについては以下の参考文献が有益だろう。Bartolomé et Lucile Bennassar (Fayard-Hachette, 1992), Jacques Heers (Hachette, 1981), Marianne Mahn-Lot (Le Seuil, 1988).

16 出典は以下。Joseph Pérez, *Isabelle la Catholique*, *op. cit.*, p. 165.

17 同上書、p. 13.

18 Machiavel, *Le Prince*, traduction de Guiraudet, éd. R. Naves, Paris, Garnier, 1957, p. 75.

19 Joseph Pérez, *Isabelle la Catholique*, *op. cit.*, p. 161-167.

## 4 ルイ一三世とアンヌ・ドートリッシュ（一六一五―一六四三）

# 不信感が影を落とした結婚生活

「リシュリュー枢機卿による支配は不当である、とわたしの目には映った。そして、従うのが正しいのは王妃派だけである、と思った。王妃は不幸で、迫害されていた」（ラ・ロシュフコー）

「わたしは、決してこのような過ちをくりかえすことなく、陛下と国家の利益以外の利益を求めない女として国王とともに生きることを約束いたします」（アンヌ・ドートリッシュ）

一六二六年九月一〇日、ルイ一三世の若い妻であるアンヌ・ドートリッシュはルーヴル宮南翼にある居室を出て、国王が待つ執務室へと向かった。背が高く、均整がとれた体つきの王妃は自分の美しさに自信をもっていた。驚くほど白い彼女の手は以前より称賛の的であった。少しばかり高すぎる鼻のせいで、顔はややきつく見えるかもしれないが、「小さくて、紅色の」口元に微笑を浮かべるだけで皆の心をとろかすことができた。彼女の魅力にあらがうことができる者は皆無だ、といわれていた。皆無？　例外はあった。国王の居室で彼女を待っている者たちであった。

アンヌ（一六〇一―一六六六）は、一一年前からルイ一三世（一六〇一―一六四三）の妻であったが、幸福ではなかった。フランスの王妃であるだけでは満足できないのだろうか？　彼女の結婚は、スペイン王家という花嫁の出自にふさわしい華やかな祝宴や絢爛豪華なセレモニーで祝われた。フランス国王とスペイン王女の結婚は、ピレネー山脈でへだてられた二つの国の和平を保証するものであった。スペイン・ハプスブルク朝のフェリペ三世の娘であるアンヌはこうして一六一五年より、ヨーロッパ一の強国の王妃としてパリに君臨していたが、幸せではなかった。同年齢のルイは、まず見てくれがよい男性であったが、虚弱体質であった。なによりも問題だったのは、なかなか夫としてのつとめを果たそうとしなかったことだ。結婚から四年たっても、二人は兄と妹のような関係だった。人々は王妃の美しさをひっきりなしにたたえたが、アンヌは夫を惹きつけることができなかった。王の寵臣であるリュイヌ公が一六一九年一月のある日の夜、国王を王妃の寝室まで文字どおりひきずってつれてくる、という強引な手に出て、ようやくほんとうの意味で結婚が成立した。妻に対する嫌悪感が吹き飛ぶと、ルイは後継者を得るために夫としてのつとめに真面目に取り組んだ。だがアンヌは、夫が自分といっしょにいることを少しも楽しんでいない――ルイ一三世はおそらく、アンヌの美しさに気後《きおく》れするのと同時に、彼女の軽薄なところに腹をたてていたのだろう――のを見てとって苦悩した。二人は他人行儀で、昼間に顔を合わせるのは宮廷のしきたりが定める公的場面においてのみであり、夜になると王朝の跡継ぎを確保するためだけに同衾《どうきん》した。アンヌは愛情に飢えていた。

呼び出しに応じ、自分の居室を出て国王の居室に向かうアンヌは最悪の事態をおそれた。彼女は国王の妻だというのに屈辱とは無縁ではなかった。妊娠の兆しが一向に見えないので、夫婦の絆はいっそう弱まった。世継ぎが生まれなければ絆は断たれるかもしれない。スペイン王女の誇りがどれほど傷ついたことか。王妃は離縁されそうだ、という噂が定期的に流れていた。こうした疑念の雰囲気のなか、一六二二年三月のある日のアンヌの軽率な行動が激しい非難の的となった。このとき、彼女は――やっと！――妊娠していた。しかし、この日に催された宴《うたげ》から戻った王妃は、女友だちとルーヴルの大広間でたわむれて転んでしまい、男児にちがいないといわれていた子どもを流産した。ルイはこれを許そうとしなかった。すでにあやうかったカップルに決定的なひびが入った。

次は、三年後に起きたアミアンの醜聞である。イングランド国王チャールズ一世の許婚者であるアンリエット・ド・フランス（ルイ一三世の妹）を迎えにきた伊達男、バッキンガム公に、アンヌは一目惚れとよんでしかるべき思いをいだいてしまった。約一週間のあいだ続いた祝宴やレセプションはバッキンガム公と何度も会う機会を王妃に提供した。チャールズ一世の寵臣である同公は、美しい女性に巧みにとりいり、心を奪うすべを心得ていた。そこでアンヌに対しても例のごとくふるまったのだが、遊びのつもりが本気で恋してしまった。夫にないがしろにされていた二四歳の若妻にとって、男性からこのように熱情をよせられるははじめての経験であり、胸がときめいた。二人がかわした言葉は無難なものであったが、まなざしは嘘をつけなかった。アンヌは動揺し、この動揺は人々が気づくところとなった。ルイは嫉妬をおぼえたが表情や態度には出さなかった。ただし、妻の周囲を固めている者たちに、かくもずうずうしい色男と王妃が会う機会を制限するように命じた。

礼儀作法の決まりも、外交問題に発展する懸念もバッキンガム公の衝動を抑えることができなかった。やがて、人々はその証拠をつかむことになる。アンヌはイングランドに嫁ぐ義妹アンリエットをブローニュ［ドーヴァー海峡に面した都市］まで見送ることになっていた。道中の宿泊地の一つがアミアンであった。夕べに、宿泊所である城の庭を散歩している最中に、アンヌはほんの短い時間だがバッキンガムと二人だけになった。これを好機と、バッキンガムはアンヌに愛を告白した。同時に接吻しようとしたのだろうか？　もっと大胆な行動に出たのだろうか？　作法をわきまえないこのようなふるまいに衝撃を受けた王妃が悲鳴をあげたので、女官たちが駆けつけた。王妃を慕う男の傍若無人な軽挙は大醜聞となった。バッキンガムはロンドンに、アンヌはパリに戻った。しっかりと報告を受けたルイ一三世は、表向きの冷静とは裏腹に立腹した。この事件におけるアンヌは女たらしの犠牲者であり、言いよられたが貞潔を守ったのに、またしても夫から恨みをかってしまったのだ。

王の執務室に通じる控えの間を通りながら、アンヌは過去に起きた問題の一つ一つを思い起こした。ルイはこれまで一度も面と向かって妻を叱りつけたことはなかった。

どす黒い嫉妬に駆られ、苛《いら》だちを怒りにまで高めても、国王は妻のもとを訪れることを続けた――それが宮廷の作法だったから！――が、ひとことも話しかけなかった。非難の言葉をぶつけることはなく、冷たい態度を示しただけだった。転んで流産するという事件が起きたとき、遠征にでかけていたルイは、遊びに興じて王太子の誕生をさまたげるほど愚かな女官たちを出入禁止にするように命じた。遺憾きわまりないアミアンの事件のあとも、王が妻を面罵するようなことはなかった。ただし、王妃がバッキンガム公と二人きりになることを許してしまった、もしくは罪深くも二人きりになれるように仕組んだ者たちにどのような処罰をくだすかを、告解聴聞師を通じて妻に伝えた。

だが、この九月一〇日、王の執務室への呼び出しはこれまでになく不安をかきたてた。国王は今回、妻の子どもじみた遊びに腹をたてているわけではないし、若い王妃の罪のない心のときめきに不快感をつのらせているわけでもない。アンヌはわかっていた。自分はこれからすぐに、王弟オルレアン公ガストンとシャレー伯爵に告発された自身の行動について釈明しなければならない、と。今回の問題は政治がらみであり、ゆえに危険のレベルが違っていた。

ルイはこれまでも一貫してアンヌの側近たちに厳しい態度をとっていて、妻が周囲の者から悪い影響を受けることをおそれていた。結婚からわずか二年後、彼は妻のとりまきからスペイン人を排除し、スペイン大使が王妃の居室に自由に出入りすることを禁止し、アンヌのもっとも親しい友人たち——そのなかには、ありとあらゆる陰謀にからみ、これからもからむことになる、マリー・ド・ロアンことシュヴルーズ公爵夫人もふくまれていた——を追放した。一六二〇年と一六二二年の二回、王国内のプロテスタントに対する戦いのために首都を留守にするにあたり、ルイはアンヌに短期間の摂政を託さざるをえなくなったが、実質的な権限はいっさいあたえず、アンヌが勝手なことをできないように先手をうった。妻としての資質に欠き、おそらくは母親になることもないと思わるアンヌ・ドートリッシュは、国王にとって信用のならない外国人であった。

執務室で王妃を待っていたのはルイ一三世だけではなかった。国王も今回ばかりは正面切って妻を問いただすつもりであったのみならず、母親と宰相を同席させていた。息子の妻に対して母后マリー・ド・メディシスはとくに悪意をいだいているわけではなかった。スペインの誇り高い王女が自分を「太った女銀行家［マリー・ド・メディシスは金融業で富み栄えるメディチ家の出身］」だと見くだしているのを感じとって苛《いら》だつことがあったものの。アミアン事件が起きたとき、マリーは「騒ぐほどのことでもないでしょう」と冷静な感想を述べて騒ぎを沈静化しようとした。マリーは支配欲が強い女であり、武装勢力を動かして息子と権力を争った過去があった。マリーとルイとのあいだの関係は昔からほぼつねに緊張をはらんでいた。ルイは一六一七年、マリーのお気に入りだったコンチーニを排除した［コンチーニはマリーと同じくイタリア出身。マリーの寵を笠に着て傍若無人のふるまいをみせたことから、ルーヴル宮殿内で殺された］のち、母親をブロワに追放したが、マリーは脱走して武装勢力を集めて息子に何度も戦争を仕かけた。しかし母子は一六二〇年に和解し——もう六年前のことだ——、マリーに忠実に仕えていたリシュリュー枢機卿は国王諮問会議にくわわり、ついには宰相となった。マリー・ド・メディシスの宮廷復帰はアンヌの影を薄くした。国務をとりしきるのは国王とその母マリーとリシュリュー枢機卿であった。アンヌはこのトリオからはじき出されたのだ。王妃は母后と比べて軽んじられた。そもそも、たんに「王妃」というと、アンヌ・ドートリッシュではなく、マリー・ド・メディシスをさすことが多かった。

アンヌが執務室に姿を見せたら恭《うやうや》しくお辞儀をするであろうリシュリューは彼女にとって敵なのだろうか？　バッキンガム公の挙動について報告を受けた枢機卿は、王妃が同公と顔を合わせる機会をなくすために、イングランドに嫁ぐ王妹アンリエットを見送るために宮廷人の一部がブローニュまで同行するとき、王妃アンヌはパリにとどまるべきである、と忠告した。知ってのとおり、アンヌは軽率にもこの忠告を真剣に受けとめなかった。多くの男性と同様に、リシュリューも王妃の魅力と美貌に無関心ではなかった。彼も王妃に言いよりたいと思ったのであろうか？　彼の王妃に対する不信感の裏には、王妃への秘めたる思慕が彼女の軽挙をきっかけに怨恨に替わってしまった、という事情があるのだろうか？　高位聖職者が女性を口説くことが皆無ではなかった時代であるが、以上のリシュリュー失恋説はまったくもって根拠薄弱である。

国王執務室に足をふみいれたアンヌ・ドートリッシュは、国王、母后、枢機卿から王妃の位にふさわしいあいさつを受けたが、自分の目の前にならんでいるのは裁判官である、とわかった。アンヌが被告である証拠に、彼女が腰かけるように勧められたのは肘かけ椅子ではなく、特権的な貴婦人用であるものの王妃にはふさわしくない小さな折りたたみ式床几《しょうぎ》であった。スペイン宮廷の厳格な礼儀作法にも、フランス宮廷の慣習にも詳しいアンヌはただちに、このちょっとした屈辱の意味を悟った。申し開きの前に、自分はすでに有罪だと推定されているのだ、と。

ただちに、タレイラン＝ペリゴール家の末息子であるシャレー伯アンリを被告として前月にナントで行なわれた裁判の公式記録が読み上げられた。高位貴族家系出身のこの若い伯爵は、大逆罪を問われて二週間前に処刑されていた［リシュリュー枢機卿とルイ一三世の暗殺計画が発覚した。多くの関係者のうち、唯一処刑されたのがシャレーであった］。この軽率な若者は裁判において口をつぐむことがなく、国王と枢機卿の命を狙って自分が仲間と練った陰謀のことは、王妃のお耳にも入っていた、と証言していた。アンヌが聞かされたのはシャレーの告白だけではなかった。この陰謀に一枚かんでいた王弟ガストン――ムッシューとよばれていた――の供述も読み上げられたのだ。ムッシューも、王妃の関与を証言していた。多くの荷担者がいるこの事件の関係者二名による王妃告発であった。

この事件の発端はつまらないことであった。母后マリー・ド・メディシスはガストンを、王国一の資産をもつ王族の一人娘マリー・ド・モンパンシエと結婚させようと考えた。しかし、独身生活を謳歌していたガストンは気のりしなかった。しかも、宮廷人のあいだでこの結婚話に反対する声が上がった。ガストンは、一一年前に結婚したがいまだに子どもがいない兄より先に息子をもうけるのではないか？ 離縁されることをおそれていたアンヌは、夫が賛同していると思われるこの結婚計画への反感を隠さなかった。そうこうするうちに、「結婚嫌悪派」とよばれるグループが形成された。さまざまな思惑をもつ者たちのごった煮であったが、中心となったのは、生きがいともよべる陰謀にまたも身を投じる機会を逃すまいとしたシュヴルーズ公爵夫人、ガストンの傅育官《ふいく》だった元帥ドルナノ、由緒ある王族のコンデ家、先王アンリ四世の庶子であるセザールとアレクサンドルのヴァンドーム兄弟である。いずれもが、重大な、もしくはささいな理由で、母后もしくはリシュリュー枢機卿に復讐することを夢見ていた。ムッシューの結婚話は、王権に反旗をひるがえす機会となった。もっとも積極的だったシュヴルーズ公爵夫人は病弱な国王はもうすぐ死ぬと確信していて、寡婦となるアンヌがガストンと再婚することを望んでいたので、母后と国王の信頼が篤いリシュリューの政治運営に不満をいだく者たちと利害が一致していた。

宮廷内の蠢《うごめ》きはこうして、王国中の高位貴族をまきこむ陰謀となった。荷担者たちは、兵士たちを動員することができる地方総督たちに参加を働きかけ、国内のプロテスタント勢力と同盟を組み、外国とも手を結んだ。王妃に同調した「結婚嫌悪派」は、ただガストンの結婚に反発していただけの王妃本人の手をすりぬけ、なんとリシュリュー暗殺をたくらむ陰謀団へと変貌した。だが計画は露見し、陰謀荷担者たちは逮捕もしくは追放され、ガストンは何度も事情聴取され、シャレーが斬首された［ほかの荷担者は高い身分ゆえに免責され、シャレー一人が責任を負わされた］。そして、アンヌ・ドートリッシュがあらためて反対を表明して懇願したにもかかわらず、ムッシューは一六二六年八月五日にマリー・ド・モンパンシエと結婚した。

王妃に罪があるとしたら、「結婚嫌悪派」を焚きつけたことだけだった。彼女は、夫が病死したら王弟ガストンと結婚しようと考えていたのだろうか？　ガストンは、兄に衝撃をあたえるという楽しみをがまんできず、王妃が自分の結婚に反対しているのは国王が亡くなった場合に自分と結婚するためである、と供述した。シャレーもこの供述を裏づけ、裁判官たちの質問に答えて、陰謀の狙いはルイ一三世を王位から引きずり下ろしてムッシューを即位させることであり、王妃はこのことを知らされていた、とつけくわえた。シャレーは処刑前日、証言を撤回し、自分が嘘をついたことを認めたのだが、だれもがこの事実を無視した。

かつて見たことがないほど怒りをたぎらせている国王、そして母后、陰謀のすべてがわかっていながら平然としているという風情の枢機卿を前にして、アンヌ・ドートリッシュは説明を求められた。フランスの王妃、欧州で一、二を争う強国スペインの国王の姉である女性が、家族会議をかねた政府首脳会議――なにしろ宰相リシュリューが出席していた――の席上で釈明し、みずからの言動の責任を問われる、という奇妙かつ前代未聞の事態であった。もはや言いのがれは許されず、質問には明確に答えなければならない。今回の告発は、宮廷にありがちな噂や中傷ではなく、裁判の公式記録にもとづいているのだ。

自分を動揺させるための演出がこらされていたにもかかわらず、王妃はくじけなかった。なにも白状しなかった。白状することなどなにもなかったからだ。いいえ、陰謀のことは少しも知りませんでした。いいえ、陛下が亡くなった場合にムッシューと結婚することなど考えたことなど一度もありません。アンヌは堂々として、返答は巧みであり、ガストンとの結婚で自分が「得るものは少なすぎる」と臆せず述べたのもみごとだった。彼女の「裁判官たち」は、アンヌを狼狽させることができると思っていたのだろうか？　被告人尋問用腰かけに座らされても、王妃はスペイン王女の誇りを失わなかった。彼女は反撃に出た。国王ではなく、母后に対してである。アンヌは、「彼女［マリー・ド・メディシス］と枢機卿から受けたあらゆる迫害[1]」について訴えた。アンヌ・ドートリッシュは動じなかった。ルイ一三世たちが考えていたほどに軽薄で弱い女性ではなかったのだ！　あろうことか自分の死を想定する者がいたことに衝撃を受けていたルイ一三世は妻を問いつめて追いこむつもりだった。しかし、彼女は強靭で、決然として意志強固なところを見せた。国王と枢機卿のあてははずれた。

アンヌは一歩も退《ひ》かなかった。こうなると、対決の舞台に幕を引かねばならない。だれの顔もつぶさぬため、母后がとりなし役をつとめた。少々お説教臭いのは確かだが、「愛情にあふれている」とよんでもそうまちがってはいない言葉をつらね、歴代のフランス王妃の生き方をお手本にするようにアンヌをうながし、これまでは辛くあたったこともあると認めて、これからはアンヌに愛情をそそいで大切にすると約束した。ルイ一三世も母を見習い、裁判記録から王妃に言及している個所を削除させる、と宣言した。糾弾からはじまったこの日の話しあいは頓挫し、免訴さながらの様相を呈して終わった。ある同時代人は「波風を立てずにことをおさめて終わった」と結論づけている。王妃に対する告発を裏づける証拠はないのは事実だから、ルイ一三世は自分の疑念をこれ以上引きずることを望まなかった、もしくはできなかったので、アンヌ・ドートリッシュに厳重注意するだけでよしとした。アンヌは王妃の位を守った。ルイは、神がお望みになるなら、彼女はいつの日か自分の息子を産んでくれるかもしれない、と考えることにした。

## 疑りのまなざしを向けられつづける王妃

一件落着したものの、夫婦間の亀裂は埋まらず、むしろ広がった。二人の持ち札には差があった。ルイは一人ではなく、母親と枢機卿に支えられていたからだ。

国王は機会があるごとに、マリー・ド・メディシスに信頼をよせていることを明らかにした。同じ一六二六年の末、パリで名士会を開催したルイが、自分の隣で臨席するよう招待したのは母親であった。王妃の姿がなかったことに同時代人が注目しないわけがなかった。ルーヴル宮で送る通常の宮廷生活において、ルイは妻よりも母のもとに足繁く通った。何ごとについても母親に意見を求め、完成したばかりのリュクサンブール宮の母后の居室で国王諮問会議を開くこともあった。国王が戦争指揮のためにパリを留守にするときに摂政を託されるのも母后であった。それまでは、アンヌ・ドートリッシュが同じような王権代理権を託されていたというのに。一六二七年九月から一六二八年二月にかけてラ・ロシェル攻囲戦のために不在となったときも［ラ・ロシェルのプロテスタントがイングランドと組んで王権に反旗をひるがえした。リシュリューはカトリックの枢機卿であったもののプロテスタントに対してはむしろ融和的であった。しかし宿敵イングランドと組んだことは看過できなかった。ルイ一三世は攻囲戦を指揮していたが、体調不良のためにあとをリシュリューにまかせて一六二八年二月にパリに戻った］、一六二九年三月にカザーレ・モンフェッラート（ピエモンテ）に遠征したときも、ルイが最高権力を託したのは母親であった。母親に白紙委任状を渡したわけではなかった――マリー・ド・メディシスはつねに息子の指示を仰がねばならず、決定をくだした場合はかならず息子に報告する義務を負っていた――ものの、母親と妻のどちらを信用しているかは明白だった。[2] こうした母親と息子の交流から、残酷にもアンヌ・ドートリッシュは閉め出されていた。

アンヌは、ルイ一三世とリシュリューが形成する統治カップルからも閉め出されていた。ラ・ロシェル攻囲戦をともに指揮したことで、国王と、四年前から宰相をつとめるリシュリューの絆はさらに強まった。リシュリューは国王のおぼえもまことにめでたく、一六二九年一一月には「主席国務大臣」の肩書きを得た。一時的に不興をかうことはあるものの、リシュリューは国王の信頼を勝ちとった（ただし、絶対的、盲目的な信頼ではなかった）。リシュリューは三回――そのうち二回は一六二九年に起きた――、辞任を申し出て政治から離れることを許していただきたいと願い出たことがある。だが三回とも国王は申し出を却下した。宰相にして国王軍総司令官、国内ではプロテスタントとの戦いの勝者、国外ではイタリア遠征の勝者となった枢機卿は、ルイ一三世にとって不可欠な存在だった。

ただし、国王と母后とリシュリューが同方向を向いた緊密な三頭政治を実現していた、と考えるのはまちがいだ。マリー・ド・メディシスとリシュリューのあいだで、確執の火種は事欠かなかった。政治全般にかんする考え方の微妙な違いにすぎなかったものが、やがて意見の不一致へと変質した。最初は水面下の小競《こぜ》りあいにとどまっていた対立が表ざたとなった。篤信派［王権の拡大に反発する守旧的大貴族たちの一派］にかつがれた母后は、ユグノー［フランスのプロテスタント］派の根絶を望み、国内改革の必要性を説き、キリスト教世界における反宗教改革運動の団結を保証する唯一の政治勢力であるハプスブルク家との連携を求めた。だが、リシュリューが考える政治アジェンダは違っていた。マントヴァ公国継承戦争が起きると、枢機卿は「すでにミラノを支配しているスペインに対抗してフランスの立場を強化するためにすぐさま北イタリアに介入し、国内のラングドックのプロテスタント蜂起の鎮圧は後まわしにすべきだ」と主張した。母親と枢機卿のどちらの政治路線を選ぶかを決めるのは、ルイ一三世ただ一人であった。選ばれたのはリシュリューの方針であった。これで、マリー・ド・メディシスと枢機卿の決裂は決定的となった。[3]

スペインのカトリック王の娘として生まれ、現スペイン国王の姉であるアンヌ・ドートリッシュは当然ながらスペイン・ハプスブルク家との連帯に気持ちが傾いた。彼女のフランス国王との結婚は、両国の同盟の約束であったはずだ。リシュリューと仲違いした母后は、アンヌの新たな同盟者となるのだろうか？

これまでアンヌは宮廷内で味方を欠いていた。前述したように、スペイン人側近は夫によって排除されてしまった。彼女に残っているのは、スペインにおける幸せな子ども時代の思い出だけだ。リシュリューが望むフランスとスペインとの対決がおそろしく思われるだけに、過去の思い出に胸がしめつけられた。アンヌは、子どものころにたっぷりそそがれていた愛情を奪われ、ルーヴルでほぼ孤立した状態で暮らしていた。五年前に亡くなった父、フェリペ三世のやさしさが懐かしかった。いちばん親しかった女友だち、シュヴルーズ公爵夫人はさきごろ追放された。夫は自分に無関心で疑り深い。アンヌはいわば愛情が干上がった砂漠に暮らしているのみならず、自分の周囲は枢機卿にあやつられた敵ばかりだ、と感じていた。

国王と王妃はリシュリューに対する評価で真っ向から対立していた。王妃の不信感が高まるのに比例して、国王と宰相リシュリューの結束は強まった。アンヌは、いちばん身近な側近の輪にもリシュリューの命を受けたスパイがひそんでいることを知っていた。最近も、リシュリューは王妃化粧係の女官として、自分の姪の親友であるマダム・デュ・ファルジを送りこんでいた。この名誉あるポストを斡旋した見返りは、王妃の監視である。リシュリューにとってアンヌ・ドートリッシュは以前と変わらず信用ならない存在だった。彼女は国王諮問会議に出席しようとして働きかけたことは一度もないので、枢機卿にとってライバルであるとはいえない。だが、枢機卿の政敵たちをすすんで引見し、彼らの不平不満に耳を傾け、そのうちの数名とは手紙のやりとりとしていた。そして、国王の禁止にもかかわらず、追放処分にあったシュヴルーズ公爵夫人に手紙を送ることに成功していた。公爵夫人は亡命先であるロレーヌ公国の宮廷でリシュリューの計画を妨害し、彼を失墜させようと工作を続けていた。自分が疑われていることに苦しむ王妃はこうして、ある種の連鎖の結果として、疑念を引きよせていた。

しかしながら、一六二八年の夏以降、彼女はもはや枢機卿に反発する唯一の人間ではなかった。マリー・ド・メディシス、枢機卿ド・ベリュール、国璽尚書［大法官］ミシェル・ド・マリヤックを中心とする篤信派が、リシュリューの反スペインの姿勢に警戒心をいだいていた。そのだれもがリシュリューのやり口に、プロテスタンティズムの勢いに押され気味の欧州のカトリシズムにとっての危険をかぎとっていた。当然ながらアンヌ・ドートリッシュは彼らと同意見であった。なんとしてでもスペインとの戦争を回避することは自分の使命である、戦争を推進しようとしているリシュリューの失墜をはかるのは自分の義務である、と感じた。王妃と母后の利害は一致し、同盟者となった。

一六三〇年九月、二人はついに目的を達成できると思われた。ふだんから病弱であったルイ一三世はリヨンに立ち寄ったさいに重い病にかかった。周囲の者の多くは、助からないだろう、と思った。この月の終わり、王はあまりにも衰弱したので死を覚悟して終油の秘跡を受けた。このとき、アンヌ・ドートリッシュ、マリー・ド・メディシス、リシュリューは枕辺にいた。キリスト教徒として死ぬ覚悟を固めたルイの口からは出るのは、悔悛の言葉のみであった。妻には、「よい夫ではなかった」ことを悔やむ、と述べた。泣きぬれたアンヌはお許ししますと述べ、快復した場合には枢機卿を罷免するとの約束をとりつけた。ルイは約束してくれた。リシュリューの失寵は確実だと考えたマリー・ド・メディシスは早くも、彼を逮捕する役目を担う男たちを集めた。リシュリューを投獄すべきか、追放すべきか、刺し殺すべきかが熱心に話しあわれた。[4] 王の死と、王弟オルレアン公ガストンが後継者となることが確実視されたので、リシュリューの方針に反対していた者たちは堂々と名のりをあげてもかまわないと思った。ゆえに彼らは名のりを上げたが、これは勇み足であった。

だれもが予期していなかったことだが、ルイは回復した。そうなると、王妃と母后は宰相リシュリューの存在をこれからもがまんしなくてはならない。アンヌは引き下がったが、マリーはあきらめようとせず、リシュリューを罷免し、スペインとの和平を探れ、と息子にせまった。「あざむかれし者の日」とよばれるようになる一六三〇年一一月一一日の夕方、前日にリシュリューを罷免してミシェル・ド・マリヤックを登用する気持ちを固めたルイ一三世が翻心《ほんしん》して、リシュリューを宰相の位にとどめると表明した。これで親スペインの篤信派の失寵が決まった。

アンヌ・ドートリッシュは、リュクサンブール宮（マリー・ド・メディシスの住まい）と、ヴェルサイユの小さな城（アンヌはここに招かれたことがない）を舞台とするこのドラマティックなエピソード［一一月一一日の日中、リュクサンブール宮でマリー・ド・メディシスとルイ一三世がリシュリューの処遇について話しあっているところにリシュリュー本人が闖入《ちんにゅう》した。母后は激高してイタリア語混じりで罵倒した。自分のキャリアだけでなく命もあやういと悟ったリシュリューは、ひざまずいて母后のドレスの裾に口づけして許しを請うた。板ばさみとなり、いたたまれなくなったルイ一三世は、狩猟用の別荘であるヴェルサイユの小さな城に逃げ出す。そこにリシュリューが合流して話しあい、国王は、プロテスタント諸国との連携もいとわずにハプスブルク家と対抗してフランスを大国にする、というリシュリューの政策を支持することを決めた］の役者でも観客でもなかった。三頭政治のいつものメンバーだけが主要登場人物だった。アンヌは舞台裏にもいなかったのに、国王は彼女にも怒りを爆発させた。「王妃は寡婦になったら、新王となるオルレアン公ガストンと結婚するつもりだった」とルイはまたも聞かされたのだ。リシュリューの政敵たちが逮捕され、母后がコンピエーニュに幽閉され（のちに脱走する）、兄に対する反乱を起こして失敗したガストンがロレーヌに亡命するという騒ぎのなか、根っからの陰謀好きたちと妻がふたたび接触することがないように手をうとうと考えたルイは、王妃の身辺から疑わしい者たちを一掃した。[5]

　アンヌが信を置いていた者たち全員が怪しまれた。王妃に仕える者たちを包む雰囲気は耐えがたいほど重苦しくなった。リシュリューは、アンヌの薬剤師までも疑った。王妃に処方した水薬や丸薬をはじめとする薬のなかに秘密のメッセージをしのばせて運んでいるのでは、と考えたのだ。薬剤師の追放が決まった。うんざりした王妃は、「リシュリューはこの薬剤師に替えて、わたしを毒殺する役目を仰せつかった手下を送りこもうとしているにちがいない」、と激しく抗議した。どちらの側も病的に疑り深くなっていた。リシュリューはいたるところに敵の影を見て、王妃は自分のまわりはスパイだらけだと考えた。アンヌ・ドートリッシュ殺害がリシュリューにどんな利益をもたらすというのか？と理性的な人は疑問に思った。枢機卿は自分の姪のマダム・ド・コンバレを国王と結婚させようとしているのだ、と疑心暗鬼になった人々は答えた。

　王妃は復讐心をたぎらせた。みずから望んだわけではないが、マリー・ド・メディシスの幽閉からの脱走とオルレアン公ガストンの外国亡命により、アンヌは枢機卿の政敵たちを宮廷に引きよせる磁石となった。のちに有名な『箴言《しんげん》集』を著わすラ・ロシュフコー公爵は、リシュリューが行使する権力を重苦しく感じていた一人であり、「王妃派は、くわわるのが適切な唯一の党派であった」[6]との発言で明らかなように、王妃が反リシュリューの要《かなめ》であると確信していた。「あざむかれし者たちの日」によって三頭政治は終わったが、マリー・ド・メディシスの退場はアンヌ・ドートリッシュの政治中枢部へのデビューを意味しなかった。ルイはリシュリューと二人で統治していた。二人だけが王国の運命をにぎっていた。アンヌはあいかわらず、公式の場で姿を見せる役割しかあたえられず、政務にかかわることは禁止されていた。しかし、彼女が枢機卿を憎んでいることはよく知られていたので、枢機卿による支配を拒絶する者すべてにとって王妃は頼みの綱となった。

## 宮廷内の冷戦

母親との決別によって、ルイ一三世はいっとき妻に歩みより、アンヌの恨みをなだめて彼女を喜ばせようと、シュヴルーズ公爵夫人の帰参を許可した。これはルイにとって大盤ぶるまいすぎるほどの贈り物であったにちがいない。シュヴルーズはこれまで「だれよりも害悪をなしてきた」人物である、と確信していたからだ。だが、王妃はこの女陰謀家を大切な友人と考えていた。彼女と引き離されるのは子どもを一人も産めないことより辛い、と不用意な発言をしたことがあるくらいだった。[7]

リシュリューも態度を変えた。美しい公爵夫人の帰参に同意した。明日の保証がない宰相は、王妃の敵対心をとりのぞかねばと考えていた。女陰謀家に許しをあたえれば、王妃の自分に対する悪感情もやわらぐにちがいない。王家を引き裂いた――マリー・ド・メディシスの追放と、オルレアン公ガストンと国王の確執――張本人とのレッテルをすでに貼られていた枢機卿は、国王と王妃の和解に動いたいたようだ。しかし、アンヌ・ドートリッシュの怒りをとくには、シュヴルーズ公爵夫人の宮廷帰参だけでは足りなかった。

だがアンヌは休戦期間の延長を夫から期待することができなくなった。ルイ一三世がマリー・ド・オートフォールという名の若い女官に心をよせたことで、国王夫妻の関係はまたも危機に瀕したようだ。マリーは金髪で碧眼、その陶器のような肌は清らかな心の反映であるかと思われた。国王の愛がプラトニックであることに疑問の余地はなかった――騎士が崇拝する貴婦人に仕えるように至純愛を捧げるつもりだった――が、むりもないことだがアンヌは当初、嫉妬した。しかし彼女の心配は短期間で霧散した。国王の愛は肉欲とは無縁である、と周囲の者たちから説明されたからだ。ルイの恋には不純な意図がふくまれていなかったのだ。それに、国王が想い人を喜ばせるために開催する宴や余興を楽しまない手はない。ふだんは口数が少ないルイは少々むりをして陽気にふるまい、宮廷に娯楽を提供した。アンヌを決定的に安心させたのは、マリー・ド・オートフォールの態度であった。王妃がライバル視していたマリーは国王をからかい、生意気とよべるまでのふるまいを見せていた。ルイをすげなく扱い、ときにはばかにした。なんとも皮肉なことに、マリーは王妃に接近し、友人となり、国王の器の小ささを王妃とともに笑い飛ばした。[8]

　ルイ一三世にとって、妻が周囲に女策士たちを集めていることは許しがたかった。シュヴルーズ公爵夫人をルーヴル宮に出入りさせてふたたびもっとも親密な友人として遇したことで、アンヌは疑惑に根拠をあたえてしまった。さらには、マダム・デュ・ファルジ「リシュリューのお陰で王妃付き女官になれたのだが、リシュリューに敵対したために宮廷を追放されていた」と文通したことで、〝現在練られている、もしくはこれから練られる陰謀〟の荷担者とみなされた。リシュリューは、マダム・デュ・ファルジが書いた手紙を大量に押収していた。これらの手紙はいずれも王妃に宛てたものではなかったが、リシュリューへの恨み辛みを吐露している手紙が王妃宛に差し出されたことを示唆していた。内容の分析から、国王が亡くなればアンヌをガストンと結婚させる計画が放棄されていないこともわかった。

ルイ一三世と宰相リシュリューは王妃を問い質すことを決めた。リシュリュー、国璽尚書シャトーヌフ、フランス元帥二名がアンヌ・ドートリッシュの居室を訪れた。今回は尋問ではなかった。王妃が求められたのは証言、鑑定であった。これらをマダム・デュ・ファルジの手紙だと王妃さまは認定されますか？　使われている偽名がほんとうはだれをさしているのかおわかりですか？　アンヌは非常に協力的で、見せられた書簡はマダム・デュ・ファルジが書いたものであると認め、偽名のそれぞれについてだれをさしているのかを説明した。王妃は、自分とガストンとの結婚話が再浮上していることに衝撃を受けたようすを見せ、マダム・デュ・ファルジが手紙のなかで表明している枢機卿への悪意を非難することまでしてみせた。リシュリューは、このような状況に似つかわしいもったいぶった態度で、王妃さまにおかれましてはわたしになにかご不満がおありでしょうか、とたずねた。アンヌは枢機卿に負けぬ巧妙さをもって、わたしの気持ちを害するようなことを枢機卿は一度もなさっていないので不満などありません、と返した。[9]話はこれで終わった。シモーヌ・ベルティエールの次の分析は鋭い。王妃は、枢機卿が自分に手心をくわえていると理解し、「そこから、自分はなにをやっても危険ではない、という軽率な結論を引き出し、以前にもまして裏工作に励んだ」

王妃にとっての危険がひそんでいたのは、枢機卿に敵対する貴婦人たちとかわすきわどい書簡のなかではなかった。危険はより現実的で、だれの目にも明らかだった。それは、彼女が不妊症だと想われていたことだった。これまでも、夫婦間に波風が立つあいまに、ベッドの上でのつかのまの和解があった。王太子の誕生が待ち望まれていたからだ。しかし一六三一年以降、夫婦関係は断たれたようだった。アンヌは日々、離縁をおそれていた。離縁の噂は、フランス国内のみならず、ローマやマドリードにも流れ、しかもかなり根強い噂だったので、アンヌがおそれる「離婚」は現実味をおびているかのようだった。絶望に打ちのめされたアンヌは修道院に入いることを考えたが、思いなおし、伯母「イサベル・クララ・エウヘニア」の跡を継いでスペイン領ネーデルラント総督をつとめることで母国に奉仕しようと考えた。

こうして心が千々に乱れたかと思うと、気をとりなおし、離縁というとんでもない悪夢はありえない、とみずからに言い聞かせた。スペインの王女を離縁できるわけがない。アンヌは、強国スペインの王である弟の力を恃《たの》むことができる、とふんだ。教皇も、カトリック王［スペイン国王にヴァチカンからあたえられた尊称］への配慮ゆえに、ルイとアンヌの結婚破棄を認めるまい。くわえて、ルイ一三世はきわめて敬虔なカトリック教徒であり、結婚の秘跡を破ることなどできないだろう。ゆえにわたしはフランス王妃の座にとどまり、いつかは王家の後継者を産むであろう、とアンヌは考えた。わき出る鉱水が不妊症にも効果があるとの評判をとるフォルジュ＝レ＝ゾー［ノルマンディ］での国王にともなっての滞在も、これを助けてくれるだろう。王妃に子を授けるよう神にとりなしてくれるから、と人に勧められた聖人たちへの祈祷と勤行も欠かさないアンヌであった。

数年前から予測されていたことであったが、一六三五年五月一九日のスペインに対する宣戦布告は、アンヌの立場をさらにあやうくし、彼女の心を苦悩で満たした。今回、フランスとハプスブルク家のあいだの長い決闘となるこの戦争をはじめようと意気ごんだのはルイ一三世であり、リシュリューはもう少し時間を稼ぐほうがよいと判断していた。ルーヴルで飛びかう話題は、驕《おご》るスペインとそのあなどれぬテルシオ[10]［軍事編成］を打ち負かすための戦略、国力動員、同盟関係の強化ばかりであった。夫から愛されておらず、宰相である枢機卿から監視され、宮廷で孤立していたアンヌは、自分が王妃である国の敵であるフェリペ四世の姉であった！　彼女の第一の義務はフランス王妃としてフランスの国益につくすことだったが、心の奥ではスペインの王女でありつづけているのでは、と夫や枢機卿から疑われていた。

スペイン領ネーデルラントの国境を舞台としたはじめての戦闘はアンヌにとって辛い試練であった。宣戦布告の翌日、フランス軍はユイ（リエージュ地方）の南でスペイン軍とぶつかった。敵軍敗走の知らせに、パリは狂喜した。ルイ一三世はただちに、王国のすべての教会に神に感謝を捧げる聖歌テデウムを演奏するよう命じた。その一方で、アンヌは涙をこらえることができなかった。この涙は、王妃は心情的にまだスペイン人であることの証拠ではないだろうか？　だが、彼女はなにを悲しんで泣いていたのだろう？　枢機卿王子とよばれ、高位聖職者でありながらすぐれた指揮官としても知られる弟、フェルナンド・デ・アウストリアその人の敗北だろうか？　同郷人たちの死であろうか？　アンヌはスペインの敗退に涙を流したが、フランスの勝利を呪ったわけではない。彼女は引き裂かれていたのだ。ルイはこのことを理解しなかった。怒った王は、執務机の上にあった書類の束を火に投げこみ、「王妃の意にそわぬスペイン敗北を祝うかがり火だ！[11]」と叫んだ。

次の夏、ピカルディの三つの要塞がほぼ戦闘ぬきで敵軍の手にわたると、フランスの当初の破竹に勢いは止まった。なかでもコルビ要塞の陥落はスペイン軍にパリ進軍のルートを開いた。さっそくパリを逃げ出す人もいるなかで、フランス国民は国王の呼びかけに応え、最悪の事態を避けるために総力を動員した。このころのアンヌの動向を伝えている年代記は一つもない。前年よりも感情を隠すのが上手くなって、喜びを押し殺したのだろうか？　フランス王妃として裏表なく王国のゆくすえを案じたのだろうか？　ルーヴルに出入りしていた者たちがなんの証言も残していないところを見ると、アンヌは――すくなくとも表向きには――王国を防衛せねばならないという熱い思いを国王と共有していたようだ。ルイは国難に対処する指導者の技量を示し、パニックにおちいることなく、新たな部隊を編成し、富裕層に寄付を求め、みずから反撃を指揮した。九月一日、ルイはコルビ奪還を心に決めてパリを後にした。ルイ一三世は根っからの軍人であり、戦場にいるときがもっとも活き活きとしていた。

乾坤一擲《けんこんいってき》の勝負に出るため戦場におもむく――戦死する、もしくは捕虜となる危険をともなう――以上、ルイは王家のメンバー一名を首都に残しておかねばならない。国王と行動をともにしていたリシュリューの勧めにより、オルレアン公ガストン［許されて亡命から帰国していた］はピカルディ軍総司令官に任命され、北の国境に向けて進軍していた。筆頭王族であるコンデ公の軍は、スペイン領フランシュ＝コンテの首府ドルで敗北を喫し、いまはブルゴーニュでスペイン軍の侵攻をはばんでいた。マリー・ド・メディシスは国外逃亡していたので、摂政を託せる王族はアンヌただ一人だ。仕方がない、ルイ一三世ははじめてアンヌを摂政に任命した。おそらくは、王家の結束を国民世論にアピールすることを重視したリシュリューもこれを勧めたのであろう。

ほんとうのところ、アンヌが託されたのは摂政ではなく、国政に口をはさむのが大好きな首都、パリの統治であった。国政の重責というよりも、たんなる行政管理の任務、日常業務の管理に近かった。ほかに選択肢がないルイがアンヌに託した権限は、一六二〇年に彼女があたえられた権限よりもさらに限定的であった。

ルイ一三世はまだ妻を信用していなかったのだ。翌年に露呈するスキャンダルによって、国王の疑いは根拠のないものではなかったことが明らかになる。

## 危険な文通

アンヌはフランスにお輿入れして以来、たえず実家と手紙をやりとりしていた。父には望郷の念を訴え、プラド宮やエスコリアル宮に比べてルーヴル宮がいかに陰鬱か、パリでの宮廷生活がどれほど単調かを打ち明けた。彼女は楽しかった子ども時代、仮面舞踏会、観劇、闘牛をなつかしんだ。フェリペ三世は、フランス語を完璧にマスターするよう激励し、娘のフランス語が少しでも上達すると喜んでくれた。娘にちょっとした贈り物を送るときは、お小遣いもそえるのを忘れない心やさしい父親だった。フェリペ三世の手紙には娘へのアドバイスが満載されていた。夫やお付きの貴婦人以外の者と会話することはつつしみなさいと忠告し、義母には礼節をつくすよう勧め、アンヌが夫の狩猟に同行したと知るとと、それはよかったとほめてくれた。[12]

その頃のフェリペ三世は、娘婿は国務に無関心で性格的に弱い（母親への服従ぶりがそのように思わせた）もしくは子どもっぽい、と思っていた。ゆえに、スペインの国益に資する方向でフランスの政策を誘導する使命を娘に託した。そうした意図は、彼がアンヌにあたえたアドバイスに明らかだ。あなたはカトリックの王妃なのだから、――ナントの勅令［ルイ一三世の父アンリ四世が出した、一定の制限内でプロテスタント信仰を容認する王令］にもかかわらず――異端であるフランス国内のプロテスタントと戦うようにルイ一三世に奨めなさい、カトリックの強国間の和平と協調が維持されるように働きかけなさい。ネーデルラント、ドイツ、イタリアに巣くっている、スペインの敵との連携を模索するフランスの傾向が目にあまるので、分断をはかるように努めなさい。一族と聖なるカトリック教会の守護に必要な絆をキリスト教世界において維持するため、ハプスブルク家の人々、すなわち弟たちや、ウィーンの親戚――皇帝と大公たち――およびネーデルラント総督である伯母イサベル・クララ・エウヘニアとつねに手紙で連絡をとりあいなさい[13]。

ゆえにアンヌはマドリード、ブリュッセル、ウィーンに手紙を送り、返事をもらっていた。たんなる家族間の文通であるから、だれからも怪しまれなかった。当時はフランスとスペインが同盟国であり、関係は良好であったのでなおさらであった。それでも宮廷の郵便物検閲室は王妃の文通の内容を知ろうと努めた。また、つねに王妃の身辺に多くのスパイを送りこんでいたリシュリューは、王妃とスペイン大使ミラベル侯爵、フェリペ四世、枢機卿王子［アンヌの弟、フェルナンド・デ・アウストリア］のあいだに行きかう手紙を定期的に横取りし、写しを作らせて保存していた。リシュリューはこうして証拠書類を収集していたのだ。

枢機卿と国王は、スペインとフランスのあいだに戦争が勃発したのにこうした文通が続くことを許すわけにはいかなかった。一六三七年の初夏、枢機卿のスパイが、ブリュッセルに駐在しているミラベルに王妃が宛てた一通の手紙を横取りした。リシュリューは前年から、アンヌが外国と接触しているのではと疑っていた。しかし、証拠はつかめなかった。王妃と、彼女に忠実に仕えるラ・ポルトがひそひそと話しあっていることが枢機卿の疑いを強めた。ラ・ポルトは王妃の連絡係ではないだろうか？　しかし王妃はどこで手紙を書いているのだろう？　ルーヴル宮ではリシュリューのスパイが以前にもまして目を光らせているというのに。押収された書簡の内容は一見したところ無害なものであったが、これまでも手紙がとりかわされたことが読みとれた。リシュリューは、通信ネットワークの存在を疑い、これをつぶそうと決意した。

ラ・ポルトは逮捕されてバスティーユに投獄された。八月一三日、国王はパリ大司教と大法官ピエール・セギエに、アンヌがいつも瞑想のために滞在する、ベネディクト派のヴァル＝ド＝グラース女子修道院の捜索を命じた。[14] スペインの風土に育まれた篤い信仰心ゆえに、アンヌがたびたび修道院にこもるのは不思議でもなんでもなかったが、彼女自身が設立し、自分の自由になる金で美しく飾り、保護と恩恵をあたえていたこの修道院は、宮廷生活からのがれて平穏と孤独を味わいたい王妃の隠れ家でもあった。ここにはアンヌ専用の小ぶりの広間と寝室があるし、無遠慮な監視もスパイも心配しなくてよい。アンヌはここで、ルーヴルにはない自由を満喫した。修道女たちは友であり、院長のルイーズ・ド・ミレイはスペイン・ハプスブルクの支配下にあったフランシュ＝コンテ出身であるゆえにスペインへの愛着をアンヌと共有していた。アンヌはここで、なにもおそれずにスペイン語で手紙を書き、筆まめな文通相手、すなわち弟たち（スペイン国王フェリペ四世と枢機卿王子）、スペイン宰相オリバーレス、外交官ミラベル、シュヴルーズ公爵夫人からの返事を読むことができた。ただし、つねに用心していたアンヌは手紙の暗号化と暗号解きを忠実なラ・ポルトに頼んでいた。ラ・ポルトは不可視インクも使っていた。こうして、敬虔な信仰実践の場であるヴァル＝ド＝グラースは、世俗的な郵便ポストともなっていたのである。

王妃の秘密の文通は、パリのイングランド大使館を中継地点としていた。手紙はいったんロンドンに送られたのち、スペイン支配下のブリュッセルに転送され、そこからカスティーリャに届けられた。ロレーヌ公国や、またも追放処分を受けたシュヴルーズ公爵夫人が焦《じ》れながらくすぶっていたトゥールへも手紙は送られていた。この複雑な文通システムは、多数の協力者と機転のきく使者を必要とした。

国王が命じた捜索は、偶然の発見や突発的な密告にもとづいたものではなかった。リシュリューは前年より、あのベネディクト派女子修道院にアンヌを足繁く通わせているのは信仰心だけではない、ヴァル＝ド＝グラースは秘密通信ネットワークの中枢にちがいない、と確信していた。同修道院は枢機卿の配下によって隅から隅まで徹底的に捜索され、修道院長を筆頭に、全員が尋問された。だが、なんの成果もなかった。一通の手紙も、秘密通信用の道具も見つからなかった。

同じ八月一三日、大法官セギエは国王の命令により、シャンティイーにいた王妃のもとを訪れた。セギエはアンヌを質問攻めしたが、王妃は威厳をくずすことなく返答し、自分が手紙を書いた相手はシュヴルーズ公爵夫人だけだ、と強調した。セギエは、アンヌの戸棚類を開け、私室を捜索してほかの者に宛てて書いた手紙を押収する、とおどした。王妃は、おやりなさい、なにも見つかりませんよ、と挑発した。するとセギエは、ミラベル経由で枢機卿王子宛てにアンヌが書いた手紙――フランスの敵に宛てた手紙だ！――をつきつけた。アンヌは動揺したが、重要情報などなにもふくまれていないこうした文通は国家に対する犯罪ではない、と強弁した。ラ・ポルトは自身の『回想録』のなかで、アンヌが隠そうとした手紙を押収しようとして大法官は王妃の胸元に手を差しこんだ、と主張している。ただし、ラ・ポルトはその場にいなかった。

　これほどの屈辱を味わった王妃はこれまでに一人もいなかった、とアンヌ・ドートリッシュは思った。彼女の周囲は噂でもちきりだった。王妃の結婚は解消される、王妃は離縁され、どこかの要塞に幽閉される、地方の修道院に一生閉じこめられる、と。絶望にくれたアンヌはマルシヤック公に、自分をこっそりつれだしてブリュッセルに送りとどけてほしい、と頼んだといわれる。一六五〇年に父の跡を襲ってラ・ロシュフコー公爵となるマルシヤックは、彼自身の言葉によると「なみはずれて、華々しいことをやってみたい年頃」であったので、一時的に恐慌をきたしていたアンヌのわれを忘れた言葉を文字どおりに受けとってしまったようだ[15]。とはいえ、アンヌ・ドートリッシュが直面していた危機はなみなみならぬものだった。

　この重要案件を捜査している者たちは、王妃の否認はきわめて脆弱だと思った。陣頭指揮をとっていたリシュリューが捜査を打ち切りにすることはもはや不可能であった。シモーヌ・ベルティエールによると、枢機卿が「手にしていたのは毛糸玉の末端であり、この毛糸玉を最後までほどくかどうかは、彼と国王のみが決めることであった」。フランス王国は戦時下にあり、フランス王妃は敵国と内通しているのかもしれない。国王は、必要なら妻をさらし者にしてまで、この問題を掘り下げたいと熱望した！　バスティーユでは、ラ・ポルトがくりかえし尋問を受けていたが、頑として口を割らなかった。ラ・ポルトは買収の誘いにも、拷問にかけるとのおどしにも屈しなかった。

リシュリューは件《くだん》の手紙以外にもなにかをにぎっているかもしれない、と思った王妃は面談を求め、自分の居室に枢機卿を招いた。彼女は話す気になっていた。リシュリューは八月一七日、二人の国務卿をともなってやってきた[16]。

## 王妃の告白

王妃の前に姿を現わしたリシュリューは、山のような質問にいくらかの威圧と脅迫をまじえて容疑者をじっくりと追いつめる通例の捜査官とは違った。彼はことを早く終わらせるつもりだった。まずは、自分は国王陛下の伝言をあずかっている、と告げた。王妃陛下がすべてを告白するのであれば、国王陛下はお許しになる！　またしてもルイは妻と直接対決せずに、枢機卿にその役目をまかせたのだ。以下は、リシュリューの報告である。アンヌは、枢機卿王子とよばれる弟のフェルナンドに手紙を書いたことを認めざるをえなかった。枢機卿王子はネーデルラント総督にして大司令官であるからフランスの大敵であるが、自分が書いたのは重要な内容をふくまない書簡である、とアンヌは主張した。

この答に不満足なリシュリューは、平静だが有無をいわせぬ口調で「それだけではありますまい、王妃さま！」と言った。

王妃は否定できず、イングランドに手紙を送ったことも認めた。

「それだけではありますまい、王妃さま！」

アンヌにとってこの追求は責め苦であった。そこで、二人の国務卿に退出するよう懇願し、自分の告解聴聞司祭だけに残ってもらった。厳格なリシュリューと正対してのやりとりが再開した。王妃は犯した過ちを後悔していることを知ってもらおうと努めたのち、それもこれも宮廷で自分が置かれた屈辱的な状況のせいである、と弁解した。そして、手紙のなかで不満をもらしたのも、ミラベル侯爵宛てに「国王が眉をひそめるような言葉づかい」の手紙をしたためたのも本当だ、と認めた。

「それだけではありますまい、王妃さま！」

涙にかきくれたアンヌの抵抗はしだいに弱まり、ヴァル゠ド゠グラース修道院の自室は手紙を書く場所であったこと、ラ・ポルトは自分のメッセンジャーの一人であったこと、パリとブリュッセルのあいだを往き来するイングランドの外交文書送達ケースが監視をのがれて連絡をとるための手段であったことを告白した。ついには、自分が送った手紙には政治情報もふくまれていたことも認めた。

はい、マドリードに宛てた手紙のなかで、フランスの外交官一名がスペインに派遣されることになっている、と事前に知らせ、「この者を送りこむ「フランスの」真意を見ぬく」ように、と注意を喚起しました。スペイン大使ミラベル侯に、フランスはこれまでスペインの同盟者であったロレーヌ「ロートリンゲン」公との関係修復を探っているので「用心する」よう警告しました。スペインを不利な立場に追いやるためにフランスがイングランドと同盟を結ぶとの噂に心配となり、これを阻止しようと試みたことも本当です。[17]

アンヌはうちひしがれた。自分の告解聴聞司祭の立ち会いのもと、彼女は「自分がこうして告白している内容とは正反対の主張をくりひろげて偽証したこと」を悔いた。リシュリューはものわかりがよい風をよそおった。そして、王妃の力になると約束した――そのように伝えているのはリシュリュー本人だけであるが。すると王妃は感謝の言葉を述べた。

王妃はこれで無罪放免となったわけではない。これまでなかったほど冷たい態度のルイ一三世の眼前で、彼女は文書に署名して告白内容をあらためて認めることを余儀なくされた。これは王妃がまたも屈辱をなめることを意味した。リシュリューが用意した、王妃の過ちをすべて列挙した長い文書は、人払いした私室で宰相と対面しての告白のときの機密性とは無縁で、王国の公式文書という厳粛な性格をおびていた。冒頭には、「国王陛下の目をあざむき、陛下のご意向に反して、王国の内外でわれ［王妃］がそれ以降に関与したたくらみを包み隠さずに告白する」ことを条件に赦しがあたえられる、とのルイ一三世の約束が記されていた。

続く文章は以下のとおりである。「神の恩寵によりフランスとナヴァールの王妃となったわれ、アンヌは、みずからの意思で、だれからも強制されることなく、以下を告白する。弟である枢機卿王子、ミラベル侯爵、駐フランドルのイングランド弁理公使ジェルビエに複数回手紙を書いたこと、そして彼らからしばしば手紙を受けとったこと（…）」。そのあとに続くのは、彼女がもう二度と犯しません、と誓う過ちのリストである。

ルイ一三世は公証人なみに細心なところを見せ、この文書が真正であることを証明する文言と、自分が赦しをあたえる理由をつけくわえた。「朕の愛する妻である王妃が、しばらく前より朕の意にそわぬふるまいにおよんだことを率直に告白し、朕と朕の国家に対する義務にもとづいた行動をとると約束したことに鑑み、朕はこれまでに起きたことをすべて水に流し、(…)よき国王およびよき夫の妻に対する義務にしたがって王妃と暮らす所存である旨《むね》、ここに宣言する」。ルイは、王妃は以降どのような制約を受け入れねばならないかを明確にすることも忘れなかった。私人として手紙を書くことの禁止(とくに、シュヴルーズ公爵夫人と文通することはもってのほか)、なんであれ修道院と名のつくところを訪れるのは禁止等々。またもアンヌは署名した。「わたしは国王に対し、以上の内容を厳粛に遵守することを約束します」という屈服の姿勢を表明する文言をそえて。

これほどの屈辱を受けたフランス王妃は過去にいなかった。とはいえ、夫が推進する政治をこれほどまでに妨害しようと試みた王妃は過去にいなかったことも確かだ。署名入りの公式の告白文書という形態をアンヌに強要することで、ルイ一三世は国内および国外における妻の評判を落とすことを望んだ。政府に反対する者やフランスの敵はもはやだれひとり、アンヌ・ドートリッシュをあてにすることができなくなる。これが狙いだった。Mutatis mutadis[「必要な修正がくわえられた以上」を意味するラテン語]、すなわち王妃の外国の諜報員としての正体が露見した以上、リシュリューの失脚を望んでいた者、スペインの勝利とはいわないまでもフランスがふたたびカトリック強国の陣営に戻ることを願っていた者たちにとって、アンヌは使いものにならなくなった。

## 裏切りよりも悪質とされた過ち

アンヌは裏切り者だったのだろうか？　彼女の告白を読むとそう思ってしまう。戦争の真っ最中にフランス王国の敵と手紙をやりとりしていたことを認めただけでなく、これまではスペイン寄りであったロレーヌ公国およびイングランドにフランスが外交攻勢をかけようとしている、とスペイン王室に知らせた、とも白状したのだ。その一方で、フランスの国王軍が予定していた攻撃や、フランスが戦争を遂行するための資力をもっているか否かにかんする戦略的な秘密はなに一つもらしていない。

駐マドリードのフランス大使が、アンヌ・ドートリッシュと実家とのあいだの手紙のやりとりに言及したとき、スペインの宰相は「戯言《たわごと》だ！」と叫んだ。宰相オリバーレスは、スペインが諜報網を活用していることを認めたうえで、これがじゅうぶんに機能しているので、フェリペ四世の姉であるフランス王妃に情報を求める必要などない、と一笑に付した。スペインがアンヌを間諜として利用する？　正体が露見して王妃が裁かれたり離縁されたりする危険があるのに？　アンヌから期待できる成果がたいしたことがないことを考えると、これはお話にならない。スペイン国王は、姉をそのように辛い立場に追いこむほど無能でもなければ残酷でもない。そもそも、フランスにおいて権威は国王と、国王から権限を委譲された宰相に集中していることはだれでも知っている。アンヌは信用されておらず、彼女が政治に容喙する余地がない。スペインがフランス王妃を通じて極秘情報を入手しようと画策したことは一度もない、とオリバーレスは断言した。

スペイン宰相という立場上、アンヌ・ドートリッシュの関与を全面的に否定するのはオリバーレスの役目であり、疑惑の一蹴《いっしゅう》はつとめである。だが、スペイン政府はヴァル＝ド＝グラースから届く手紙に重きを置いていなかった、と考えるのは理不尽でもなんでもない。アンヌの手紙にはいつでも、とるにたらぬことしか書かれていなかったからだ。アンヌは、フランスとイングランドの接近やフランス王国軍によるロレーヌ占拠を懸念してこれを実家に伝えたが、これらは、まだ秘密であった外交情報や軍事情報とよべるものではない。アンヌがもっともおそれていたのは、在ブリュッセルのイングランド大使館を経由して、もしくは当時ナンシー（ロレーヌ公国）にいたシュヴルーズ公爵夫人の協力で届けられていた手紙のやりとりがとどこおることであった。

アンヌ・ドートリッシュはやり手の女スパイではなかった。敵国と通じていたわけではない。彼女が流した情報は無価値であった。ただし、倫理的な責任にかんしては弁解の余地はない。アンヌはフランス王妃であるにもかかわらず、国王と宰相リシュリューの政治的選択に賛同していなかった。篤い信仰心と母国に対する忠誠心ゆえにアンヌは、公言はさしひかえたものの、夫とその宰相に批判的だった。「いとも敬虔なキリスト教徒の王」という名誉称号をもつフランス国王がカトリック王［スペイン国王］と戦うためにプロテスタントの君主たちと同盟を結ぶのは堕落にほかならない、と思ったのだ。アンヌ・ドートリッシュの過ちは、この思いを戦争のただなかにフランスの敵に打ち明けたことだった。その結果としてアンヌは、「あざむかれし者たちの日」によって政治的には打ちくだかれたが、多くの人があいかわらずひそかに支持している篤信派にくみしてしまったのだ。ルイ一三世は一六三〇年にリシュリューの考えを容《い》れ、フランスを強国にするためならプロテスタント諸国と手を結ぶこともいとわないと決断したが、アンヌ・ドートリッシュは夫が否定した篤信派の理想をすてさることができなかったのだ。

アンヌがいかに実家思いであったかは、彼女が綴った手紙に明らかだ。とはいえ、彼女に国家反逆の罪はない。彼女の過ちは、国王の政治方針に反して、欧州の平和を願い、カトリシズムの異端［プロテスタンティズム］に対する勝利を望んだことであった。実家との手紙のやりとりがリシュリューのスパイたちにかぎつけられなかったとしたら、アンヌは国内の反リシュリュー勢力と、これに加勢する国外勢力の連携――マドリードはいつかの時点でこれを必要としたであろう――の仲介役となったかもしれない。

アンヌ・ドートリッシュは、夫と権力を分かちあうことを一度も許されなかった。彼女は自分が夫の方針に賛同していないことをわかってもらおうとしたが、そのやり方は巧妙とはほど遠かった。彼女はフランス国王の剣の欠陥であった。欠陥はとりのぞかれ、剣は敵に向けてふり上げられたままとなった。

## 奇跡の子

アンヌ・ドートリッシュに未来はあるのだろうか？　ルイは赦しをあたえたが、なに一つ忘れなかった。彼の命令により、王妃の側近はまたしても粛清の対象となった。王妃の告白のなかで名前があがった者は全員、ルーヴル宮を去るようにうながされ、二度と王妃と接近しないようにと言いふくめられた。王妃はヴァル＝ド＝グラースを訪れることを禁止された。アンヌは、実家に頼ることもできない、と悟った。二二年前に去ったスペインはもはや遠い存在となってしまった。彼女はここにいたって、オリバーレスやフェリペ四世の支援を期待することをやめた。フランスと交戦中のフェリペ四世には姉に救いの手を差しのべる余裕などなく、姉がどのような扱いを受けているか心配することさえなかった。

愛とは無縁の殺伐とした環境にとり残され、あいかわらず子どもをもてなかった王妃が頼ることができるのは、恨みがましく寡黙で愛想のない夫ただ一人であった。しかも、彼女の運命をにぎっているのはこの夫である。すべての点で気持ちが通わぬこの二人の不和を解消できるのは、王朝の存続を可能とする男児の誕生のみだった。一六三七年の秋、ルイは久しぶりに妻と同衾《どうきん》した。

二人とも三六歳を迎えたところであった。国王はあいかわらず病気がちだったこともあり、残された時間は少ない。ほどなくして、王妃が妊娠しているとの噂がルーヴル宮の控えの間でささやかれ、パリの街中《まちなか》に広がり、地方に伝播し、外国にも到達した。一六三八年一月の終わりのことだ。神の摂理なのか、侍医たちの腕前のおかげで国王夫妻の健康が増進したためなのかわからないが、結婚から一八年後の王妃懐妊は、王室がもっとも待ち望んでいた出来事、王国の希望、国王夫妻の関係修復の先ぶれであった。子を産めば、アンヌはついに本物の王妃となる。妊娠によりアンヌは、無思慮な行動の報いとして受けた屈辱を忘れることもできよう。アンヌは過ちを犯したが、これで王妃としての正当性を回復できよう。妊娠は彼女にとって名誉回復のチャンスであった。

ルイ一三世も妻の妊娠を喜んだが、これで過去を水に流す気はなかった。まもなく父親となることに満足したものの、妊娠した妻を周囲が気遣うのを見て不快をおぼえ、王妃付きの女官たちの存在を耐えがたく思い、妻の妊娠期間の長さにいらだった。八月一九日、サン＝ジェルマン＝アン＝レ宮での王妃の出産に立ち会うよううながされたルイは次のように述べた。「王妃の分娩が遅れ、余がピカルディやその他の地方に引き返す事態になるかもしれない。それを考えるとうんざりする。あの女たち［女官たち］と顔を合わせないですむのならどこでもかまわないのだが」。あれほど待ち望まれた出産の前日、アンヌは陣痛に苦しみ、命が危ぶまれた。ルイは平然としているように見えた。涙を流しているマリー・ド・オートフォールに、ルイは、そのように悲嘆にくれる理由がわからない、と述べた。「余は、子どもの命が助かれば満足である。マダム、あなたも、母親が犠牲となっても子どもが助ければ心が慰められることだろう[18]」

生まれたのは王太子であった！　一六三八年九月五日のルイ――将来のルイ一四世、フランス国民はただちに、この赤児にディユードネ（神の贈り物）という綽名《あだな》を進呈した――の誕生に国王も大満足し、いつもの仏頂面と打って変わって喜びの表情を浮かべた。ずっと後になってマダム・ド・モットヴィル［アンヌ付きの女官で、回想録を執筆した］は「（国王は周囲に）ぜひともとうながされてようやく王妃に近寄って接吻した」と述べているが、これは本当だろうか？　分娩に立ち会った人々は、国王の妻に対する態度ではなく、その感激ぶりに注目した。ルイはゆり籠《かご》のそばを離れようとせず、ヴェネツィア大使に向かって「これは神の恩寵による奇跡の賜《たまもの》である。結婚生活二二年をへたのち、妻の不幸な流産を四回経験したのちにこのように元気な赤児を得たことは奇跡とよぶほかない[19]」と大声で述べた。

王太子誕生の喜びが一段落すると、公人としてのふるまいが優先される生活がふたたびはじまった。あれほど待ちこがれた王太子誕生をもってしても、夫婦仲が回復することはなかった。ルイ一三世は妻の出産後ただちに、王妃に仕える者たちの陣容を見なおした。赤児の養育を担当する者たち――お目付役女官と補佐――の人選は国王が決定し、赤児が成長すると国王は王妃に相談することなく傅育官を選んだ。

アンヌは母性愛に目覚めた。同時代の人々、そして後世の伝記作者たちは、王太子出産後に彼女はすっかり変わった、と強調している。アンヌは息子のことをたえず気にかける、愛情深い母親であった。彼女の母性愛がふたたび発揮される機会が訪れる。一六四〇年に次男を産んだのだ。この児はフィリップと名づけられた。二人の王子があいついで亡くなるようなことが起きないかぎり、王朝の継続は安泰となった。いつ終わるとも知れぬ戦争とそれにともなう不幸にもかかわらず、フランス国民は喜んだ。

国王も幸せそうに見えたが、幸福を妻と分かちあおうとも、妻の手柄を認めようともしなかった。夫婦仲は修復されなかった。母親となった喜びをかみしめるアンヌは見るからに幸せそうだった。陰謀の誘惑に引きずられた過去は遠くなり、四六時中、子どもたちのことで頭がいっぱいだった。子どものころに親から引き離され、夫にかまってもらえず、愛情に飢えていたのは過去の話であり、いまや幼い息子二人が心をうるおしてくれる。晴れやかで、心身ともに充実し、見るからに幸せそうな妻を、たえまなく病気に悩まされるルイ一三世はねたんだ。そこで、王妃に不機嫌をぶつけ、嫌がらせで彼女を傷つける機会を逃さなかった。一六四一年一一月にブリュッセルで枢機卿王子が亡くなったことを妻に伝えるときも、なんの気づかいも見せなかった。「あなたの弟が亡くなった」だけで、悔やみの言葉はいっさいなかった。

疑り深いルイは、あいかわらず妻の動向をスパイさせていた。だがアンヌ・ドートリッシュは外国との文通をすっぱりやめ、スペインが戦闘で勝っても喜ぶこともなかった。それでもルイは、難癖をつけては妻を苦しめていた。病的に自尊心が強くて傷つきやすい質《たち》であったルイは、厳しい顔つきとおそろしげな口髭の父親の姿を見て二歳の王太子が泣き出したことを自分に対する侮辱を受けとめた。そして、息子の泣き声を、自分を嫌うように妻が仕向けた証拠だと決めつけた。ある日のこと、ルイは妻に次のように告げた。「息子はわたしの姿を目にすることを嫌がっている。なんとも奇妙な教育を受けていることよ。だが、わたしはこれを正すつもりだ」[20]。この謎めいた言葉に、アンヌはわが子を奪われる脅威を読みとり、絶望にくれた。

そのような事態を未然に防ぐため、アンヌは味方を探した。リシュリューと同盟を組む、すくなくとも彼に助けを請うべきときが来たのではないか？　リシュリュー枢機卿を標的とする新たな陰謀が、そのチャンスをアンヌにあたえた。

## こりない女陰謀家

リシュリューはいつでも敵に事欠《ことか》かなかったし、宰相となって以来、彼の権威を失墜させようとするたくらみは彼がこの世を去るまで絶えなかった。王族であるソワソン伯爵がスペインに加担し、スダンを拠点に一六四一年に練った陰謀にアンヌは無関係であった。これに対して、次の年にサン＝マールがめぐらした陰謀のことは彼女の耳にも入った。マリー・ド・オートフォールに替わってルイ一三世の寵を受けるようになった美青年サン＝マールは、宰相リシュリューを罷免に追いこむだけの力が自分にあると思いこんでいた。しかも、宰相殺害も選択肢に入れていた。陰謀といえばかならず名前が出る王弟オルレアン公ガストン、そしてブイヨン公も一枚かんでいた。くわえてサン＝マールは、あいかわらずフランスと交戦状態にあるスペインから金銭的および軍事的支援を引き出していた。即時の講和と、相手国に占領された都市の交換を定めた秘密協定が一六四二年三月一三日、スペイン宰相オリバーレスとのあいだに結ばれた。

リヨンからナルボンヌへの道中、リシュリューはこの陰謀をかぎつけた。彼が放っていた間諜《かんちょう》たちから、まだ不確かで脈絡がないものの警戒すべき情報を受けとったのだ。マラリアと腕にできた膿瘍が彼の死を早めてもおかしくない状況だったが、リシュリューは暗殺をおそれた。ナルボンヌに向けて出発する前に、遺言状を口述筆記させていたほどだ。

いまだにリシュリューの敵とみなされていた王妃に、義弟オルレアン公はサン＝マールの陰謀を打ち明けた。国王の意にそわぬことは二度といたしません、という誓約を忘れ、王妃はこの陰謀に賛同し、忠実な友であるマルシヤック公（ラ・ロシュフコー）に参加をうながした。アンヌはもう少しで、いくつかの部隊に蜂起をよびかけるためにサン＝マールの手先が送付する予定の書面――まだ白紙であった――に署名するという無謀をおかすところであった。自分がかかわっていることを口外しないでほしい、とオルレアン公ガストンとサン＝マールに求めたのが、アンヌが用心のために講じた唯一の策であった。アンヌは、反逆者たちが締結準備を進めていたスペインとの秘密協定についても知らされた。フランス王妃、フランス王太子の母であるにもかかわらず、アンヌはまたしても陰謀熱にとりつかれた。

六月一一日、リシュリューはアルルで陰謀の証拠をつかみ、スペイン宰相オリバーレスが略署した秘密協定の写しを入手した[21]。翌日、仔細は国王も知るところとなり、サン゠マールと陰謀荷担者たちの逮捕が命じられた。王弟オルレアン公ガストンも尋問された。彼は全面的に自供し、サン゠マールにすべての罪を着せたが、約束を守って王妃の役割については沈黙を保った。リシュリューの密偵たちは、陰謀の存在と荷担者のリストだけでなく、スペインとの秘密協定のことを自分たちだけでかぎつけて雇い主に注進できるほど優秀だったのだろうか？　同時代の人々は、ある高貴な人物が陰謀の情報漏洩にかかわった、とほのめかしており、王妃を名ざしする者が多くいた。

今日《こんにち》、陰謀を密告したのはアンヌ・ドートリッシュだ、という説に疑いをはさむ人はいないようだ。ただし、彼女が密告にふみきった動機については諸説ある。最後の最後になって、陰謀荷担者たちの軽率ぶりに怖くなってしまったからだ、と考える人たちがいる。陰謀が失敗するのは明らかだった。そうなれば、自分もまきこまれてしまう。可能なかぎり早めに阻止するほうが得策だ、とアンヌは判断した、という説だ。そうではなく、息子と自分の将来を考えたからだ、と推測する人たちもいる。国王は慢性的に病気に悩まされていて、死は遠くないと思われる。そうなれば摂政時代がはじまる。ここで先まわりしてリシュリュー（ただし、宰相自身も体調がかなり悪かった）を味方につけておけば、王太子の権利を守ってくれるにちがいない、とアンヌが計算した、という説だ。三つ目の説がある。

リシュリューがあることを約束してくれたので、その見返りとして王妃は陰謀について知っていることを打ち明けた、というものだ。しかし、リシュリューからアンヌがもぎとった約束とはなんだろう？

じつは一六四二年の春、ルイ一三世は、子どもたちをサン＝ジェルマン＝アン＝レ宮に残して南仏にいる自分に合流するよう妻に命じていた。息子たちの教育は妻にまかせられないと夫が考えていることを知っていたアンヌは、これは自分から子どもたちをとりあげるためではないかと思っておそれおののいた。そこで病気を口実に旅を先延ばしにして、この危険を永久にとりのぞくために動いた。具体的には、一人の使者を介して、子どもたちの養育権を自分からとりあげないように国王陛下にとりなしてほしい、とリシュリューに懇願した。当初、リシュリューはなにも約束せず、それどころか国王の意向に従うよう王妃をうながした。アンヌはそこで、六月七日と九日の二回、枢機卿に忠誠を誓った。猊下《げいか》もわたしの思いに応え、わたしを見放すことがないとわかっておりますので、わたしは決して心変わりすることなく志操堅固《しそうけんご》をつらぬき、猊下の利益にかなうように尽します、とかき口説いたのである。一三日、国王からの知らせがとどき、王妃が息子たちとサン＝ジェルマン＝アン＝レ宮にとどまることが許された。アンヌはリシュリューの尽力に感謝し、この恩は一生忘れません、と約束した。

リシュリューの助力への見返りとしてアンヌがサン＝マール一味がスペインと結んだ秘密条約を密告した、という説に難点があることは確かだ。パリと南仏は何百リユー［一リユーは約四キロ］も離れていることを考えると、上記の時間軸に沿って手紙が往き来することははたして可能だったのだろうか？　ルイは、アンヌがリシュリューに助力を懇願する以前に、妻がサン＝ジェルマン＝アン＝レにとどまることを認めたのではないだろうか？　ルイが翻心してアンヌに譲歩した理由とはなんだろう？　スペインとの密約について知らされたルイが、またしても陰謀に関与した妻の願いをかなえてやるようなことはありえない。リシュリューの介入が功を奏したのは、彼が陰謀への王妃の関与を国王に隠したことを意味する。

　国王が、自身と宰相リシュリュー双方の体力の急速なおとろえを実感している、という統治末期の雰囲気のなか、事態は混沌としてきた。ルイとリシュリューの仲はぎくしゃくしていた。国王は宰相に対する積年の不平不満を反芻《はんすう》していた！　リシュリューは疑心暗鬼となって、陰謀から自分の身を守るための保証を国王にひたすら要求していた！　二人のあいだにあった信頼感も友情もどこかに消えてしまった。もはや顔を会わせることも、話すこともなくなってしまった[22]。

　他方、アンヌ・ドートリッシュはリシュリューとの距離を縮めていた。もし国王が先に亡くなれば、王妃とリシュリューは互いに互いを必要とする。摂政体制への移行が決まり、一方が他方を排斥して幼い国王を特等席で補佐しようとするなら話は別だが。何度も陰謀に加担したオルレアン公ガストンは、摂政の座を争う土俵にのぼれない。公式の宣言によりルイ一三世はすでに、摂政制が決まった場合に弟は国務の重責を担うことができない、と決定していた。これに対してリシュリューは、自分の健康がぼろぼろであることを忘れ、摂政となることを夢見ていた。そして、先手必勝とばかりに布石を打っていた。すなわち、パリ法院が国政に介入することを禁じ、中世にさかのぼる先例をもちだすことで宰相が摂政の座に座ることを世論が受け入れる下地を作り、あらかじめ障碍をとりのぞくことに余念がなかった[23]。自分が摂政になれない場合は、アンヌ・ドートリッシュの協力は不可欠だ。彼女を名目上の摂政として、権力をひき続き行使するために。

ゆえに、一六四二年の秋に信じられないことが起こった。アンヌ・ドートリッシュが、サン＝マールの陰謀における王妃の役目を伏せておくという巧妙ぶりをみせたリシュリューと手を組んだのだ。一六四二年一〇月三〇日、二人が過去の恨みを水に流して協調関係に入ったことがだれの目にも明らかになった。この日、王妃はリシュリューの招きに応じてリュエイユまで足を運び、宰相の住まいである城で催された豪華な宴の主賓となった。だが人知のおよばぬ神の摂理により、宰相は国王よりも先に泉下の人となった。この年の一二月四日に息を引きとったのだ。「さして悲しむようすも見せなかった」王妃はいまやたった一人で、遠くないと思われる摂政政の幕開け前に、自分を摂政に指名するよう国王に働きかけねばならない。

## またしても監督下に置かれる

アンヌ・ドートリッシュは今度こそ、王権を行使できるのだろうか？　姑マリー・ド・メディシスが幅をきかせていたころは政務へのいっさいの口出しを禁じられ、宮廷内の策謀や怪しげな陰謀に足をつっこんでしまったアンヌは、夫の存命中はかなわぬ夢であったが、幼い息子の摂政としてついに権力を手に入れるのだろうか？　王家は、国王が幼年の場合の政治体制について規則をいろいろと定めていた。しかし、どの規則も絶対的なものではなく、状況に応じて王弟もしくは寡婦となった王妃、または王族の一人が摂政となることを認めていた。ルイ一三世が事前にアンヌ・ドートリッシュを摂政に指名することはありうるのだろうか？　オルレアン公ガストンはとっくに候補者リストからはずされていたし、リシュリューは亡くなった。将来のルイ一四世の母親と摂政の座を争う者は残っていない。

機を見るに敏な人たちはこれを理解した。ゆえに、パリで「アンヌは皆からお願いごとをされ」、彼女を訪ねてサン＝ジェルマン＝アン＝レ宮に日参する人の数はふくれあがる一方だった。王太子は幼いので、摂政政が長く続くことは確実だったため、「王妃さまは太陽のように崇められ、だれもが自分も陽光のおこぼれにあずかりたいと願っていました」[24]。だが、国王の同意を得る必要がある。一六四三年二月、ルイ一三世は見る影もなくやつれていた。これまでもたえず健康問題をかかえていた国王は病魔に苦しんでいた。発熱、嘔吐、腹痛、下痢と戦う毎日で、体力をすっかり消耗し苦しみに耐えているルイだったが、最期まで国王として権限を行使するつもりだった。死が間近となっても、王妃との距離が縮まることはなかった。息子二人を産んでくれたにもかかわらず、アンヌに対する愛は消え失せていた。生まれつき疑り深い性質ゆえに、アンヌに対する警戒を解いていなかった。軽佻浮薄、いまだにスペインへの愛着が強い、なにをしでかすか予測不能、陰謀好き、他人になんなくあやつられてしまう、唾棄すべき連中の影響を受けている。以上がルイの目に映るアンヌであり、あいかわらずハプスブルク家と戦っているフランス王国の舵とりを託すことができる器ではない。ルイはいまだに、アンヌが弟のフェリペ四世とフランスに不利な和約を結ぼうとしているのでは、と疑っていた。

国王の偏見をやわらげるために、アンヌは味方を必要とした。「そのころ国務に全面的に関与していた」国務卿たちが、「王妃を摂政に指名するよう国王に働きかけてくれる（…）との希望」をあたえてくれた。それだけでは足りない。アンヌはルイ一三世に関係修復を懇願した。アンヌは、「陛下のお気持ちをそこねたすべての行為への赦し」を請い、過去の陰謀に自分は決して関与していなかったと伝える任務をシャヴィニー伯［陸軍卿］に託し、国王のもとに送りこんだ。だがルイは心を動かされることもなく、シャヴィニー伯に次のように答えた。「わたしが現在置かれている状況を考えると、王妃を赦さざるをえない。だが、わたしには王妃の言い分を信じる義務はない[25]」

瀕死のルイはなにも忘れていなかった。ときとしてルイが妻にやさしい言葉をかけることはあったが、夫婦の絆が再生することはなかった。将来の保証が得られぬまま、アンヌは国王がどのような決定をくだすか待つしかなかった。ルイは寝たきりとなってもあいかわらず統治を続けようと努力し、弟のオルレアン公ガストンと王妃を共同摂政に指名してはどうか、という提案をしりぞけた。

四月二〇日、ルイはついにアンヌを摂政に指名したが、メンバー六名（王国総司令官でもあるオルレアン公ガストン、コンデ公、マザラン、大法官セギエ、シャヴィニー伯であるブーティリエ父子。議長はオルレアン公だが裁決権はもたない）が多数決で決定をくだす諮問会議がアンヌを補佐する、と決めた。これは、アンヌにあたえる権力を制限し、ほぼ名ばかりの摂政とすることを意味した。ルイは四人の国務卿を諮問会議に送りこむことで、死後も自分の政治方針が継承されるように配慮したのだ。

アンヌ・ドートリッシュは国王の決定を知って、悔し涙を流した。わたしは摂政となっても全権を掌握することはないのだ…。国王は自身が王座についているあいだは権力をだれにも渡さないばかりか、死後も妻に権力を委譲することを拒否している。アンヌはいつまでたっても被後見人である未成年、つねに監視され、指導され、指示を受けるべき王女とみなされているのだ。打開策を講じたいと思ったアンヌは、「自分は国王の宣告に同意の署名することになるが、これは意に反しての署名である」と記した秘密の抗議文をただちに用意し、ある公証人のもとに届けさせた。永遠に続くかと思われる長い苦しみを味わったあげく、ルイは一六四三年五月一四日に息を引きとる。

それからわずか四日後の一八日、親裁座［国王が高等法院に王令の登録を命じるときに用いる王座］に幼いルイ一四世を迎えたパリ高等法院は故王の遺言を破棄した。摂政アンヌは、「［諮問会議の］多数決」にしばられることなく、「王国の政務を自由に、絶対的かつ全面的に統括」する権限を認められた。オルレアン公とコンデ公がこれに賛同したのは、「無気力だと思われているこの経験不足の女ならあやつれる」[26]とふんだからだ。宮廷人と政治家たちも同意見であった。夫からつねに政務から遠ざけられ、みじめな陰謀に足をとられ、何年ものあいだリシュリュー枢機卿に抑えつけられて手も足も出なかった王妃のことだ、簡単に操縦できる女摂政になるだろう、と。

しかしアンヌ・ドートリッシュは五月一八日、故王の意思を尊重してマザランを宰相に任命する、と宣言して宮廷とパリ市民を吃驚仰天《びっくりぎょうてん》させる。マザランがリシュリューの後継者となり、アンヌは王国の舵とりとしてゆるぎない意思を示した。かつて夫の権威をくつがえそうとする陰謀に関与したアンヌは以降、すぐれた政治家として息子のために国益を第一に考え、息子の権威をおびやかす厳しい試練に立ち向かって果敢に戦うことになる［一六四八年から五三年にかけて、王権に対する大規模な反乱、フロンドの乱が起きる」。マザランに補佐されたアンヌは幼いルイ一四世の代理として、亡夫が分かちあうことを拒絶した権力をついに行使することになる。新たなアンヌ・ドートリッシュの誕生である。

〈原注〉

1 Jean-Christian Petitfils, Louis XIII, Paris, Perrin, 2008.
2 Jean-François Dubost, *Marie de Médicis. La reine dévoilée*, Paris, Payot, 2009, p. 722-723.
3 François Bluche, Richelieu, Paris, Perrin, 2003, p. 157-161.
4 Jean-François Dubost、前掲書、p. 773-774 ; « Anne d'Autriche, reine de France : mise en perspective et bilan politique du règne », *Anne d'Autriche, infante d'Espagne et reine de France*, sous la direction de Chantal Grell, Paris, Perrin, 2009, p. 46.
5 Ruth Kleinman, *Anne d'Autriche*, Paris, Fayard, 1993, p. 148-149.
6 La Rochefoucauld, *Mémoires*, éd. Jean Lafond, Paris, Gallimard, coll. « Folio classique », 2006, p. 63.
7 Jean-Christian Petitfils、前掲書、p. 406.
8 Simone Bertière, *Les Reines de France au temps des Bourbons. Les deux régentes*, Paris, Editions de Fallois, 1996, p. 280-282.
9 Simone Bertière、前掲書、p. 284 ; Ruth Kleinman、前掲書、p. 153-154.
10 スペインのエリート部隊。その戦隊は当初、同数ずつの槍兵、大弓兵、剣で武装した兵士で構成されていたために、テルシオ（三分の一）とよばれている。

## 4　ルイ13世とアンヌ・ドートリッシュ

11　Jean-Christian Petitfils、前掲書、p. 682.

12　Ruth Kleinman、前掲書、chap. III ; Claude Dulong, *Anne d'Autriche*, Paris, Perrin, 2000, chap. I.

13　Simone Bertière、前掲書、p. 156 ; Marie-Catherine Vignal-Souleyreau, *Anne d'Autriche. La jeunesse d'une souveraine*, Paris, Flammarion, 2006, p. 43-44.

14　Simone Bertière、前掲書、chap. 12 ; Jean-Christian Petitfils、前掲書、p. 733-745.

15　La Rochefoucauld、前掲書、p. 67-68.

16　Jean-Christian Petitfils、前掲書。

17　*Les Lettres, instructions diplomatiques et papiers d'Etat du cardinal de Richelieu*（編者le vicomte d'Avenel, Paris, 1853-1877）の8 vol., t. V, p. 835-839から、Françoise HildesheimerがRichelieu（Paris, Flammarion, 2004）のp. 405で引用している内容。

18　Jean-Christian Petitfils、前掲書、p. 757 et 759.

19　François Bluche, *Louis XIV*, Paris, Fayard, 1986, p. 29.

20　Ruth Kleinman、前掲書、p. 208-211.

21　Ruth Kleinman、前掲書、p. 227-234.

22　Jean-Christian Petitfils、前掲書、p. 823-824.

23　Jean-François Dubost, « Anne d'Autriche, reine de France… », art. cit., p. 55-56.

24　Françoise Hildesheimerがその著作*La Double Mort du roi Louis XIII*, Paris, Flammarion, 2007のp. 105で引用したMme de Motteville（モットヴィル夫人）の言葉。

25　La Rochefoucauld、前掲書、p. 78-81.

26　Simone Bertière、前掲書、p. 373.

# 5　ナポリ王フェルディナンド四世とマリア・カロリーナ
（一七六八―一八一四）

## 水と火

「自分の王国のなかで、フェルディナンドはだれよりも国務に疎《うと》い人物であった」（シャルル・アルキエ〔一七五一―一八二六、フランスの政治家、外交官〕）

「国を治めているのはナポリ王妃であり、わたしの友人であるアクトン将軍が補佐役をつとめている」（ハミルトン卿〔駐ナポリのイギリス公使〕）

## 共通点のない二人

これほど不つりあいなカップルは想像すらできない。フェルディナンド（一七五一―一八二五）はものぐさで無教養、自分の義務を忘れて楽しみばかりを追い求め、無頓着であった。高尚とは無縁の趣味や嗜好ゆえに、君主にふさわしくない言動に走ることが多かった。深く考えるといったかたくるしいことはまっぴらご免で、国王の仕事はひたすら面倒だった。いつまでも一〇代の少年のようだった。庶民に囲まれているときはのびのびとして、彼らと同レベルの娯楽に興じて自分の時間を浪費した。これに対してマリア・カロリーナ（一七五二―一八一四）は決然として意思が強く、血気に逸《はや》る質《たち》で、ありあまるほどのエネルギーの持ち主で、自分は統治者となるために生まれたと確信していた。

どの点をとっても正反対の二人であったが、外見上はお似あいだった。すらりとした長身、金髪碧眼のフェルディナンドはまずまずの好男子であった。レ・ナゾーネ（長鼻王）という異名の原因となった長すぎる鼻を除き、顔立ちも整っていた。マリア・カロリーナは美人であった。美しい体型、威厳がありながら優美な物腰、透きとおるような白い肌、明るい栗色の髪、「貧相に見えない程度の肉づき」、やさしげな顔つき。唯一の難点はやや高慢そうな口元であったが、「真っ白で、きちんとならんだすばらしく美しい歯」が相殺《そうさい》してくれた。[1] アンゲリカ・カウフマンの筆になる、子どもたちに囲まれた二人を描いた有名な絵[2]（一七八三年）は、好ましい外見の一家の肖像画であり、夫婦の性格が正反対であったことは隠蔽されている。

ルイ一四世の子孫であるフェルディナンド・ディ・ボルボーネ［ボルボーネはブルボン家のイタリア

語名」の父親は、カルロ七世としてナポリ王国に君臨し（在位一七三四―一七五九）、その後にカルロス三世としてスペインの王位についた（在位一七五九―一七八八）人物である。父親がその兄フェルナンド六世の死去にともなってスペイン国王として即位することになったとき、一七五一年生まれのフェルディナンドは八歳であった。かくしてフェルディナンドは父親に替わり、史上最年少のナポリ王となった。摂政諮問会議がフェルディナンドの名で統治することになったが、少年王に帝王学を身につけさせようとはだれも考えなかった。諮問会議の長であるタヌッチという名のトスカーナ人は一八世紀イタリアのもっともすぐれた国家指導者の一人として通っているが、自分の巨大な権力を少年王と分かちあうつもりなど毛頭なかったから、統治のノウハウを教えるなどもってのほかであった。フェルディナンドの傅育《ふいく》官であったサン・ニカンドロ公は、少年の体を鍛えることしか考えず、知的鍛錬は怠った。教わった学問はほぼ身につかなかった若い王は乗馬、狩り、釣りに多くの時間をさき、劇場と悪所の常連となった。すべてがフェルディナンドが怠惰な王に育つように仕向けたので、彼は野心家の大臣や有無《うむ》をいわせない権威的な人物の言いなりとなった。義兄のヨーゼフ二世［マリア・カロリーナの兄、オーストリア皇帝］によると、フェルディナンドは「どうして時間をつぶそうかと考えるばかりで、来る日も来る日もだらだらとすごして」いた。傅育官たちが矯正することをあえてひかえたこともあって、彼はもって生まれた性質に引きずられ、ナポリ庶民好みの安易な楽しみに身を投じた。おかげで、彼の人気が翳《かげ》ることは一度もない。首都ナポリの方言を好んで口にするフェルディナンドは、ラッザローニ［ナポリの無頼漢たち］の友とみなされた。彼はレ・ラッザローネ［レは王を意味し、ラッザローネはラッザローニの単数形］であった。

夫とは正反対に、あらゆる点から見て、マリア・カロリーナは女帝マリア・テレジアの娘であった。ハプスブルク＝ロートリンゲン［マリア・テレジアの夫はロートリンゲン家出身］の高貴な家系に属することを誇り、母親がもっとも名声高い女帝で、兄が皇帝ヨーゼフ二世で、妹がフランス王妃マリー・アントワネットであることを自慢にしていた。フェルディナンドが勉強嫌いで、よしなしごとで暇をつぶしていれば満足だったのに対して、立派な教育を受けたマリア・カロリーナは洗練され、頭の回転がよく、教養人であった。夫は政務に無関心だったが、妻は政治に関心があった。夫は自分から行動を起こす気力を欠いていたが、妻は夫の分まで野心的だった。

政略結婚の時代であった。若いフェルディナンドを、ハプスブルク家の姫君と結婚させよう、という話がもちあがった。皇女ヨハンナが候補にあがったが、彼女は天然痘で急死した。まだ一三歳であったが、大きくなったらさぞかし美しくなるだろうと思われる妹のヨーゼファが穴を埋めることになり、婚約が整った。婚礼の準備が進められたが、ヨーゼファも急死した。マリア・テレジアは一一人の娘を産んだので、[3]「鶏小屋」なみににぎやかなハプスブルク帝室にはまだ余力があった。マリア・テレジアはフェルディナンドの父親に「いまのところ、わたしの手もとには嫁がせることが可能な娘が二人おります」と書き送った。マリア・アマーリアとマリア・カロリーナのどちらを選ぶべきか。二人の皇女の肖像画がナポリに送られた。選ばれたのはマリア・カロリーナであった。

マリア・カロリーナにとって、政略結婚の相手が年寄りでなかったことは、まだましだったといえようか。二人はほぼ同年齢だった。どちらも相手のことを気に入ったのだろうか？　当時の王族は、結婚を決める前に肖像画を交換するのが慣わしだったが、実物よりも美化して描かれていることが多く、あてにならなかった。互いの婚約者について伝えられる芳《かんば》しい評判も同様で、現実からはほど遠かった。しかしフェルディナンドの評判は芳しくなく、懸念をいだかせた。あの若い王は子どもっぽくて無教養なのは確かだ、しかも衝動的であり、乱暴なふるまいにおよぶ傾向がある、とささやかれたのだ。幸福な結婚生活が待っているとはいえない。マリア・テレジアは母親として娘を思いやる気持ちをおしころし、娘を犠牲にして政治を優先することにした。ハプスブルク家の皇女には、個人としての幸福よりも大切な義務があるのだ。

結婚式は一七六八年五月一二日にとりおこなわれた。マリア・カロリーナの目に映った夫は典雅とはほど遠く――だが、この点はがまんしようと心に決めた――、少々うぬぼれやで、子どもっぽく鈍重だったが、噂に聞いていたのと違って性格はやさしかった。そして、自分がこの男を愛することはないが、必要な時間をかければ彼の愛情を勝ちとることはできる、と冷静に判断した。フェルディナンドのほうは正反対で、少女時代を抜け出したばかりのこの若い美人に心を射貫《いぬ》かれた。彼女は活き活きとして物怖じせず、自信にあふれ、「彼［フェルディナンド］」の主体性の欠如とは好対照のエネルギー」を発散していた。彼女も自分に心を奪われているにちがいないとかんちがいしたフェルディナンドは幸せそのものだった。

オーストリア人の側近たちに別れを告げた若い王妃は、母親の貴重な忠告を胸にナポリに到着した。マリア・テレジアは娘に、幸せな結婚生活のコツを伝授してくれた。徳高く、貞節であること。なぜなら、身もちがよくなければ「どのような状況においても、ましてや結婚においては、幸福も心の安寧も得られない」からである。つねに夫の信頼を得るように努めること。「あなたもわかっているように、妻は夫に服従するものです。夫の意思に、そして、罪のないものであればとの条件つきですが、気まぐれにさえも従うものなのです」。政治にかんしては、マリア・テレジアは娘に、夫の影から出てはならない、と釘を刺した。「彼［フェルディナンド］が政務についてあなたに情報を伝える、あなたに話す、さらには、あなたに相談することを欲した場合は、他人に悟られないようになさい[4]」。マリア・カロリーナは母親との絆が強い娘であったが、――母親からたえまなく手紙で叱られることになる妹のマリー・アントワネットと同様に――母親の教えを守らなかった。何人かの男性と噂になり、夫を支配し、夫のかたわらで、ときには夫のかわりに王国を統治することになる。

いささか奇妙なことであるが、国務にかかわる際にはひかえめに徹するように娘に忠告する一方で、マリア・テレジアは結婚契約書のなかで娘に政治的役割があたえられるようにとりきめている。マリア・カロリーナは、王太子となる男児の母となれば国務諮問会議にくわわる、と決まっていたのだ。彼女は七年間待つことになるが、国務諮問会議のメンバーとなると、ほんの数か月で夫を牛耳ることに成功する。かくして、王国共同統治の道が拓かれた。

## 「張り子の国王」

フェルディナンドは妻を愛していた。宮廷の下働きの女に手を出したことは何回かあるが、公認の愛人は生涯で一人も知られていない、もしくは知られないようにうまく立ちまわった。二一年間で、彼は妻に一七人の子ども――女児一〇人と男児七人――を産ませ、義母マリア・テレジアの記録一六人を抜いた。マリア・カロリーナは短期間で、夫の知的能力が低いことに気づいた。フェルディナンドは、イタリアでもっとも人口が多い都市［ナポリ］を首都とし、臣民の数は五、六〇〇万人という王国に君臨していたが、統治はしていなかった。当時のナポリ王国はいわばスペインの支店であり、その国王はいまだに、マドリードの父親の監督下にある子どもであった。ナポリを離れてスペインの国王となったカルロス三世は、公式にはナポリ王国とシチリア王国［同じ君主を戴く二つの王国。のちに統一されて両シチリア王国となる］の支配権を放棄していたが、両王国の政務を手放したわけではなかった。

息子がフェルディナンド四世の名で父の後継者として即位したが［シチリア国王としてはフェルディナンド三世とよばれる］、新王が未成年であったために設置された摂政諮問会議はマドリードに遠隔操作され、権力者タヌッチが議長をつとめて辣腕《らつわん》をふるっていた。一七六七年、結婚の数か月前に成人となったフェルディナンドは政府組織になんの手もくわえなかった。親政をはじめようとは考えずに、タヌッチを第一国務卿［宰相］に任命して全権を委任した。タヌッチはナポリにおけるカルロス三世の目であり、フェルディナンドは政務についてタヌッチを通じてのみ知らされていた。宰相タヌッチとスペイン国王カルロス三世はつねに連絡をとりあい、二者のあいだのやりとりで検討されることなくくだされる決定など皆無であった。フェルディナンドが父に手紙を書かない日は一日もなかった。従順なナポリは、マドリードの指令を唯々諾々《いいだくだく》と実行していた。

ナポリにお輿入れするやいなや、マリア・カロリーナは、公式の場にお飾りとして姿を見せる役割だけでは満足するつもりがない、という意思を明らかにした。若い王妃は夫の父親への従属ぶりに苛《いら》だちをおぼえた。マドリードの独占的な影響力もタヌッチの絶対的権力も、彼女の野心とぶつかった。彼女は自分の王妃という地位を意識し、かつてはハプスブルク家の支配下にあったナポリとシチリアの政治に関与するつもりだった[5]。彼女は権力を夫と共有することを夢見ていた。夫が国王の仕事に無関心であることを見ぬいていただけに。そして、マドリードに替わってウィーンがこの国に影響力をもつように方向転換させよう、と考えた。フェルディナンドは無気力だと看破したので、ある程度は自分に従わせることが可能だ、とふんだ。そもそも国王は妻を賛美し、愛していた。だが権謀術数《けんぼうじゅっすう》に長《た》けた老練なタヌッチの排除はそう簡単ではなかった。国王を支配していた宰相タヌッチは、自分の存在は不可欠だと信じこんでいた。ナポリを訪れた皇帝ヨーゼフ二世はタヌッチの専横ぶりを、ずけずけと非難している。いわく、「国王が庭園で食事をしたいと欲しても、タヌッチ氏の許可が必要だ[6]」

忍耐はマリア・カロリーナ王妃がそなえる婦徳のリストのなかで順位が低かったが、ただちに野心を達成することはかなわなかった。結婚から四年がたっても、まだ王家に後継者をもたらすことができなかったからだ。一七七二年にやっと女児が生まれ、祖母にちなんでマリア・テレーザと命名されたが、結婚契約書にしたがえば、誕生したのが王女では諮問会議の扉はマリア・カロリーナに閉ざされたままである。翌年も出産したが、またも女児であった（マリア・ルイーザ）。マリア・カロリーナは焦《じ》れた。公式に国務にたずさわることはできないが、宰相を追い落とすために陰謀を練ることはできる。「策略と嫌がらせをこれでもかと仕かけることで、タヌッチがわたしに自分の地位をゆずるように仕向けます。（…）タヌッチが宮廷にとどまるかぎり、わたしは決してほんとうの意味での王妃となれません。（…）タヌッチとスペインの言いなりになることは、悪魔の言いなりになるのと同じことです！」と宣言した王妃は、余人をもって代えがたいと思われていた宰相を標的に、ちくちくとした嫌がらせ、ちょっとした挑発や煽動を何度もくりかえした。マリア・カロリーナが放つ最初の号砲は、彼女の決意の固さと策略家ぶりを雄弁に語ることになる。敏腕な宰相の役割を縮小させるには、味方を自分のまわりに集めなければならない、と王妃は判断したのだ。

タヌッチはフリーメイソンを、キリスト教と政治に害をなす秘密結社だとみなしていた。これを知った王妃は――母親のマリア・テレジアが敬虔なキリスト教徒で、フリーメイソンは悪の権化だと考えていたにもかかわらず――、ただちにフリーメイソン擁護にまわったのみならず、彼らの集会に出席した。さらに、自分の目的を達成するために王妃は夫をせっついた。当惑したフェルディナンドは父カルロス三世に次のように打ち明けた。「ロッジ［フリーメイソンの支部］の活動継続のために大騒ぎをしているのは妻です。家庭内のごたごたを避けるためにわたしは妻がこうした動きにでることを許さざるをえなかったのです」。一七七五年、タヌッチはフリーメイソンの活動を禁止し、「彼らは大逆罪を犯している」と宣言した。しかし王妃はフリーメイソンの集まりに顔を出しつづけた。翌年、彼女は凱歌を揚げた。すでに七八歳であったタヌッチは、諮問会議に席を残したままではあるが、宰相のポストを失った。タヌッチが大宰相としてナポリを統治する時代は終わった。マリア・カロリーナはタヌッチ失脚の立役者の一人であった。

一七七五年に男児が生まれ、マリア・カロリーナはついに諮問会議のメンバーとなった。[7] フェルディナンドは妻の諮問会議入りを先延ばしにしようと試みたが、彼女が頑として首を縦にふらなかったので根負けした。王妃は二四歳であった。国王は庶民のあいだで人気が高かったが、妻のほうはフリーメイソン擁護にまわったことが功を奏して、啓蒙思想にかぶれたエリート層から信頼をよせられていた。フェルディナンドは楽しみごとで時間をつぶし、王妃は国務に忙しくなった。

兄のヨーゼフ二世はナポリに立ち寄ったさいに、ナポリ王国の海軍を整備するようマリア・カロリーナにすすめた。そのころ、ナポリ海軍は存在しないも同様であった。ジョン・アクトンという人物が、マリア・カロリーナからその使命を託された。アクトンは、ブザンソン［フランス］生まれのイギリス人であり、フランス海軍で勤務したのち、トスカーナ大公の艦隊を指揮して華々しい手柄を立てた実績があった。アクトンはナポリ王国の海軍大臣に任命され、続いて陸軍大臣も兼任することになる。四三歳の男盛り、ハンサムで独身、働き者。マリア・カロリーナはただちに魅了された。二人は愛人関係にあるとの噂が流れた。それが本当だとしても、ごく短期間であったろう。なにしろ、王妃は夫の子どもを産むのに忙しかった。それでも、王妃とアクトンのあいだの親愛の情が消えることはなかった。それよりもなによりも、二人はスペインに対する不信感を共有し、政治的見解の一致で結ばれていた。王妃の後押しもあってアクトンの影響力はいや増し、これに反比例してスペイン国王カルロ三世の影響力は低下した。マドリードの老王は怒り、無気力な息子をしかり飛ばした。「彼らはおまえを、張り子の王にしてしまった」

アクトンに敵対する勢力は、彼を引きずり下ろすためにあらゆる手を使った。マリア・カロリーナが彼によせる好意も彼らの策謀に利用された。マドリードに遠隔操作され、駐ナポリのスペイン大使に焚きつけられた親スペイン派は、王妃がアクトンに宛てた四通の手紙を入手した、文面から判断して王妃があのイギリス人に特別な感情をいだいているのは明らかだ、と主張した。これを耳にしたフェルディナンドは激怒した。すさまじい夫婦げんかが起きた。マリア・カロリーナは怒りを爆発させ、ヒステリックに泣き叫び、大声をあげ、なじり、噂を信じこんだ夫の愚かさをばかにし、自分の敵が仕かけた罠《わな》だと主張し、自分には少しもやましいことがないと誓い…夫を説得することに成功した。妻に圧倒されたフェルディナンドは怒りをおさめ、妻の貞節を疑うことをやめた。アクトンは虎《こ》口《こう》を抜け出した。こうして一時はあやうくなったアクトンの権威は、さらなる寵遇や肩書きが降りそそいでいっそう安泰となった［アクトンは財務大臣、そして宰相となる］。異性の気を引くのが好きだったことは確かな王妃がアクトンの誘惑に負けたのが本当だとしても、それは一時的なエピソードにすぎなかったろう。彼女は恋愛ざたよりも権力を好んだからだ。夫に対する自分の影響力を危険にさらすようなことはなに一つ起こるべきではなく、起こしてはならなかった。マリア・カロリーナはそれからの一〇年間に夫の子どもを九人も産む妻であり、[8]子どもに愛情をそそぐ母親であった（子どもたちの健康を気づかい、しっかりした教育を受けさせようと努め、夭折する子を痛切に悼《いた》んだ）が、なによりも王妃であった。マリア・カロリーナはアクトンの補佐を受けながら統治し、君臨した。諮問会議の会合に欠かさず参加し、国王不在のときは議長をつとめ、外交文書に目をとおし、外国に派遣されている大使たちと、なかでも駐ウィーン大使のガッロ侯爵と直接書簡をやりとりし、あらゆる情報を吟味し、何ごとも等閑《なおざり》にしなかった。国内政治よりも、欧州事案に精力をそそいでいたことは確かであるが。[9]実質的な権力をにぎることを重視していた王妃であるが、表向きは夫を立てる知恵があり、国王が第一人者であると認めていた。書面で彼女が出す命令は、王の権威をそこなわぬように配慮していた。書簡には、「あなたは国王から指令を受けとることになります」や「わたしの命令は（…）つねに国王の命令の下位に置かれています」といった、国王の権利を尊重し、フェルディナンドをおだてる文言をちりばめることを忘れなかった。無能な国王のかたわらで、マリア・カロリーナは決然としていながら必要な場合は柔軟性を見せた。彼女のなかでは雌ライオンと雌狐が同居していたのだ。

## 「いまわしい国」

マリア・カロリーナは権力の秘術を学びとり、毎日のように新たな権限を蚕食《さんしょく》した。策略を練るのも、国王のつとめに無関心な夫を操縦するのも得意だった。しかし、パリで革命が起き、世界一強固と思われていたフランスの王権がぐらつき、ルイ一六世とマリー・アントワネットに悲劇的運命がのしかかると、マリア・カロリーナは驚愕し、外交には必須の慎重さを忘れ、フランス国王の権威をゆるがし国王一家を脅威にさらす出来事の数々をあしざまに非難した。フランスの憲法制定国民議会は「一二〇〇の頭をもつヒュドラ」、パリの革命家たちは「凶悪犯の群れ、ごろつきの集まり」、国民を「圧政者」から解放することを決意した革命支持者たちは「トルコ人のようにふるまう、粗暴な兵隊の一団」であった。

ナポリ王国は革命の伝染をおそれ、アジテーターとおぼしき者たちに対して国境を閉ざし、怪しい外国人を追放し、検閲を強化し、あらゆる集会を監視し、フランスからの亡命者を喜んで受け入れた。

ついこのあいだまでルイ一四世が君臨していたフランスが憲法を制定し、ルイ一六世はヴァレンヌ逃亡からのみじめな帰還後にこれを遵守することを誓約させられた。マリア・カロリーナにとって想定不可能な事態だった！　彼女は、妹マリー・アントワネットの身を案じておののき、奇跡でも起きないかぎり助かることはないだろう、と言って嘆いた。一七九二年に四月にフランスの立法議会が「ボヘミアとハンガリーの王」に戦線布告した。すなわち、彼女の甥であり、娘婿でもあるハプスブルク家の皇帝フランツ二世がフランスの革命軍と対峙することになったのだ。[10]

フランスではだれもが、ナポリ王国を支配しているのはだれなのか知っていた。マリア・カロリーナが自分の権力に執着していることも。現に、あれほど親しかったアクトンが国王に対する影響力を強めると、マリア・カロリーナは一転して不機嫌となった。他人と権力を分かちあうのは彼女の流儀ではなかった。フェルディナンドの引き立てによって重責を担うようになったアクトンが、オーストリアの影響力を削《そ》ごうと努めたからなおさらである。「わたしの主要な目的は、わたしの敬愛する兄である皇帝（レオポルト二世）の役に立つことです。兄のためなら血を流すことも厭《いと》いません」と書いた王妃にとって、アクトンの外交方針は許しがたかった。マリア・カロリーナは、「（アクトンは）完全に国王の側にねがえってしまい、（わたしに）対する最悪の忘恩行為に手を染めかねない」と主張していた。だが、国際情勢ゆえに彼女はやむなくアクトンを要職にとどめた。

フランス政府は、マリア・カロリーナが親オーストリア路線に固執していることを知っていた。外務大臣デュムリエの指示により、駐ナポリのフランス公使マコーは、シチリア王国とナポリ王国がオーストリアと同盟を結ばずに中立を保つよう工作することになった。このむずかしい使命を達成するために国王ではなく王妃に優先的に働きかけよ、とマコーは命じられた。フェルディナンドは無視してもかまわない、と判断されたのだ。フランス公使は、マリア・カロリーナ王妃の恐怖心を鎮め、彼女の虚栄心をくすぐり、戦争に突入した場合にナポリ王国が直面する危険を説いて聞かせることになった。[11] はじめての会談は、氷のように冷え冷えとしたものだった。王妃は、自身が「みっともない家具」に喩《たと》えるマコーが退出すると、それまで抑えていた怒りを爆発させ、手にしていた扇子をたたき壊した。

国王夫妻はじつのところ、ナポリが海から攻撃されることをおそれていた。マリア・カロリーナは王国を守るために奔走した。弾薬を手配し、新兵を募集し、軍の補給体制整備を担当した。そしてウィーンに支援を懇願した。「可能なかぎり多くの砲弾を用意し、(…)火薬とともに海路でわたしたちのところに送ってください。(…)銃も必要となるでしょう」。本物の戦争指導者を一名ナポリに派遣してほしい、とも頼みこんだ。「この国は過去五〇年間、銃を一発も撃ったことがありません。戦争がどういったものであるのか、見当もつかないのです」。マリア・カロリーナは、攻囲されたときに必要となる備蓄食糧の量を見積もり、自分の銀器類の一部を売りはらうことで倹約のお手本を示し、欧州各地の王室との手紙のやりとりに多くの時間をさいた。ひとことでいえば、国家元首のつとめを果たした。一七九二年一二月一七日、フランス海軍艦隊がナポリ湾に姿を現わした。だれもが最悪の事態を懸念したが、艦隊は戦闘をはじめることなく立ちさった。しかし、戻ってくるのではないだろうか?

ルイ一六世処刑というおそろしい知らせは、ただただおぞましかった。「なんといまわしい国でしょう!」。マリア・カロリーナは、タンプルに閉じこめられている妹の身を案じて震えた。「四六時中、一つでも音や叫び声を聞くごとに、だれかが部屋に入ってくるたびに、わたしのかわいそうな妹はひざまずき、神に祈り、死にそなえている。妹をとりまく人間の皮を着た獣どもは、そうして怖がらせて面白がっている」。とはいえ、こうした試練がどれほど辛くても、ナポリ王妃は意気消沈しなかった。中立を保つことに固執している夫フェルディナンドの反対を押しきり、彼女はイギリスが主導する対仏大同盟にナポリ王国を参加させた。加盟協定は一七九三年七月一二日に調印された。ナポリ王国はフランスとの商取引を全面的に停止し、イギリス海軍に港を開放した。この協定にもとづき、ネルソン提督が九月にナポリの援軍を求めにやってきた。フランスの王党派の拠点であるトゥーロン［南仏］を防衛するためだ。しかし、ボナパルトという名の優秀な砲兵士官がトゥーロン港を見下ろす要塞を占拠し、停泊していた敵の艦船を爆撃して、トゥーロンの町を奪還した。イギリス艦船は碇を上げ、ナポリ兵はナポリに戻った。

シチリアとナポリの両王国の首都ナポリにおける共和派［フランス革命に触発された過激派］の策謀、食糧危機、フランス艦隊がナポリ湾に再来するのではという恐怖が、マリア・カロリーナの精神を苛《さいな》まなかったといえば嘘になる。最後の子どもの妊娠で体が弱っていたし、二人の幼い子どもをあいついで亡くしたことも辛かった。しかしなによりも彼女を動顚《どうてん》させたのは、一九七三年一〇月一六日に妹マリー・アントワネットが処刑された、との知らせであった。ウィーンですごした少女時代、二人は仲のよい姉妹であっただけに。マリア・カロリーナは、国王夫妻を殺したフランスに対する憎しみの塊となった。「あの卑劣な国がこなごなに切断され、消滅させられ、名誉を剥奪され、すくなくとも五〇年間は無に帰すことをわたしは望みます」。処刑される愛する妹を描いた版画の下の余白に、マリア・カロリーナは「わたしは墓まで復讐を続けるだろう」と記した。このときにおぼえた苦しみが消えることはなく、傷口が癒えることもない。

しかし、失敗も苦しみも彼女の不滅のエネルギーを減退させることはなかった。彼女は「神はわたしたちを罰することを望まれている。しかし、わたしのランプのなかに油が残っているかぎり、わたしは自分の義務を果たす」と記している。一七九三年末の対仏大同盟の敗北は悪い知らせだった。ジェノヴァの中立宣言や、娘婿であるトスカーナ大公のフランス寄りの姿勢は、彼女の怒りをかきたてた。ヴェズーヴィオ火山までもが、憎むべきフランス共和国の味方になったかのようだった。一七九四年七月、地震をともなう激しい噴火が民心の動揺をいっそう強めた。だがマリア・カロリーナはびくともしなかった。「わたしは悲しんでいます、しかし死ぬまで義務を果たします」とくりかえし述べた。

彼女の心を慰めたのは、新たなお気に入りとなったレディ・ハミルトンの存在であった。駐ナポリのイギリス公使、ウィリアム・ハミルトンの愛人から妻になりあがったエマ・ハミルトンは三〇歳そこそこで、「この世のものとは思われぬ」その美貌、歌手としての才能、本人が「アティチュード」とよぶ見世物で披露した女優としての演技力（アティチュードとは、エマがギリシア彫刻さながらに布を体に巻きつけ、ギリシア神話の登場人物やローマ時代の有名な歴史的人物を演じてみせる出しもの）で多くの男性の心をとらえた。エマは自分に首ったけの年とった夫を手玉にとり、ナポリ社交界に花形として君臨した。そして王妃にとっては、なんでも打ち明けられるかけがえのない友人となった。宮殿でも劇場でも遊歩道でも、王妃の隣にはいつでも美しいエマがいた。彼女は「一日中、わたしは王妃さまのかたわらにいます。この友情はもう二年も続いています」と述べた。王妃の敵たちから、二人は同性愛で結ばれている、といわれてしまうほどの仲だった。だが、問題が山積していたこのころ、二人を結びつけていたのは第一に政治だった。レディ・ハミルトンはある手紙のなかで、これを認めている。「ここ［ナポリ］で置かれている状況ゆえに、わたしは政治にかかわるようになりました。（王妃さまは）親イギリスであり、わが国の政府との絆をとても大切にしています。戦争の継続を望んでおられます。戦争が、あのおぞましいフランス人どもを打ちのめす唯一の手段ですから[12]」。革命を推進するフランスに対する憎しみは、二人のどちらにもとりついた強い思いであった。

マリア・カロリーナは、敵と講和を結ぶ者たちも同じように嫌った。フランスのあいつぐ戦勝、ベルギー、ニース、ラインラントの占拠は、対仏大同盟を空中分解させ、和睦申し入れが雪崩のようにフランスにおしよせた。プロイセン、オランダ、次いでスペインがそれぞれ、一七九五年の四月から七月にかけてフランス共和国と和約を結んだ。フランスと交戦を続けているのはイギリス、ピエモンテ、オーストリア、ナポリだけとなった。スペイン国王カルロス四世――彼女にとって、一度も好きになれなかった義兄である――に腹をたてたマリア・カロリーナは歯に衣着《きぬき》せずに思いをぶちまけた。「スペインは血迷った行動に出ています。（…）講和をいじくりまわしています。（…）自分を見失い、友人からも敵から軽蔑されるに値する存在となっています」。こうした断固とした発言は、当事国スペインだけでなく、自分たちも和平を探ろうという誘惑に負けかねない者たちにも向けられていた。マリア・カロリーナが憤激をことさらに強く表明したのは、夫のフェルディナンドと宰相のアクトンまでもが分離和約の締結を目的にフランスの外交官たちとの接触を極秘ではかった、と知ったからだ。敵への抵抗よりも穏やかな暮らしを望む国王と、またもや忘恩の挙に出た宰相アクトンによって、王妃は蚊帳の外に置かれたのだ。彼女は「なにも変わらないことを切に望みます」と主張した。

フェルディナンドが進めていた秘密交渉は中断した。パリでは、国民公会〔一七九二―九五年に開かれた立法議会〕が一七九五年一〇月の終わりに解散し、総裁政府が行政を担うことになった。この新体制に、マリア・カロリーナはなにも期待しなかったばかりか、なにかが変わると期待するのは幻想である、と講和模索派に警告を発した。彼女は、「五〇〇人会〔総裁政府期の下院〕だろうと国民公会だろうと、総裁政府だとうと保安委員会〔恐怖政治時代に警察機能を担当した国民公会の委員会〕だろうと、着ている服が青だろうと緑だろうと、顔ぶれは同じであり、体制も同じ、掲げているのは民主主義という同じ原則です。(…)フランス共和国との和睦など、考えるだけで耐えられません」と述べた。一八九一年にクレマンソーは「フランス革命は一つの塊である」と述べるが、マリア・カロリーナも同意見であったのだ。フランス革命は前者にとって全面的に善であり、後者にとっては全面的に悪である、という違いはあるが。〔一八九一年にコメディ・フランセーズ座がフランス革命の恐怖政治を批判する戯曲を上演したところ、当時の左派政権が上演禁止とした。これは表現の自由の侵害として批判を浴び、議会でも論争が起きた。左派政治家であったクレマンソーは、フランス革命の一部を批判することは革命そのものを否定することになる、という意味でこの言葉を述べた。フランスの左派は長いあいだ、フランス革命批判をいっさい許さない、というこの姿勢をつらぬく〕

## 「極悪非道の主張」、それでも偉大な人物

フェルディナンドがおよび腰であっても、王妃はオーストリアとイギリスとともに戦いつづけるつもりだった。だが、二八歳という若さのフランス人将軍［ナポレオン］が破竹の勢いを見せてイタリア戦役で連戦を重ねると、マリア・カロリーナは虚をつかれた。「裸同然で栄養失調の」兵士たちを率いたナポレオン・ボナパルトは数週間でピエモンテ軍とオーストリア軍を撃破した。一七九六年五月一五日、ナポレオンはミラノに入城し、スタンダールいわく「何世紀もへたのち、カエサルとアレクサンドロス大王には後継者がいることを世界に」示した。[13] ピエモンテ＝サルデーニャ王、パルマ公、モデナ公は、こうした突然の敗北に茫然自失し、ただちに休戦を申し入れた。フランス軍の快進撃はどこで止まるのだろう？　次に彼らの餌食となるのはどの国だろう？　ボナパルトは自軍の兵士たちに檄を飛ばし、さらなる進軍へと鼓舞した。「そうだ、兵士諸君、君たちは大いに働いた。だが、君たちにはやり残したことがなにもないのだろうか？　あいつらは勝つことは知っているが、勝利を活用することは知らない、とわれわれはいわれてしまうのではないだろうか？」と［前二一六年のカンナエの戦いでローマ軍を殲滅したハンニバルに「一気にローマに攻め入るべきだ」と提言したがしりぞけられた腹心マハルバルが述べたとされる言葉、「ハンニバル、あなたはどうしたら勝てるか知っているが、自分の勝利を活用することを知らない！」をふまえている］。フランス軍はフィレンツェとローマを虎視眈々《こしたんたん》と狙っている。ナポリはナポレオンの毒牙をのがれるのだろうか？

せまりくるこうした大きな危機に、エネルギッシュなマリア・カロリーナも一時《いっとき》は動揺したが、国

王フェルディナンドが勝ちほこるナポレオン将軍と和睦を交渉する、というおそれていた事態が現実味をおびると気をとりなおした。フェルディナンドは不安だった。ナポリ王国の騎兵連隊がオーストリア軍に合流していることを理由に、フランス軍がナポリを攻撃するおそれがあった。イタリアのほかの君主たちと同様に、フェルディナンドは休戦を申し入れて、承諾された。フランスが出した条件は厳しいものではなかった。ナポリ軍の北イタリアからの撤退、イギリス艦隊とならんで航行している王国艦隊の母港への帰還である。以上は、教皇がのまされた休戦条件と比べれば甘いものであるが、マリア・カロリーナの目には法外だと映った。「(休戦協定は、)イタリアを掠奪して荒廃させることしか頭にないゴロツキどもに一方的に有利」というのが彼女の評価だった。国王フェルディナンドの外交官たちは休戦協定を和約に昇格させようと努めたが、フランスが要求する条件はいずれも王妃のお気に召さなかった。

またしても国王夫妻の意見は割れた。国王はできるかぎり早く協定を締結し、内政だけを心配すればよい状態に戻りたかった。王妃は警戒心をあらわにし、逆上し、フランスが残酷な秘密条件を押しつけているにちがいない、と想像した。「いまのところ表ざたになっていない条件がもっとあるのです。それは、わたしを諮問会議からはずし、女に口を出させない、という要求だと想像します。しかし、この要求でさえ連中にとっては十分ではないのです。わたしは夫から信頼されて影響力をもっているので、わたしに恩給をあたえて外国に追放しなければ気がすまないのです」。興奮のきわみに達したマリア・カロリーナは予言者さながらに「彼らは、わたしを排除しようとしている。わたしは銃弾か剣か毒で殺されることを覚悟しています」と述べた。

だがマリア・カロリーナは暗殺されることなく、フェルディナンドは一七九六年一〇月一〇日、フランスとともにパリ協定に署名した。この協定はナポリ王国に、イタリア問題にかんしての厳格な中立を求めていた。王国のすべての港はどのような戦艦も受け入れてはならず、フランスに有利な通商協定の締結も予定された。くわえて、マリア・カロリーナが想像していたように秘密条項もあり、これによりフェルディナンドは八〇〇万フランの賠償金支払いを約束させられた。国王の外交官たちはよい仕事をした。交渉の道を選んだフェルディナンドは正しかった。ナポリは当面、ボナパルトから狙われることをまぬがれた。マリア・カロリーナは仕方がない、とあきらめた。「これは、恥ずべき、もしくは悪しき協定とはよべません。わたしにとって死ぬほど辛いものではありますが（…）この国の人は怯懦《きょうだ》、怠惰、エゴイズム、吝嗇、勇気とエネルギーの全面的欠如のゆえに、どんな対価を払っても平和を欲しているのです」。以上のとげとげしい言葉は、夫に向けられた厭味《いやみ》であろうか？

ボナパルトは戦場においてだけでなく、外交面でも勝利を重ねていた。教皇は、フェルディナンドが結んだ協定よりも条件が厳しい協定を結ばされたし、オーストリアはカンポ・フォルミオ（一七九七年一〇月）で勝者の前に膝を屈した。マリア・カロリーナも敵ながらあっぱれと思い、手紙のなかでボナパルトを称賛し、ほめ言葉をおしんでいない。「彼はアッティラであり、イタリアの災厄ですが、わたしは彼をうそいつわりなく尊敬し、心から称賛しています。ここ数世紀における、もっとも偉大な人物です。（…）わたしはフランス共和国の滅亡を望んでいますが、ボナパルトは残したいと思っています」

マリア・カロリーナは英雄ナポレオンの長所をこれでもかこれでもかとあげ、夫がそうした長所をいかに欠いているかをほのめかした。いわゆる反面論法（a contrario）である。「幸いなるかな、あのような君主を戴《いただ》くことができる国は！　負かされたり、征服されたりするおそれをいだくことはないので」。王妃は、あのような人物は模倣されてしかるべきだ、とも説いた。「しかし、そのためには彼と同じ才能、性格、意思、エネルギー、天才的ひらめきをもっていることが必要となるでしょう（…）周囲を見渡すと、凡庸で狭量な宰相や君主たちしか目に入らないことを考えると、あの人物は掛け値なしに偉大だ、といえるからです」。フェルディナンド四世は、あの天才の足元にもおよばぬ小者である。「もし彼［ナポレオン］が死んだら、焼いて灰にして、君主一人一人に少しずつ配るべきです。（…）そうすれば、状況は改善するでしょう」。もし勝ちほこるボナパルト将軍と和睦した腑甲《ふが》斐《い》ない君主たちにこの「魔法の粉」を配ることになったら、マリア・カロリーナはだれよりも先にフェルディナンドに飲ませたであろう。

いつでも交渉で問題を解決しようとするフェルディナンドの政治方針に、マリア・カロリーナはまたしても待ったをかける。発端は、ローマで共和派によるさまざまな騒擾《そうじょう》が教皇軍によって制圧された事件であった。フランス政府はベルティエ将軍にローマ進軍を命じた。ピウス六世はヴァチカンを後にしてシエナに逃避した。一七九八年二月一五日、ローマ共和国樹立が宣言された。ナポリ王国軍は警戒態勢をとり、国境に配備された。万が一を考えての予防措置であったが、和平を望んでいると声高に主張していたフランスはこれを敵対的だとみなした。ガラという人物が新たに大使に任命されてナポリに着任した。その使命は、情報収集、一六か月前にフェルディナンドがのまされた通商条約の締結、フランスと同盟を結ぶ考えがあるのか宮廷の反応を探ることであった。フェルディナンドにはこうした交渉を受け入れる用意があり、フランスとの同盟にも吝《やぶさ》かでなかった。マリア・カロリーナはまたしても反対した。「通商条約を結んだからといって、かならずしも同盟条約を締結する必要はありません」と主張して。王妃は、王国の軍隊を削減する意思がないばかりか、「彼ら［フランス］の敵意、強欲、掠奪に傾く性情に対抗してわたしたちが築くことができる唯一の障壁、砦である、国をあげての憎しみ」の火を絶やさないことを望んだ。彼女は「つねに警戒を怠らず、決して、何があって決して彼らと同盟を結ばない」という原則を放棄しようとは思わなかった。

いつものようにフェルディナンドは妻に譲歩した。ナポリは武装解除せず、パリの申し出を拒否し、それどころかオーストリアと新たな防衛同盟を結んだ。これに満足したマリア・カロリーナはさらに駒を進めた。エジプトに向かっていたフランス遠征隊によるマルタ島占拠は王国に対する攻撃である、と宣言したのだ。ネルソン提督の指揮下、地中海でボナパルトを追走していたイギリス艦隊は、マリア・カロリーナを支援する決意を固めていた。一七九八年八月一日の、アブキール湾の戦いでフランス艦隊をほぼ全滅させたネルソンのめざましい勝利にマリア・カロリーナは大喜びした。ナポリは凱旋式を準備してネルソンを歓待し、マリア・カロリーナはいつも以上に感情を昂ぶらせて提督の手柄をたたえた。

勝利の美酒に酔うネルソンはナポリにとどまり、美しいエマ・ハミルトンを愛人とし、フランス軍をローマから追い出し、イタリアを解放することでフランスとの結着をつけることを願った。いつものとおり、フェルディナンドは迷った。血気に逸《はや》るネルソンは焦《じ》れて、「（もしフェルディナンドが、）みずからローマに侵攻するのではなく、自国が侵攻されるのを待つのであれば、予言者でなくとも、この王国はすでに荒廃していて王制は倒壊している、と断言できる」[14]と述べた。ネルソンは、「この宮廷はあまりにも無気力なので、好機をいたずらに逃している」とも批判した。いつもは衝動的なマリア・カロリーナも、このときばかりはローマ遠征がどのような危険をはらんでいるかを考えて慎重になった。「わたしたちはたいへんに規模が小さな自軍しか頼ることができません。ゆえに、じっくり考える必要があります」[15]。ウィーンからも慎重を期すようにとの忠告があり、王妃は皇帝フランツの意見に従った。

だが、驚いたことにフェルディナンドは戦争突入を決意した。彼は、準備が進んでいた第二次対仏大同盟に加入して、ロシアとオーストリアとイギリスの側についた。ネルソン、ハミルトン夫妻、アクトンに背中を押されてのことだった。一七九八年一〇月二四日、名目上は国王が指揮するナポリ軍は国境を越えた。兵隊による一種のお散歩のはじまりであった。ナポリに残ったマリア・カロリーナは一人で国政を担当し、ネルソンは「彼女は事実、偉大な王である」と述べて感嘆した。ローマは一一月二七日に解放され、フランス軍は北イタリアに撤退した。しかし、たった数日後に、シャンピオネ将軍に率いられてフランス軍がまいもどってナポリ軍を撃破した。フェルディナンド四世はあわてでローマを去り、すごすごと自国に戻った。フェルディナンドは――意気地なしにありがちなことだが他人のせいにしたがり――、この敗退の責任を妻に負わせようとしたようだ。「王妃よ、わが臣民は戦うよりも踊るほうが得意だ、とわたしは言ったはずだ」

だが、皮肉を口にしている場合ではなかった。シャンピオネはナポリ軍を追走し、ナポリ王国を侵略した。王国の自衛力ではとても敵を押し返すことはできなかった。ボナパルトはすでにイタリアの地図をぬり替えていた。独立を保っていたピエモンテも占拠された。リーグレ（ジェノヴァ）とチザルピーナ（ミラノ）の「姉妹共和国」［この戦争で建国されたフランスの衛星国をいう］が誕生し、ローマ共和国樹立が宣言された。フランスの支配がまだおよんでいないのはトスカーナと、フェルディナンド四世によるローマ侵攻が失敗したばかりのナポリ王国のみであった。ナポリ王国の終焉は時間の問題だ。一七九八年一二月、シャンピオネが率いるフランス軍が首都ナポリの城門にせまった。陥落は避けられない。国王一家は町から脱出することを決めた。パリで妹のマリー・アントワネットが迎えた悲劇的な最期を思い出し、マリア・カロリーナも脱出することを受け入れた。王家の宝物を積みこみ、ちょっとした不測の事態をのりこえ、ナポリのブルボン家は一七九八年一二月二三日にイギリスの船舶で海上にのがれた。二重王国の片割れ、シチリア王国が一家の避難場所となる。

## ナポリ奪還をめざして

ときとして、人生の試練が破局していた夫婦関係を修復してくれる。フェルディナンドとマリア・カロリーナの場合、やむをえない事情でのパレルモ滞在は亀裂を決定的にした。王妃は精神も肉体も疲労困憊していた。彼女はたった一人で多くの決定をくだし、無気力な夫の助けを借りることなく、シチリア亡命の準備を自身で手配した。船旅のあいだ、彼女と家族の命は激しい嵐で危険にさらされ、息子である六歳のアルベルト王子は痙攣を起こして船中で亡くなった。王妃は、パレルモにおちついたのちも、自分のこれまでの努力が失敗に終わったことを意味する今回の亡命の衝撃から立ちなおれなかった。考えまいとしても、二重王国の半分であるナポリ王国が一七九九年一月、ナポリの共和派の主導で「パルテノペア共和国」（ナポリの古名であるパルテノペにちなんでの命名）となってしまったことを考えてしまう。革命暦三年に制定されたフランスの憲法を手本にした憲法を採択し、フランスの衛星国にほかならない「姉妹共和国」の仲間入りをしたのだ。

しょっちゅう泣き出して涙が止まらなくなるほど王妃の精神状態は不安定だったが、国王は暢気《のんき》なもので、ナポリ王国奪還を考えるよりは、シチリアの野山で狩猟を楽しむことに気をとられていた。政治情勢に無関心なようすのフェルディナンドは、マリア・カロリーナが書き記したところによると、「ここにいれば安全だと大満足で、外出を楽しみ、劇場に通い、山野に足を伸ばし、だれよりも衝撃を受けていません。（…）わたしたちの収入が四分の一となり、名誉を傷つけられ、不幸であり、ほかの人々を同じ不幸にまきこんでしまったことを考えもせず、少しも苦しんでいない」のだった。

旧ナポリ王国は無政府状態におちいって人々は苦しみ、各地で治安が悪化したが、オーストリアは助けを求めるマリア・カロリーナの声に耳をかさなかった。いまでも王家を支持している二つの地方（プッリャとカラブリア）は国王の指示があれば反フランスで立ち上がろうとしていたが、当のフェルディナンドは毎晩のようにオペラ鑑賞や仮面舞踏会を楽しみ、あいかわらず陽気で満足そうで、だれかを引見することも公的な場に姿を見せることもなく、くそ真面目なだれかが国王に見すてられた首都ナポリを話題にすると腹をたてた。

夫とは正反対に、マリア・カロリーナは以前にもまして精力的に動いた。娘婿の皇帝フランツ二世に手紙を書き、夫へのアドバイス（ロシアやオスマン帝国との同盟をお探りなさいませ[16]、カラブリアに行って人々を鼓舞してくださいい、メッシーナを訪れてはいかがですか、シチリア人の忠誠心を固めるためにパレルモで議会を招集すべきです、国王として、そして国民の父として臣民に訴えかけるべきです等々）をおしまなかった。「わたしは、数えきれぬほどのアイディアを提案しました。いずれも、ナポリ王国が永遠に失われることを避けるためには不可欠のアイディアです。（…）しかし、まったく聞いてもらえません。（…）劇場、首都パレルモ、愚かな遊び、娯楽にかまけて、なにもしてくれません！」。国王の無気力に王妃はいらだった。冬の寒さもこたえた。間断なく雪が降った。「これほど寒い思いをしたことは過去に一度もありません。きちんと閉る窓や扉は一つもありません。（…）わたしは風邪を引き、発熱に苦しみ、アヘンだけが頼りです」と訴える王妃であった。フェルディナンドは妻の精神や身体を気遣うこともなかった。「国王は健康そのもので、わたしは羨《うらや》みます。あの方にとって政治情勢などどこ吹く風です。わたしがたえず涙を流しているのを見ると腹をお立てになります」。ゆえに、夫婦は互いを避けるようになった。マリア・カロリーナは夫への影響力をすっかり失ってしまったのだろうか？

王妃の涙が功を奏したのだろうか？　それともフェルディナンドが目覚めたのであろうか？　共和派にのっとられたナポリ王国の奪還がはじまろうとしていた。国王夫妻は、意外な人物に反革命運動の指揮を託した。聖職者である。カラブリア出身で統率力のある枢機卿、ファブリツィオ・ルッフォが、王党派でありつづけるカラブリアを蜂起させ、カラブリアを王政復古の出発点にすることをもちかけたのだ。時宜《じぎ》もかなっていた。イタリアに居座るフランスに対する抵抗運動がイタリア各地で生まれていた。抑圧された人民の解放者を自称するフランス人は実際のところ、イタリアの富を収奪していた。掠奪と権力濫用が、自由を旗印にしていたフランスに対する幻滅をひき起こした。これまでの社会秩序の転覆のすべてが、現地の人々から好意的に受けとめられたわけではなかった。とくにカトリック教会に対する迫害は強い反感をまねいた。反乱は、一次イタリア戦役がはじまった一七九六年にすでに勃発していた。一七九九年にふたたび戦役がはじまり、フランス軍の敗退が続くと、反フランス暴動の嵐がトスカーナおよび南イタリアでふたたび吹き荒れた。

ルッフォ枢機卿はフランスに不満をもつ者たち、農民、聖職者をまとめあげ、サンフェディズモとよばれる反革命運動を指揮した［サンフェディズモは「聖なる信仰主義」を意味する。この抵抗運動参加者たちはサンフェディスティとよばれる。ただし、どちらの名称もフランスに同調する革命派が使ったものであり、当事者たちは一度も使っていない］。共和派はこの運動の勢いに負け、一七九九年六月一九日に降伏した。パルテノペア共和国は六か月で終わった。盲目的で暴力的な共和派弾圧がいつ果てるともなく続いた。指示を出したのは、今回ばかりは意見が一致したパレルモの国王夫妻であった。マリア・カロリーナは、共和派がついに降伏する前に「悪党どもには休戦も赦しも協定も認めてはならない」と告げていた。フェルディナンドも同じように復讐心に燃えていた。

だが国王と王妃の見解の一致は続かなかった。フェルディナンドは自分が創設した高等法院に、王制への反逆者たちに見せしめとなる罰をあたえるように命じたが、自分でことの収拾にあたることはこばんだ。共和派が降伏するやいなや、マリア・カロリーナはすぐさまナポリに戻るよう夫をうながした。国王は応じなかった。圧力をかけられたフェルディナンドは七月にネルソン提督の船でナポリに戻ることを決心したが、到着しても下船することなく船内にとどまった。こうして約一か月、陸地をふむことなくフェルディナンドは弾圧強化に努め、パレルモに戻った。秋の狩猟シーズンを逃してはならないからだ！

マリア・カロリーナは、ナポリ王国におけるアンシャン・レジームの完全な復活を夢見ていたが、フェルディナンドはナポリに戻ることを少しも考えず、内向きの専制君主としてパレルモの宮廷を支配することで満足していた。王妃は次のように記している。「国王を動かそうとしても不可能です。あの方はここでなに一つつとめを果たさず、田舎にでかけたり、狩りを楽しんだり、（…）一つの原理原則も金言も知らず、きわめて気ままで、ほぼすべての人と仲違《なかたが》いし、信じられないような状態になりはてていますが、諫言《かんげん》する勇気がある人はいません。（…）ナポリに行かねばといった話に耳をふさぎ、自分はここで死にたい、シチリアから動くつもりはない、と言っております。これは災厄にほかなりません」。パレルモはフェルディナンド四世にとってカプアと同じ魅力をもつ町であった。

シチリア滞在はマリア・カロリーナにとって幸せなものではなかった。彼女が積極的に動くようにうながしても、フェルディナンドは聞き流すばかりだった。ウィリアムとエマのハミルトン夫妻をナポリに残してほしいと頼んでも、イギリス国王はつむじを曲げ、応じてくれなかった。イタリアの陽光のもと、大好きな古代ローマの骨董品を蒐集することを長年楽しんだすえ、年老いた公使ハミルトンはロンドンに召喚された。ネルソンの任期も終わった。マリア・カロリーナはシチリアで孤独をかみしめるおそれがあった。そのうえ、フェルディナンドはナポリに戻ることを拒否している！　わずらわしいことが嫌い、というのが理由だ。だが、いらだちを強めているナポリ国民の不満に直面するのが怖い、という側面もあった。あるイギリス人外交官も、「ほんとうのところをいえば、国王陛下は危険を感知する能力にすぐれている。言い換えれば、相当な意気地なしである」と太鼓判を押している。

マリア・カロリーナは身内から慰めを得ることもなかった。娘婿である皇帝フランツ二世は、フランス軍がナポリを占拠したときになんの助けにもなってくれなかった。子どもたちの将来を案じる母親として、彼女は娘たちによい伴侶を見つけなくてはと心にかけていた。しかし、パレルモにとどまっているかぎり、よい縁談は一つもまとまらない。クリスティーナ、アマーリア、アントーニアは適齢期を迎えていたのに。そこで王妃はウィーンに行くことにした。良縁探しにくわえ、オーストリアとの外交上の接近も目的だった。夫をパレルモに残し、マリア・カロリーナは一八〇〇年六月に生まれ故郷に向けて旅立った。二か月の苦労の多い旅をへて、やっとシェーンブルン宮殿にたどり着いた。王妃は長女のマリア・テレーザ［ドイツ名はマリア・テレジア］と孫たちに会うことができた。だが、期待していただけに失望は大きかった。マリア・カロリーナは娘婿から距離を置かれ、娘との親子げんかも起きた。いつまでウィーンに居候《いそうろう》しているのだ、といわんばかりの態度が示された。マリア・カロリーナは不満を唱え、衝動的な性格も手伝って、断定的な口調の文言を書き記した。「皆がわたしを避け、わたしは悪者にされて身内からのけ者にされている、とわかりました」、「娘は、わたしが去ることを望んでいます。（…）娘はわたしたち、すなわち母親であるわたしだけでなく、自分の妹たちも嫌っていて、自分の夫がわたしたちと敵対するように仕向けています。わたしは、自分の娘は死んだものとしてあきらめます」

マリア・カロリーナは、フランツ二世がフランスを敵にまわしてナポリ王国と同盟を組むことをなんとしても避けようとしている理由を理解しようとしなかった。バイエルンとイタリアで、モローとボナパルト――ナポレオンはエジプトから戻り、第一執政となっていた――が指揮するフランス軍と戦ったオーストリアは敗戦を重ねていた。一八〇〇年の六月にはマレンゴの戦い（マリア・カロリーナがパレルモを去ってオーストリアに向かっているころだった。この戦いのために、彼女の旅程は複雑なものとなった）で、同年一二月にはホーエンリンデンの戦いで敗北を喫したのだ。敵はウィーンまであと六〇キロの地点にせまっていた。和睦を申し仕入れる以外に、皇帝フランツ二世に残された選択肢はなかった。ナポリ王妃の妥協を知らない徹底抗戦主義は狂気の沙汰であった。第二次イタリア戦役をへて、ナポリ王国の一部をフランス軍がふたたび占領しているだけになおさらだった。

一八〇一年一月、これ以上フランス軍に抵抗することが不可能となったオーストリアは休戦協定にサインし、和約を交渉して二月にリュネヴィル［フランス］でこれを締結する。同じころ、パレルモのフェルディナンドは、長男のフランチェスコが休戦協定を結ぶのを認めた。マリア・カロリーナは怒りを鎮めることができず、この休戦協定を醜悪とよび、締結した「英雄たち」を愚弄し、次のように記した。「わたしは怒りのあまり体調をくずしています。（…）誓ってもいい、わたしがただちにナポリに足をふみいれることはありません。そんなことをしたら苦悩のあまり死んでしまいますから」。もう一人の娘婿であるトスカーナ大公がトスカーナ大公国を失い、大公国はエトルリア王国となると知ったことも、彼女の苦しみを深めた［エトルリア王国はフランスの衛星国であり、ナポレオンはブルボン・パルマ家のルドヴィーコを即位させる］。決定打は、夫も三月に和約を締結したことだった。フェルディナンドは二重王国の領土の一部を放棄し、イギリスの船舶に港を閉ざし、フランス軍によるアブルッツォとオトラントの占領を受け入れることを余儀なくされた。これは王妃にとってとどめの一撃であった。「破廉恥な和約」、「屈辱的で残忍な悪行」、「致命的な和平」。思いつくかぎりの悪罵をならべても、まだ足りなかった。「わたしは恥ずかしさのあまりこれ以上ないほど赤面し、これ以上ないほど侮辱されたと感じている。(…)ナポリ王国は滅びた」

ロシアのアレクサンドル一世、オスマン帝国さえもフランスと和約を結んだ。そして、イギリスも一八〇二年三月にアミアンで他国にならった。同じころ、フランス軍はナポリ王国の領土から撤退する、と約束した。ボナパルトの勝利である。一〇年間の戦争が終わって平和が戻ったことを全ヨーロッパが喜んだが、ウィーンのマリア・カロリーナはこの喜びの輪にくわわらなかった。だが、すくなくともフェルディナンドはナポリに戻ることができる。数か月前から、フェルディナンドはそうするよう妻にうながされていた。「そこにいるべき君主がついに首都におちつくため」である。

一八〇二年六月二七日、三年半の不在のあと、フェルディナンド四世は王国の首都ナポリに帰還し、執念深くないナポリ市民たちに歓呼の声で迎えられた。彼は庶民に愛されるレ・ラッザローネだったからだ。王妃もウィーンから戻り、同じ年の八月一七日に夫に合流したが、市民の反応は違った。本人も「わたしに対する出迎えと扱いは非常に無礼でした」と感想をもらしている。夫婦は再会した。だが喜びはなかった。王妃はフェルディナンドが「以前より野心的、専横的でうぬぼれている」と思った。妻が到着するやいなや、国王は一人でナポリの北にあるカゼルタ宮や「別荘」に引っこんでしまった。フランスから送りこまれた全権大使シャルル・アルキエによると、「(フェルディナンドのこうした行動の唯一の目的は)その性格が彼にとって耐えがたいものとなった女性から遠ざかることである。（…）夫婦仲が険悪であることは、二人が隠そうともしないよそよそしさや気まずさにより、だれの目にも明らかである」

ウィーンに長期間滞在したことで、王妃の影響力は弱ってしまった。帰国した王妃はこれをとりもどそうと試み、諮問会議に参加し、毅然《きぜん》とした口ぶりで語り、自分の意見を表明し、あいかわらず断固とした態度をつらぬいた。国王に対する影響力を保持している宰相アクトンに、マリア・カロリーナはがまんがならなかった。彼女はアクトンを罷免しようと試みたが、フェルディナンドはこれを拒否した。マリア・カロリーナの政治キャリアは終わりとなるのだろうか？　アルキエはそうであってほしい、と思ったようだ。「彼女［マリア・カロリーナ］は、妻と母親であることにとどまっていたら、完璧な女性となったことだろう。しかし、自然は異なる命令をくだし、至高の地位の威光が自然の傾向をさらに強めた」。マリア・カロリーナを妻と母親の役割にとどまらせなかった「自然の命令」とはつまるところ、国王の狩猟趣味ではないだろうか？　フェルディナンドはまたも国務をおろそかにし、パレルモでの気楽な暮らしを懐かしみ、狩猟などの趣味に際限なく打ちこんだ。夫にかまってもらえない王妃は、末息子の傅育官をつとめるハンサムな若い士官――フランスの亡命貴族であるサン＝クレール侯爵――に惹かれ、フェルディナンドが国王のつとめに無関心なので国の舵とりをふたたび担うようになった。このことはアルキエの証言でも明らかだ。「権力は全面的に王妃の手に移った。国務卿たちは王妃ただ一人に報告を上げている。王妃は毎週月曜日に半時間、国王と執務することが決まっていて、国王が報告を受けるのはこのときである。この執務時間のために王妃は、国王が順に滞在している複数の別荘のいずれかに出向かなくてはならない」。マリア・カロリーナのように政治を本能とする人間は、どれほど傷ついても決して政治から離れることができないのだ。

## 「ナポリ王家は君臨を停止した」

ある同時代の人間によると、ナポリ王妃の人生は「長く続く卒倒の発作」であった。それなら、フェルディナンドの人生は「長い政治的惰眠であった」といえよう。二人のどちらも、ナポレオンの征服欲のおかげでその後も何度も激動を味わう。性懲《しょうこ》りもない楽天家である、もしくは分別を完璧に欠いているフェルディナンドはさして苦しまずにやりすごせたが、激情家のマリア・カロリーナにとっては地獄の苦しみであった。

ナポリの国王夫妻にとってフランスは大きな脅威であった。罰を受けることなく、支配者の目をごまかしつづけることはむずかしい。ナポリ王国は公式には中立を保っていることになっていたが、どう見ても、フランス共和国の一〇年来の敵であるイギリスと非常に緊密な関係にあると思われた。実際、二国間には秘密協定が存在し、機会がありしだい、ナポリ王国がイギリス陣営の一員として参戦すること、およびイギリス艦隊がメッシーナ基地を使用できることが定められていた。諜報員の活躍でこの協定にかんする情報を入手したナポレオンは、一八〇三年にプッリャ地方を占拠することを決定した。すでに財政が厳しかったナポリ王国にとって、これは耐えきれぬほどの費用負担を意味した。フェルディナンドとマリア・カロリーナはそれぞれ一通の手紙をしたため、ボナパルトに温情を請うた。仮借ない返事がとどいた。「余はゆえに、ナポリはイギリス人宰相（アクトン）によって統治されている国である、とみなすことを決めた」

ナポリ王国は対仏大同盟（第三次）にくわわろうとしていた。このことを察しただけに、ナポレオンはいっそう厳しくナポリ王国政府の二枚舌を批判し、警告と忠告をあたえた。「きわめてまれで、慣例に反している」ことだが、皇帝となったナポレオンはフェルディナンド宛ての公式書簡にくわえ、より直截《ちょくせつ》な口調の手紙を王妃宛に送った。[17] 自分が趣味にかまけることをさまたげている緊張の一刻も早い沈静化を願う国王に対して、ナポレオンは外交文書の文体を使って穏やかに語りかけたが、君主から君主への率直な語りかけとして「陛下にこのように申上げることをお許し願いたいのですが、陛下は優秀な助言役に恵まれておりません」とつけくわえるのを忘れなかった。マリア・カロリーナは夫ほど敬意をはらわれなかった。ナポレオンは、よりずけずけとした口調で、過去にも一度、王国を失ったことを思い出すよう、諭《さと》した。「妃殿下におかれては、この予言に耳をお傾けください、短気を抑えてお聞きください。妃殿下を原因とする戦争が次に起これば、妃殿下および妃殿下の子孫の君臨は終焉することになります」

一八〇五年五月、ミラノにおけるナポレオンのイタリア王としての戴冠に、ナポリ王家に大きな不安をいだいた。ゆえに、自分たちは中立であるとナポレオンに対して声高に訴える一方で、そうした主張とは裏腹にイギリスとこっそり協定を結び、[18] ロシアと交渉をはじめて一八〇五年九月一〇日に同盟を結んだ。それ以前にロシア皇帝はすでにイギリスとの接近をはかっていたし、オーストリアは対仏大同盟にくわわる準備を整えていた。偽善のきわみであるが、ナポリ王国は以上と並行して、ナポレオンと交渉することを受け入れ、九月二二日に中立協定を締結した。このナポリ流二枚舌外交の行き着くところは、イギリスから資金援助を受けてオーストリアとロシアが中心となって結成された第三次対仏大同盟への参加であった。

こうした矛盾に満ちた外交交渉、二股かけの担い手は、意思疎通を欠いた国王夫妻であった。フェルディナンドがロシアの外交官たちとの交渉を命じる一方で、マリア・カロリーナはフランスのタレイランを相手に外交交渉を進めた。しかし、ロシアとの交渉のまっただなかで、国王は自分が主導したこの外交戦略にあきてしまった。王妃によると、フェルディナンドは健康上の理由で別荘の一つで療養する必要があると言い出し、「大臣全員に宛てた回状を作成し、宮廷をあとにしました。この回状のなかで国王は大臣たちに、わたし［マリア・カロリーナ］の指令に従うように命じ（…）それ以来、遊んでおられます」

猪突猛進とよべるほどに慎重を欠いたマリア・カロリーナは戦争を願った。フランスへの憎しみゆえに。自身の性格ゆえに。「コルシカの私生児」、「あのコルシカのろくでなし」に対する反発ゆえに。彼女はロシアがはじめて送りこんだ輜重隊《しちょうたい》のナポリ湾到着とイギリス兵の上陸を喜んで迎えた。フェルディナンドはより慎重だった。そしてより現実的だった。こうした同盟国からの支援軍到来により、つい先ごろフランスがトラファルガー海戦（一八〇五年一〇月二一日）で大敗したことで――艦船の数でかなりおとっていたイギリス海軍を勝利に導いたネルソン提督は名誉の戦死をとげた――希望をいだいていたナポリ王国はさらに意気軒昂となった。だがナポリの国王夫妻は、トラファルガー海戦の直前のウルムの戦い（一〇月一七日）でナポレオンがマック将軍率いるオーストリア軍を破り、ウィーンに入城してモラヴィアへと進軍していることをまだ知らなかった。戦争準備にとりかかろうとふるいたっていたマリア・カロリーナは、ウルムの戦いから約二週間後に起きたアウステルリッツの戦い（一八〇五年一二月二日）でオーストリア軍とロシア軍が敗退したことを知った。この知らせは、火山噴火さながらの破壊力を発揮した。オーストリア皇帝フランツ二世が休戦を申し入れたこと、ナポレオンがオーストリアに有無をいわさず押しつけた和約がプレスブルクで調印されたことをただちに知り、ナポリ政府は驚愕した。

マリア・カロリーナは恥をしのんでフランスの「人食い鬼」［ナポレオン］の温情にすがったが効果はなかった。クリスマスの数日後に皇帝ナポレオンの審判がくだった。「兵士たちよ！（…）ナポリ王家の君臨は終焉した。同王家の存続は、欧州の平穏およびわが帝室の栄誉と両立不能である。進軍せよ、海洋の専制君主らの無気力な大隊が諸君らを待っているとしたら、彼らを波のなかにつき落とすのだ。われわれが誓約違反をいかに罰するかを見せてやるのだ。イタリア全土がわたしの法とわたしの同盟者の法のもとに置かれた、と諸君がわたしに報告する日が早く訪れんことを[19]」。だれもが理解した。ナポリ王国は侵略されることになり、その消滅は不可避だと。

## 孤軍奮闘

マリア・カロリーナにはまちがいなく多くの欠点があった。猪突猛進、大の策謀好き、性急、一方的な判断や批判、理性を欠いた高揚、執拗な怨恨といった欠点は、失策や間《ま》の悪い一手や誤った決定の原因となった。しかし、「融通がきかない」という彼女の特質は、ある種のすがすがしさにつながった。政治の機微に通じて上手に立ちまわる知恵はなく、敵がせまっても屈服することを頑迷に拒否するゆえに、フロンドの乱に加担した大貴族や王族の女性たちと同じようにあっぱれな掉尾《ちょうび》の勇をふるうことができた［フロンドの乱は、一七世紀のフランスにおいて、ルイ一四世が幼少なので宰相マザランが国政をとりしきっていた頃に起きた、中央集権的王権に反発する貴族を中心とした大反乱。ルイ一四世の実の従姉にあたるモンパンシエ女公が、「女元帥」と綽名《あだな》された二人の伯爵夫人とともにオルレアンにのりこみ、国王軍に城門を閉ざすよう演説をぶったエピソードは有名である］。フランスの占領軍が到着すると、彼女はあくまで抵抗を試みた。母親のマリア・テレジアが一七四一年、オーストリア継承戦争で敵国に囲まれてもひるまずに抵抗を続けたように［オーストリアの皇位を継いだマリア・テレジアが二三歳の若さであり、政治的に未経験であることにつけこみ、領土拡張を狙うプロイセンやハプスブルク家の弱体化を願うフランスなどが攻撃をしかけた］。

一八〇六年一月の第一週、ナポレオンの兄であるジョゼフが指揮する四〇〇〇〇人の兵士がナポリ王国侵略の準備を整えると、王国の防衛を担うはずだったイギリスとロシアの部隊はたちまち敗走した。マリア・カロリーナは「これは、なんとよぶべきかわからぬほどの不名誉です。わたしのイギリス贔屓《びいき》の熱はすっかり冷めました」と言って憤激した。ナポリ王国はもはや、自分でなんとかするほかない。国王に頼ることもできなかった。フェルディナンドはまたもやナポリ王国を見放し、一月二三日から二四日にかけての夜にシチリアへと向かった。フランス軍はまだ国境にも達していなかった。王妃は首都ナポリにとどまり、王権をゆだねられたが、「国王代理および王国総司令官」の称号をあたえられた息子フランチェスコとこれを共有しなければならなかった。

「絶望に駆られた」国王、「国王の安全のためにみずからを犠牲にする」その妻――「国王は妻が犠牲になることをいそいそと受け入れた」とマリア・カロリーナ自身が述べている――、これが三〇年以上前から王国の統治権を共有し、七年前にも首都ナポリを放棄した奇妙な国王夫妻であった。マリア・カロリーナは抵抗を続けようとした。北の国境線での抵抗ではない。国境線はすでに破られていた。アブルッツォやカラブリアでの抵抗である。住民たちは占領軍に対して蜂起するにちがいない、と考えたからだ。母親の命を心配する子どもたちは、狂気の沙汰です！と書き送った。フランス軍は抵抗にあうことなく進軍を続けた。すでに王国の名士たちがジョゼフ・ボナパルトに忠誠を誓っていた。マリア・カロリーナは負けたが、名誉は守った。二月一一日、彼女もパレルモに向けて脱出した。四日後、ジョゼフ・ボナパルトはナポリに入城した。抵抗運動はいっさい起きなかった。

　三月、ナポレオンは兄ジョゼフをナポリの王座につけた（一八〇八年、ナポレオンが決めた配置換えにしたがってジョゼフが義弟のミュラにこの位をゆずり、今度はスペイン国王となる顛末《てんまつ》を、シャトーブリアンは見事な筆致で揶揄《やゆ》している[20]）ころ、二重王国の半分を失った国王一家はパレルモで宮廷を組織しようと努めていた。マリア・カロリーナはナポリ王国奪還を夢見ていて、ナポレオンの新たな勝利を耳にすると絶望し、ナポリ王国に駐留していたフランス部隊の一部が遠征軍にまわされたと聞いて気をとりなおした。亡命の地、シチリアはこれからも侵掠をのがれるのであろうか？　ナポレオンは欧州の地図を描き変え、各地の領土をフランスに併合し、多くの領土を併合しないままに統治し、さまざまな国を保護国に変え、ドイツの諸公国を王国に変えて身内を王位につけ、由緒ある王朝を玉座から追い出していた。神聖ローマ帝国皇帝のフランツ二世は、フランスの対ドイツ政策から結論を引き出し、神聖ローマ帝国皇帝の地位からみずから降りたので、その肩書きはもはやオーストリア皇帝のみだった。ブルボン家の君主はもはやトスカーナ（エトルリア王国）とスペインにしか残っていない。だが、一八〇七年一一月にエトルリアのパルマ・ブルボン家はフィレンツェを去ることを余儀なくされ、スペイン王家は翌年の五月に退位させられた[21]。フェルディナンドとマリア・カロリーナの命運はナポレオンの手ににぎられていた。

首都ナポリの奪還がかなわないのであれば、せめて、二人が逃げこんだシチリアをフランスの強欲から守らなければならない。ナポレオンは、ナポリ王国の新王となった兄ジョゼフにはシチリアを領有する権利がある、と主張しはじめた。ナポレオンのこうした意図は、遅れて、しかも切れぎれにパレルモにとどいた。噂、噂の否定、誤報が毎日、漂流物のように宮殿に舞いこんだ。ナポレオンはナポリを追われた国王夫妻に、北ドイツもしくはダルマチアまたはアルバニアさもなければ名も知らぬ辺境の地にちっぽけな公国をあたえるつもりだ、と断言する者も現われた。それよりも信憑性がある噂は、ナポレオンはシチリア侵攻を考えている、というものだった。これに立ちはだかる唯一の砦は、地中海の制海権を維持する決意も固いイギリス海軍であった。

この脅威に対する国王と王妃の反応は異なった。フェルディナンドは欧州全体をまきこんでいる騒動に無関心なようすだった。彼の娘の一人で、のちにフランス王妃となるマリア・アマーリア［フランス語読みはマリー＝アメリー］の日記は、ほほえましいほど率直で無邪気な口調で、母親とその子どもたちが毎日感じている恐怖――「わたしたちの状況は危機的です」――と、趣味に明けくれる父親の平穏な生活――「わたしたちはパパに会いに行きました。パパは健康そのもので狩猟ができて満足なようすでした」――を伝えている。[22] だが不安、失望、困難はありあまるほどあった。

ナポリ奪還のためにイギリスの支援を恃《たの》むことがほんとうに可能なのだろうか？　一八〇六年夏にジョン・ステュアートの指揮下で行なわれたカラブリア遠征は、幸先こそよかったが失敗に終わり、イギリスの実力に対する疑いが生まれた。ロシアに期待をかけることは可能だろうか？　ティルジットの和約（一八〇七年七月）により、ロシア皇帝アレクサンドルはナポレオンの同盟者となり、ナポリ王国をふくめ、フランスが征服で得たすべての領土を承認した。悪いことは重なるもので、ロシアがイギリスに宣戦布告したことで、イギリスの同盟国であるシチリア王国はロシアと交戦状態に入ることになった。オーストリアは？　アウステルリッツの戦い以来、慎重な姿勢を保っている母国を、マリア・カロリーナは憎むようになった。そもそも、オーストリア皇帝フランツは、手紙のなかでフェルディナンドの肩書きとして「シチリア王」としか記さない、という無礼を犯したではないか。[23] もっと悪いことに、彼女が「小者《こもの》皇帝フランツ」とよぶこの娘婿は一八一〇年四月、コルシカの人食い鬼が娘のマリア・ルドヴィカ［フランス語ではマリー＝ルイーズ］を皇后に所望したときに断わらなかった！　ハプスブルク家の皇女を「人類のすべての罪を負っている悪逆非道な男に、姦通の同棲相手（マリア・カロリーナの言葉）」として捧げるとは！

いたるところに裏切りをかぎとるマリア・カロリーナには、イギリスさえ重荷となってきた。マリア・アマーリアは日記に次のように綴っている。「マンマはわたしたちの前で、イギリスに対する怒りを爆発させました。イギリス人はわたしたちからシチリアをとりあげようとしている、恥ずべき手口でわたしたちを裏切っている、わたしはそう確信している、と言いました」。もはやマリア・カロリーナには味方はいなかった。イギリスの支援は彼女にとって耐えがたいものとなった。マリア・アマーリアの婚約者であるオルレアン公、すなわち将来のフランス王ルイ＝フィリップ一世――マリア・カロリーナはこの婚約を不承不承《ふしょうぶしょう》認めた――が、増税は得策ではないと王妃に忠告すると、確執が一気に高まった。

マリア・カロリーナは瞋恚《しんい》、怒り、とげとげしさ、不平不満の塊となった。彼女は周囲の者をへとへとにさせ、もっとも寛容な近親者でも彼女に腹をたてるようになった。この火山のような性格は本人の健康に悪影響をあたえた。一八一一年九月一六日、痙攣の発作に襲われた王妃は一日中、意識を失った。周囲の者は彼女に終油の秘跡を受けさせた。彼女は回復したが、健康はそこなわれたままだった。アヘン剤の常用により、自分は健康を回復したとの幻想をいだいたが、その後もほかの病気が続いた。

国王夫妻のあいだの亀裂は過去にもまして大きくなった。二人は別居し、フェルディナンドは定期的に「すべてを放棄し、息子のフランチェスコに統治をまかせ、イギリスで隠居する」ことを考えた。退位を望んだのに認めてもらえなかったと嘆くこともあれば、もうなんの話も聞きたくない、別荘に引きこもってパレルモには絶対に戻らない、以降に妻と息子がくだす決定を事前にすべて承認する、と言い張るときもあった。しかし一八一三年一月に彼は考えを変え、ふたたび政務に戻り、自分はこれからも君臨を続けると宣言した。マリア・アマーリアはその直後に、次のように記している。「国王が王妃に政務について話すことを禁じると、二人のあいだでたいへんなけんかが起こりました。ママはかんかんに怒って帰宅しました」

雰囲気は耐えられぬほど息苦しくなった。王妃は全人類に恨みをいだき、イギリス大使のベンティンク卿や、「イギリスに支援されている、フランス人の悪しきコピー」であるシチリア人に対する恨み辛みをたっぷりと吐いた。息子フランチェスコも、一八一二年六月にフェルディナンドによって「全権をもつシチリア王国の国王代理、国王の分身」に任じられたときに、同じように母親の集中砲火を浴びた。理性の箍《たが》がはずれたかのようだった。ふたたびマリア・アマーリアの日記を引用しよう。「マンマは涙を流し、泣きじゃくっているばかりです。そして墓にこもって二度と出てこない、こんなに何年もつくしたのに自分の家から追い出されるとは思っていなかった、フランチェスコはわたしの胸をえぐっている、住まいのいたるところに間諜《かんちょう》がひそんでいる、と言っています」

マリア・カロリーナは周囲にとってあまりにも面倒な存在となった。ベンティンク卿は、王妃はシチリアを去るべきだと判断し、シチリアの要人たちもこれを要求した。一八一三年三月、フェルディナンドは妻に手紙を書いて決意をせまった。「これ［シチリアを去ること］を友人として勧めます、夫としてお願いします、国王として命じます」。選択の余地をあたえられず、王妃は荷物をまとめた。健康問題によって出発が一度延期されたが、一八一三年六月一四日に彼女はついに船上の人となった。その前日、激しい歯痛を口実にして出発を延ばそうとした。フリゲート艦の船長は埠頭に近寄って時計を取り出し、三〇分以内に王妃が上船しないのであれば王妃を置いて出帆する、と宣言した。[24] 目的地はウィーンであった。

ザキントス島［イオニア諸島］で検疫のために留め置かれたのち、イスタンブールをへて黒海に入り、ロシアとポーランドを通過し、マリア・カロリーナは出発から約八か月後にウィーンに到着する。

海上で何度か暴風雨をくぐりぬけ、陸上では大雪や馬車の事故にあうというたいへんな旅であった。ルートのそこここにある城で王妃の身分にふさわしい歓待を受けることも、みすぼらしい旅籠に泊まることもあった。一度などは嵐が通りすぎるまで一部屋しかない荒《あば》ら屋に避難したが、王妃は「驚いたようすも、気分を害したようすも見せなかった」。それでも道中で、ライプツィヒの戦いでナポレオンが敗退した、対仏大同盟の軍隊がフランスに進軍したという喜ばしい知らせを受けとることができた。一八一四年二月二日、彼女はシェーンブルン宮殿からほど近いヘルツェンドルフ宮殿におちついた。

彼女を喜ばせる出来事はその後も続いた。ナポレオンはフランス戦役で敗れ、退位を余儀なくされた。同盟軍はパリを占領した。以前の君主たちは玉座に返り咲いた。孫娘のマリー＝ルイーズはエルバ島に流された夫ナポレオンに合流することなく、ナポレオンとのあいだに生まれた息子（ローマ王）をつれてウィーンに戻った（その後に、パルマ女公に叙せられる）。だが、ナポリ王国はどうなったのだろう？　オーストリアは、ナポレオンによってナポリ国王の座につけられたミュラと同盟を結び、イングランドもやはりミュラと休戦協定を締結していた。しかし、王政復古の雰囲気が満ちあふれるなか、簒奪《さんだつ》者ミュラをナポリにとどめておくことは好ましくなかった。王政復古あいなったフランス、イギリス、ロシアの大臣たちの意見もその方向で一致した。マリア・カロリーナは王妃の座をとりもどすことをじゅうぶんに期待できた。

彼女の性格上、なにもせずに期待することなど不可能であった。そこで筆をとり、タレイラン［フランス革命に身を投じた貴族出身の元高位聖職者。変わり身の速さでと権謀術数で、恐怖政治も総裁政府時代も帝政時代も巧みに生きのび、王政復古後も要職についた」に手紙を書き、「欧州においてフランスが当然の権利としてとりもどすであろう影響力は、わたしたちにとって確実な保証です。ナポリ王国によせるその関心により、フランスはわたしたちの正当な権利を擁護するものと確信しています」と伝えた。マリア・カロリーナが期待するのにはそれだけの理由があった。一八一四年九月末に開かれるウィーン会議では、フランスとスペインのブルボン家がふたたび王家として復活したように、ナポリ王国のブルボン家も復活する、と決まるのが当然視されていたからだ。だが神の摂理は、吉報を待つ彼女の思いとは別の決定をくだした。九月八日、王妃は脳溢血で亡くなった。享年六二。ご機嫌うかがいに訪れた最後の客に、彼女は「わたしは長生きしすぎました」と述べていた。

## マリア・カロリーナ亡きあとのフェルディナンド

家族も、マリア・カロリーナは長生きしすぎた、と考えていたのだろうか？　ウィーンでは彼女の死はさして悼まれなかったし、大喪の礼が行なわれることもなかった。彼女の死で多くの人は重荷を下ろした気分となった。一部の者は、これでフェルディナンドのナポリ帰還にとっての障碍が一つとりのぞかれた、と考えた。こうした状況にふさわしい悲しみの言葉は述べたものの、フェルディナンドは衝撃を受けているようには見えなかった。そして三か月もたたないうちに、パルタンナ公の未亡人でフロリーディア女公でもあるルチーア・ミリアッチョと非公式に結婚する［パルタンナもフロリーディアもシチリアの都市］。二〇歳年下のルチーアは王族ではないので貴賤結婚であり、ルチーアは王妃を名のれないし、たとえ彼女が出産しても、子どもは王族と認められない。だが、人柄がよくひかえめな女性であり、フェルディナンドと同様に政治には無関心だった。マリア・カロリーナとは正反対だった。

フェルディナンドはパレルモから一歩も出ることなく、フランス帝国のイタリア支配が瓦解するのを眺めていた。パルマはオーストリアの支配下に置かれ、ジェノヴァは復活を果たしたサルデーニャ王国に編入され、ウジェーヌ・ド・ボアルネ［ナポレオン初婚の相手、ジョゼフィーヌの連れ子。イタリア副王であった］はロンバルディアから逃げ出した。ナポリ王国のミュラだけが自分の命運はつきていないと考え、イタリア統一の立役者となることを夢見ていた。ナポレオンの退位でも状況は変わらず、ジョアシャン・ミュラは王位を維持した。しかしメッテルニヒの呼びかけで、欧州再編のために開催されたウィーン会議はナポリ王国を「その正当な君主」に返還することを考えた。エルバ島から脱走したナポレオンがフランス各地で大歓迎を受けて権力をとりもどすと、ミュラは俄然《がぜん》元気になり、オーストリア軍と戦うために自軍を率いてポー川まで北上した。だが一八一五年五月二日にトレンティーノで大敗を喫してフランス国内を、次いでコルシカ島内をさまよった。フランス帝国軍のもっとも勇敢で優秀な騎兵であったこの男の運命は、自分の「王国」をとりもどそうとする愚かしくも絶望的な試みのすえに、カラブリアでの銃殺で終わった。

ナポリでは数週間前よりミュラの名前が野次られ、フェルディナンドの名前が連呼されていた。皆は老王の帰還を待ち望んでいた。父の露はらいとして、末息子のレオポルドが五月二二日にオーストリア軍とイギリス海軍の助力で、すなわち外国の軍隊のナポリ進駐のおかげで帰国した。フェルディナンドもイギリスの船に乗って、六月七日にポルティチに上陸し、凱旋将軍のように迎えられた。自分を歓喜の声で迎えた人々に国王は、「ナポリの民よ、わが腕に戻れ！　わたしは君たちのあいだで生まれた。わたしは君たちの習慣、性格、しきたりが大好きだ」と述べた。フェルディナンドはレ・ラッザローネに戻った。[25] マリア・カロリーナ亡きあとのフェルディナンドは生気をとりもどしたかのようだった。彼は、以前より自分に仕えていた経験豊かなルイジ・デイ・メディチを宰相にして政務をまかせ、またしても狩猟や釣りに打ちこみ、サン・カルロ劇場に通って、バレリーナたちに好色なまなざしを向け、ロッシーニのオペラと有名なプリマドンナ、コルブラン［ロッシーニのオペラで主役を張ったコロラトゥーラソプラノ］に喝采をおくった。メッテルニヒが采配をふるオーストリアと緊密な関係を結び、自国がほぼオーストリアの保護領となることを受け入れたフェルディナンドが国王として関心をよせたのはただ一つ、自分の王国とヴァチカンとの関係修復であった。[26]

　だが、フェルディナンドの治世はゆったりと流れる大河のように安泰ではない、というのが天の定めであった。一八二〇年七月、スペインの立憲革命に刺激されてナポリで暴動が起きた。一、三年前から王国内では不満が噴き出していたが、これまでは文書や張り紙による非暴力的な体制批判にとどまっていた。秘密結社、カルボネリア［炭焼党］のメンバー、すなわちカルボナーリたちを核として反体制派は結集した。暴動の指揮をとったのは、オーストリアが後見として睨《にら》みをきかせていることに反感をいだいていた士官たちにかつがれたグリエルモ・ペーペ将軍であった。足をすくわれたフェルディナンドは、叛徒《はんと》たちにリベラルな憲法制定を強制され、カルボナーリが多数を占める新内閣を組織することを余儀なくされた。国王の頭にあるのはただ一つ、いったんナポリを去って、オーストリア軍に守られて戻ってくることだった。メッテルニヒがそのチャンスを用意してくれた。メッテルニヒはロシア皇帝とプロイセン国王の了承を得て、カルボネリア対策を話しあうライバッハ（現スロヴェニアのリュブリャナ）での五国同盟会議にフェルディナンドを招待した。フェルディナンドは一二月一三日に船に乗り、三度目の亡命の旅に出た。メッテルニヒは次のように記している。「これで三度目になるが、わたしはフェルディナンドを立ち上がらせてやった。彼は困ったことにすぐ転んでしまう。彼は一八二一年の時点でも、王座は手足を伸ばして眠りこけるための心地よい椅子だと思っている」

いやはや、だれもレ・ナゾーネ（長鼻王）のことを本物の君主と考えることはできなかったのだ。オーストリアが介入すると叛徒たちはたちまち潰走《かいそう》し、オーストリア軍は一八二一年三月三日にナポリに入城した。いつものとおり、フェルディナンドの帰還は遅れたが、五月一五日に民衆は彼を歓呼の声で出迎えた。彼は王国の行政組織に入りこんだオーストリア人が「いたるところに首をつっこみ、あらゆることに口をだしている」のを見て不満をもらしたが、メッテルニヒに招待されると断わることなくヴェローナ会議に出席し、次いでウィーンにおもむき、皇室墓所であるカプツィーナ納骨堂のマリア・カロリーナの墓前で祈りを捧げた。八か月後、彼は首都ナポリに戻った。あいかわらず健康そのもので、狩猟熱も冷めていなかった。風邪を引いて病床に臥せったのも、狩りを楽しんだ翌日だった。一八二五年一月の三日から四日にかけての夜、王は穏やかに亡くなった。死因は妻の場合と同じく、脳溢血であった。七五歳を前にしての死であり、約半世紀の波乱に満ちた生活をともにした王妃の死からすでに一一年がたっていた。

〈原注〉

1　当時の人々による二人の人物描写は多く残っている。ウィリアム・ハミルトン［イギリスの外交官］、ヨーゼフ二世［マリア・カロリーナの兄］、レディー・アン・ミラー［イギリスの女流詩人］、ヘンリー・スウィンバーン［イギリスの作家、旅行家］による描写は、ハロルド・アクトン『ナポリ・ブルボン朝』（*The Bourbons of Naples* (1734-1825), London, Methuen, 1956）や、詳細な調査にもとづくミシェル・ラクール＝ガイエ『マリア・カロリーナ――ナポリ王妃、ナポレオンの敵』（*Marie-Caroline, reine de Naples. Une adversaire de Napoléon*, Paris, Tallandier, 1990）をはじめとする数々のマリア・カロリーナ伝に引用されている。

2　この絵は、ナポリのカポディモンテ国立美術館が所蔵している。

3　三人は夭逝し、二人は修道院長となった。マリア・クリスティーナはすでに嫁ぎ、マリー・アントワネットはフランス王太子と婚約する。

4　Jean-Paul Bled, *Marie-Thérèse d'Autriche*, Paris, Fayard, 2001, p. 437-438.

5　ルイ一四世の孫であるフィリップ――すなわちブルボン家の君子――をスペイン国王フェリペ五世として認めることでスペイン王位継承問題に幕を引いたユトレヒト条約（一七一三年）により、神聖ローマ帝国皇帝カール六世（ハプスブルク家、マリア・テレジアの父）はナポリ王国とサルデーニャ島を手に入れ、一七二〇年にサルデーニャ島をより豊かなシチリア島と交換する。しかし、ポーランド継承戦争（一七三三―一七三八年）の結果、カール六世はナポリとシチリアを、ドン・カルロス（スペイン国王フェリペ五世と王妃エリザベッタ・ファルネーゼの息子）にゆずることを余儀なくされる。このドン・カルロスがナポリ国王カルロ七世となった（その後、兄の死にともなってスペインに戻ってカルロス三世として即位する）。こうして、ナポリはブルボン家君子の支配下に入った。

6 François Bluche, *Le Despotisme éclairé*, Paris, Fayard, 1969, p. 220.
7 カルロ・ティト。この児は一七七八年に夭折するが、一七七七年に次男フランチェスコが生まれていた。フランチェスコは一八二五年、父の跡を襲って両シチリア王国の国王となる。
8 一七七九年から一八八九年にかけて。それ以前、一七七二年から一七七七年のあいだに五人産んでいる。さらに、一七九〇年から一七九三年にかけて三人が生まれる。
9 Michel Lacour-Gayet、前掲書、p. 56以下。
10 マリア・カロリーナの兄であるレオポルト二世の息子であるフランツ二世は一七九〇年、マリア・カロリーナの長女であるマリア・テレーザ［ドイツ語読みはマリア・テレジア］と結婚していた。
11 André Bonnefons, *Marie-Caroline, reine des Deux-Siciles (1768-1814)*, Paris, Perrin, 1905, p. 28.
12 Anne et Alain Pons, *Lady Hamilton. L'amour sous le volcan*, Paris, NiL Editions, p. 169-170.
13 スタンダール『パルムの僧院』の冒頭。
14 Georges Fleury, *Nelson*, Paris, Flammarion, 2003, p. 364.
15 オーストリアと結んだ同盟は防衛のみを目的としていた。オーストリアの援軍が期待できるのは、フランスから攻撃された場合のみであった。
16 王妃はオスマン帝国を「トルコ人でイスラム教徒であるにもかかわらず忠義で誠実」だとほめちぎっていた。
17 Thierry Lentz, *Nouvelle histoire du premier Empire. I. Napoléon et la conquête de l'Europe, 1804-1810*, Paris, Fayard, 2002, p. 114.
18 秘密協定により、ナポリ王国は自軍を強化するための資金としてイギリスから一七万ポンドの提供を受けた。

19　一八〇五年一二月二七日のシェーンブルン宣言。Jean Tulard, *Murat*, Paris, Fayard, 1999, p. 229-230.

20　「彼（ナポレオン）は前者（ジョゼフ）の頭から王冠をとり、後者（ミュラ）の頭にのせた。（…）ボナパルトが手のひとふりで、こうした冠り物を二人の新たな王の額にぐいぐいとめりこませると、二人はそれぞれの任地へとおもむいた。装備担当の隊長の命令で、二人の新兵がシャコ〔羽根飾りと庇がある円筒形の軍帽〕を交換するように」

21　トスカーナにナポレオンが樹立したエトルリア王国は、ブルボン・パルマ家のルドヴィーコ一世が一八〇三年に死去して以来、彼の寡婦であるマリア・ルイーザ（父親はスペイン・ブルボン朝のカルロス四世）が摂政として統治していた。一八〇七年、ナポレオンはエトルリア王国をフランスに併合する。だがナポレオンは一八〇九年三月、トスカーナ大公国を復活させ、すでにルッカおよびピオンビーノ公国の女公であった妹のエリーズを女大公とする。

22　*Journal de Marie-Amélie, reine des Français*, présenté par Suzanne d'Huart, Paris, Perrin, 1981, passim.

23　マリア・カロリーナの長女であったオーストリア皇后マリア・テレジアは、この一八〇七年に亡くなった。

24　Robert Matteson Johnston, *Mémoires de Marie-Caroline, Reine de Naples*, Cambridge Harvard University, 1912, p. 273.

25　復位を果たしたフェルディナンドは、両シチリア王国の国王フェルディナンド一世を名のった。Catherine Brice, *Histoire de l'Italie*, Paris, Perrin, « Tempus », 2007, p. 287.

26　一八一八年に締結された政教条約は、フェルディナンドの努力の成果であった。

## 6 ルイ一六世とマリー・アントワネット

（一七七〇―一七九三）

### 無力な二人

「この王に仕える男はただ一人だけ、それは王の妻である」（ミラボー）

「このすべてを嫌うようにさせる最良の方法は、全面的に賛同しているように見せかけることだと思います。そうすれば、なにごともうまくゆかないことがすぐに明らかになるでしょうから」

（マリー・アントワネット、一七九一年）

#### 「フランス国民の疫病神」

「そなたは革命前にボヘミアとハンガリーの王［革命家たちはウィーンのハプスブルク帝室の神聖ロー

マ皇帝という名称を認めず、貶《おとし》めるためにこのような呼称を用いた」と政治的な関係をもち、その関係はそなたに富をあたえてきたフランスの国益に反するものだった」。「そなたがルイ・カペーにこの重大な隠蔽の手口を教え、それによってカペーは長きにわたってフランスの善良な国民をあざむいていた」。「そなたがそそのかし、強要したせいで、カペーは祖国の分裂をたくらむ凶暴な狂人どもの指導者となるためにフランスから国外へ逃亡しようとしたのだ」

一七九三年一〇月一二日午後六時ごろ、革命裁判所の裁判長でロベスピエールの右腕だった市民《シトワイヤン》［革命期にはムッシューやマダムのかわりにシトワイヤン、シトワイエンヌという呼称が使われた］エルマンは、カペー未亡人とよばれていたマリー・アントワネットに向かって以上のように話しかけた。その時点で、この「内密の審問」が告発にほかならないことは彼女にもわかった。翌々日に予定されていた公判に先立っておこなわれた審問に集まったのは、裁判長、告訴人であるフーキエ＝タンヴィル検事、それに書記だけだった。それでもじゅうぶん手強いものだった。エルマンは予審をおこなわず、自白を引き出そうと元王妃が有罪だと示す訴因をならべ立てた。マリー・アントワネットはそのすべてを否認した。「国外との個人的な手紙のやりとりはすべて自制していましたし、内政にはいっさい介入しておりません」

実家との連絡のために配下に秘密諜報員をかかえたことなどないし、兄の皇帝に金がわたるようにはからったこともない、と彼女は主張した。また、テュイルリー宮ですごした期間に反革命の謀略をくわだてたことはないし、夫に国外逃亡をそそのかしたこともない、と主張した。

一四日の朝、裁判所の広い法廷で、白髪でやつれた顔の王妃が判事たちの前に姿をあらわした。敵と内通し、国民の汗の結晶であるフランスの財産をおのれの娯楽と陰謀のためにおそろしいまでに横領したとして、あらためて告発された。彼女のすべてが「メッサリナ、ブルンヒルド、フレデグンド、メディシス［いずれも強欲、冷酷、残忍な皇后あるいは王妃として知られる歴史上の人物］」を髣髴《ほうふつ》する、とさえいわれた。

いくら王妃が「わたくしはただルイ一六世の妻で、王のご意向に従わなければならなかっただけなのです」と抗議してもむなしく、フーキエ＝タンヴィルの論告文は、マリー・アントワネットはフランス国家の公然たる敵である、としめくくった。そしてエルマンは、このフランス最後の専制君主が手を染めた数々の犯罪のほとんどにおいて、彼女が共犯者、あるいはむしろ首謀者であったときめつけた。

一〇月一六日、マリー・アントワネットは断頭台の露と消えた。

判事たちの告発の多くは、王妃の公的な生活のほとんどすべてについてまわった風刺攻撃文書《パンフレット》、はやしうた、卑猥な中傷文の内容の焼きなおしであった。でっちあげの不倫の恋の話がまことしやかに語られ、子どもたちの父親がほんとうにルイ一六世なのかあやしいものだ、とうわさされた。色情症で同性愛者だとも決めつけられていた。王妃付きの首席侍女だったカンパン夫人は次のように書き残している。「王妃のまわりにはつねに王妃のことをよく思わない連中がいた」。監獄として使用されたタンプル塔の監視係として証人となったジャーナリストのエベールは、王妃が王太子との近親相姦にふけっていたと怪物よばわりさえした。

憤慨したマリー・アントワネットはきっぱりと述べている。「これほどの侮辱に言い返さないのは、一人の母親に向けられたこのような疑いにわざわざ抗弁するのを人間の尊厳が許さないからにほかなりません。この場にいる女性のみなさんならわかってくださるでしょう」

しかし、二つの訴因が絶大な影響をおよぼした。ついには「赤字夫人」の異名をとったように、王家の財産を浪費して国家の財政危機をまねいたこと、そして、第二の祖国となったフランスの王妃というよりも、ハプスブルク＝ロートリンゲン家出身の外国人王女であることを明白にした政治的陰謀である。革命家たちにとってマリー・アントワネットは、ウィーンの外交を忠実に担う手先という役割からはじまって、のちには革命をつぶして王政を回復させるために、フランスと敵対する君主たちに軍事介入を要請するにいたった「オーストリア女」だったのだ。

彼らにいわせると、マリー・アントワネットはあまりに深く政治にかかわりすぎた。自身の気まぐれを満足させるために国庫の金を使いはたし、大臣の任命や罷免に口を出し、自分の一族の利益だけを考えて行動した。世論は彼女のことを、みずからの影響力を乱用し、王の意見を支配しつづけた王妃、とみなした。バスティーユ襲撃から二日後のこと、民衆の女が、まだ人気のあったルイ一六世に向かって次のように忠告したことがあったではないか。「お妃に言ってやってください、もうあたしたちを統治しようなんて気を起こすなって」

歴史はパンフレットをもとに書かれるわけではない。マリー・アントワネットはおそらくフランスでもっとも嫌われた王妃だ。誹謗中傷が怒涛のようにふりそそいだが、それはなぜなのか、彼女には見当もつかなかった。パリを訪れるときも、当地の人々が王妃の訪問を嫌ったり冷ややかな態度で迎えるのを感じると、「いったいわたくしがあの人たちになにをしたというのかしら?」と無邪気にふしぎがったものだ。その浮ついた性格や、娯楽にしか興味を示さなかったことを非難する人々もいれば、宮廷式のドレスをまとってはいるが、その本性はマキアベリストであると見る人々もいて、真の王妃の姿ははっきりしない。軽薄で浪費癖があり、とりまきの輪から出ようとしなかった王妃なのか、あるいは、優柔不断でありつづけた夫の操縦に長け、権力に憑かれた女なのか?

一〇月一二日、兄の神聖ローマ皇帝ヨーゼフ二世と政治的に内通していたというエルマンの告発に対し、王妃は、革命前に兄と政治の話をしたことは一度もないし、革命がはじまってからは、皇帝の後継者となった下の兄のレオポルト二世とはすべての通信を自制していた、と主張した。また、反革命運動の首謀者であったという告発も否認した。

以上のすべてについて、王妃はうそをついていた。王妃の訴訟がろくに時間もかけずにさっさとかたづけられ、証拠が不十分であり、あらかじめ有罪判決が決定していたとはいえ、これらの的確な告発は根拠のある正当なものだったのだ。

王妃を「オーストリアの大公女虎」や「フランス人の血を吸うヒル」とよぶ敵対者たちの告発と、彼女を弁護する者たちの言説を前にして、歴史家というものはどれが真実でどれが虚偽かを見定めなければならないのだ[1]。

## 二重の誤解

皇帝の娘との結婚などそうそうあるものではない。フランス王とオーストリアのハプスブルク家の娘が結婚した例といえば、ヴァロワ朝後期の王の一人、シャルル九世までさかのぼらねばならない。[2] ルイ一五世の孫である王太子と、フランツ一世とマリア・テレジアの一五番目にして最後から二番目の子どもである大公女マリー・アントワネットとの結婚の計画には、フランスの宮廷も文句のつけようがなかったにちがいない。そのうえこのきらびやかな結婚は、一七五六年に結ばれたブルボン家とハプスブルク家の同盟をより強固にした。この和議は結ばれた当時、思いがけないどころか驚きをもって受けとめられたものだった。それは、両家の敵対関係があまりに長く続き、解消など不可能と思われたなかでの、まさに「外交革命」だった。条約は二世紀にわたったハプスブルク家との対立に終止符を打った。そしてこの結婚は、あれほどヨーロッパを驚かせた和解を確固たるものにしたのだ。

それなのにヴェルサイユでは、未来の花嫁を祝福する声はほぼ皆無だった。その若さ——一四歳半だった——のためではなかった、というのも、結婚適齢期にやっと入ったばかりの娘との結婚を宮廷の慣習が禁じていたわけではなかったからだ。それは、締結してから日が浅い協約でもぬぐいきれない、先祖代々の敵に対する警戒心によるものだったのだ。結婚を準備するための交渉が一七六四年にはじまったときから、のちのルイ一六世の母マリー＝ジョゼフ・ド・サクスは、息子にはザクセンの宮廷から妃を迎えることを望んでいたし、父であるルイ王太子は翌年に亡くなるまでずっと、一七五六年に結ばれたオーストリアとの同盟に反対しつづけていた。二人ともルイ一五世の筆頭大臣で条約と結婚話をおしすすめたショワズール公爵を嫌っていた。ルイ一五世の娘たち——アデライド王女、ヴィクトワール王女、ソフィー王女——の加勢を得て、王家——王本人を除く——は、先ごろの同盟関係転換に虚をつかれて反オーストリアの立場を変えようとしなかったフランス世論の大半と同様に、敵意に満ちた偏見をもっていた。

反対があったにもかかわらず、結婚の交渉は進められた。マリア・テレジアのパリ駐在大使メルシー＝アルジャントー伯爵は、ショワズールと定期的に話しあいの場をもった。未来の王太子妃の家庭教師としてヴェルモン神父が選ばれた。神父はパリのコレージュ・デ・キャトル・ナシオンの図書館司書を辞して、一七六八年一一月にウィーンにおもむいた。マリー・アントワネットは神父から、これから嫁ぐ国の歴史としきたりの手ほどきを受けることになった。婚礼の日取りは一七七〇年五月と決まった。

未来の夫は結婚をたいして喜ぶでもなかった。一五歳のルイはただ、老境にさしかかった祖父の威厳に気後れしてどうしていいかわからない、不器用な若者のままだった。早世した両親から愛情をあまりそそがれることなく育ち、兄の死亡によって王太子の座につくことを余儀なくされ[3]、それからは自分のからに閉じこもってしまった。ひ弱な少年は（のちに巨漢になるのだが）あまり人と話さず、威厳もなければ優美でもなく――ダンスは下手だったし、よたよたしたおかしな歩き方だった――、勉学の道に逃げこみ、たいそうな教養を身につけていた。

一七七〇年五月一四日、コンピエーニュの森で若い二人がはじめて顔を合わせ、未来のルイ一六世は気品あふれる少女と対面した。美しいというより魅力的だったマリー・アントワネットはたちまち王に気に入られたが、孫息子のほうはまるで興味を示さなかった。翌々日には二人はヴェルサイユで結婚した。ウィーンで気楽で幸せな少女時代をおくっていた幼いオーストリア大公女は、フランスの玉座を約束された王太子妃となった。ヨーロッパでもっとも洗練された宮廷で人々の容赦ない視線にさらされながら、その地位にふさわしくふるまわざるをえなくなったのだ。

　ハプスブルク家は彼女をお目付役もなくほうっておきはしなかった。遠くから、もしくは近くから、三人が目を光らせていた。このように幼くして嫁にいく末娘の前途を気づかう母親とオーストリアの宰相カウニッツは手紙で、大使のメルシー＝アルジャントーは口頭で、つねにおしげもなく助言をあたえ、危険から守り、あやまちをおかさないよう見守りつづけた。状況しだいで、彼らの忠告は首尾一貫していないことも、時と場合に応じて変わることもあった。とにかく彼らにとっては、王に気に入られることがもっとも重要な掟だった。それをマリー・アントワネットはうまくやりおおせた。ルイ一五世はこの義理の孫娘に夢中になったのだ。だが、どの派閥にも首をつっこんではいけないという指示を守るのは、それほどたやすいことではなかった。ヴェルサイユに来てからすぐに、王太子妃は王の公妾であるデュ・バリー夫人と敵対する勢力の側につき、また、この結婚の立て役者であるショワズール公爵にはとくに感謝の意を表明していたのだが、その公爵は婚儀からわずか七か月後にルイ一五世によって罷免された。当時夫に従うことはすべての妻の当然のつとめだった。このことを肝に銘じるよう、王太子妃は母の最初の手紙でさっそくきつく命じられた。

　遠くウィーンから、マリア・テレジアは娘の妊娠を心待ちにしていた。夫が「公の場でも、私的な場でも」あまり熱意を見せないために、子どもの誕生まで時間がかかるおそれがあった。たしかにこの夫婦はたいそう若かった。しかし数か月がたち、数年がたつと、この結婚は実際の行為をともなわない形だけのもので、懐妊の望みをもつのはむだだとわかった。やがて王太子は魅力的で愛らしい妻の魅力を解するようになり、それを彼女に伝えた。生来の引っこみ思案をかくし、妻を喜ばせたい一心でダンスの手ほどきを受けた。しかしマリー・アントワネットは幼い小娘のままだったのだ。彼女自身には早く母になりたいという気持ちは微塵《みじん》もなかった。気晴らしにふけり、ダンスに興じ、オペラ座の舞踏会に足しげく通う毎日でじゅうぶんに幸せだったのだ。「少しは若いときを楽しまなければいけないわ」というのが彼女の口癖だった。

一七七四年五月一〇日にルイ一五世が崩御し、新国王夫妻となったルイとアントワネットは自分たちの若さを経験不足の言いわけにした。「統治者になるには二人とも若すぎる」と、まだ二〇歳にもならないルイ一六世は心情を吐露している。そして妻に向かって「なんという重荷だ！」ともらし、さらには軽率にも「余とともに、担っておくれ」と懇願した。ところが、二人ともまだ王と王妃になる用意はできていなかった。亡き国王はその治世の晩年にいたっても孫息子を国務にかかわらせなかったからだ。一方、マリー・アントワネットは、王妃になればさらに大きな自由を手に入れられるとしか考えていなかった。彼女にはこれまで以上に指導が必要だった。「人からよい評価を受けたければ、きちんと役割を果たさなければなりません」という母親の勧告は、まるで警告のように響いた。

ヴェルサイユでは、ルイ一六世が内気で無力であるために、王妃が夫を意のままにあやつることになるだろうと人々は考えた。メルシー大使は、その役割を先にだれかにとられてしまうことをおそれ、国王の指南役になるようひんぱんに王妃に進言した。ルイがモールパ伯爵を国務大臣につけ、自身の主席顧問に任命したとき、メルシーはマリー・アントワネットがその指名になんの影響もおよぼせなかったことを無念に思った。ルイ一五世の海軍大臣だったモールパは、七三歳という年齢からくる経験を強みにして未熟な国王を支配できると考えた。モールパの政権中枢への復帰につくしたのは、アデライド王女を筆頭に、甥である国王を意のままにあやつるつもりでいるマダムたち［ルイ一五世の未婚の娘たち］であった。マリー・アントワネットはマダムたちの影響下から王がのがれる手助けをしなければならない、と大使はみなした。「君主に影響力をもつこと」こそ、ウィーンで宰相のカウニッツがくりかえし勧めていた至上命令だった。王妃への指南書として彼が書いた覚え書きのなかでカウニッツがすすめているのは、気づかれないようそれとなく夫の決断を誘導すること、そして、王妃に恩義をおぼえる者たちを増やすために、夫の信頼をうまく利用して大臣の人選に影響をおよぼすことである。王が言いなりになり、マリー・アントワネットが力をもつ、という原則を立てていたのだ。

ところが若い王妃は、必要とされる巧妙さも、権力に対するほんとうの意味での興味ももちあわせていなかった。それは助言者たちより母親のほうがよく見ぬいていた。「あの子が公務に広くかかわれるとは思えません。（…）あの熱意のなさはこの先ずっと強力なさまたげとなるでしょうから、公務にかかわるなどむりでしょう」。娘はその軽薄さゆえに王の舵とりをすることもできないのだ。それに、娘が夫について語ったときの浮ついた言葉──「夫はとても愛してくれていて、わたくしが望むことはなんでもしてくれます」──も女帝を安心させはしなかった。マリー・アントワネットは人々を魅了するその才能によって王国の政治にも力をおよぼすと確信している、と楽観視するメルシーに対して、マリア・テレジアは、娘の暢気《のんき》で、まじめなことに興味がなく、努力することが嫌いな性格をあげて反論した。自分の子どもたちのことをよく知る女帝は、オーストリアの利益のために王妃が果たすべき役割を二つの仕事にしぼった。夫に気に入られること、そして息子を産むことである。

王が宮廷人たちをあきれさせるほど主体性を欠いている以上、マリー・アントワネットが王に影響をおよぼすことができないなどと、ヴェルサイユをよく知るメルシーには想像もできなかった。優柔不断で意欲が低いルイ一六世の能力に周囲は疑問を感じていた。王妃が「夫に対して絶対的な力をもつ」にちがいないと、人々は早くも決めつけた。ほんとうは、この君主はまわりに思わせているほど決断力のない男ではなかった。妻を愛するがゆえに、そのように思わせていたのだ。だが、妻の影響に支配されるなど、彼にとって問題外だった。モールパにこう打ち明けたのではなかったか——虚勢を張ったのかもしれないが——「王妃にはけっして国務の話はしない」と。王は手紙を書いたり大臣に会ったりするときは王妃を遠ざけていた、と言う人々もいる。ルイは王妃の軽率ですぐ夢中になる性格を警戒していた。同時に、女帝の娘である妻にかかっているオーストリアの圧力から、王は身を守っていた。王は即位したときからマリー・アントワネットに抵抗するすべを心得ていた。じつのところ、王はその消極的な態度を隠れ蓑《みの》にして、王妃に手綱をとらせないようにしていたのだ。

王妃はショワズール公爵を政務に復帰させたいと願っていた。「公爵がわたくしたちを結婚させてくださったのですもの」と、王妃は夫に訴えた。元大臣は人気があったが、隠棲させられた先であるシャントゥルーを亡き王の反対派のたまり場にしたこの男を大臣にすることを、ルイ一六世は許さなかった。追放令は解かれたが、公爵が得たのはそれですべてだった。一七七五年六月にランスでおこなわれた戴冠式の特別なはからいで、王妃は謁見の機会をショワズールにあたえる許しを得た。「すべてあなたのおかげです。あなたがわたくしをこの世でいちばん幸せな女にしてくださいました」と王妃から愛想よく言葉をかけられた公爵はすぐに、政府の政治を批判したり、夫に影響をおよぼすよう王妃にすすめたりすることを許されたと思いこみ、「その手段はアメだろうとムチだろうとかまいません」と、進言した。そんな妻をしり目に、ルイ一六世はショワズールの大臣再任を頑としてこばみつづけ、はちあわせすることがあっても冷淡な態度をつらぬいた。元大臣はその九年後に失意のうちに亡くなったが、王に対する王妃の影響力が弱いことを確信していた。「王妃は当分あの無愛想な夫を支配できるようにはなるまい」

この予言の根拠は、公爵自身の不幸な経験のみならず、ルイ一六世の治世最初の政府の組閣であった。即位して三か月がたつと、ルイ一六世は祖父のルイ一五世の大臣たちと決別した。解任を察知した外務卿のデギュイヨン公爵は六月に辞任し、大法官のモープーと財務総監のテレも八月二四日にこれに続いた。これが人よんで「大臣たちのサン・バルテルミ［サン・バルテルミの虐殺は一五七二年にフランスのカトリックがプロテスタントを大量虐殺した事件］」だが、マリー・アントワネットにとってはどうでもよいことだった。後任はだれなのか？　宮廷でもパリでもうわさが飛びかい、さまざまな派閥が動きだした。オーストリアとの同盟堅持に傾くショワズール派は、王弟であるプロヴァンス伯爵と王の叔母たちを筆頭にその支持者たちが集まった篤信派と対立していた。

ショワズールが王の反対にあい候補にはなれないとなると、マリー・アントワネットが外務卿候補として支持するような人物はまだほかにいなかった。彼女自身はブルトゥイユ男爵に気持ちが傾いていたが、オーストリアはベルニ枢機卿を望んでいた。結局選ばれたのは職業的外交官のヴェルジェンヌだった。その指名はだれにとっても驚きだったが、なかでもいちばん驚いたのはヴェルジェンヌ本人だった。外務卿など希望したこともなかったからだ。ルイ一六世はモールパの推薦に従ったのだ。財務には、それまでリムーザンで経理担当者としてなんの不満もなく勤務していたテュルゴーが選ばれた。この人選はどうやら王妃のおめがねにかなったようだった。ただし、王妃は歓迎のことばがわりに「とても誠実な方です」と何度も述べるだけで、それ以上の反応を示さなかった。選ばれた人々に反感をもつでもなく、指名されるのを見てとくに満足するでもなく、マリー・アントワネットはひかえめな態度をくずさなかった。

王は妻には国務にいっさいかかわらせないつもりであることを明確にしていた。王妃が大臣会合への参加を希望すると、ルイは拒否した。そのかわり、宮廷内の娯楽を意のままに采配できる特権をあたえた。王国の慣例にうとく、経験もない二〇歳の王妃にとっては、けっしてとるにたらない職務ではなかった。デュ・バリー夫人とのスキャンダラスな関係で注目を集めた治世の末期をへてルイ一五世が崩御し、これにつづく喪が明けたいま、ヴェルサイユの宮廷生活をよびさましてその輝きをとりもどすことはフルタイムの大仕事となり、王妃だけが采配をふることができる活動の場を提供するはずである。王妃はこの職務だけでじゅうぶん満足できるだろうか？　ルイはそう望んでいたが、マリー・アントワネットはこれだけで満足しはしないことになる。

王妃は政治にかかわりたくてしかたがなかった。政務に継続的に目を光らすことや統治手腕の発揮といった面倒な仕事ははごめんだったが、ある職務に対してだれを選ぶかを決める、自身の友人を昇進させる、自分にとって敵だとみなす人々を追い出す、といったことがしたくてたまらなかった。大きな構想にもとづく計画といったものには興味がなく、陰謀、派閥間のかけひき、舞台裏での謀議に心を惹かれていたのだ。王は、妻がしつこくせがむ推薦を巧みにかわしていたが、王妃付き女官長の職を復活させることと、その職には王妃の友人であるランバル公妃がつくことを許した。妻の頑固で激しやすい性格を知るルイは巧妙にも、王妃を国務からうまく引き離しつつ、人の上に立つ立場の威光のなかに閉じこめたのだ。親オーストリアの人々は、ルイが隠れ蓑にしていた弱さにだまされて誤解していた。その一方で、王妃は夫を支配する自分の能力をかいかぶっていた。こうして二重に思いちがいがあったために、メルシー大使はマリー・アントワネットに王を支配するよう進言し、王妃は王妃で自分が夫よりすぐれていると考え、夫を教え導く助言者になれると思いこんでいた。

## 夫婦の幸せを求めて

王妃の浅薄な性格は、見たところ、母親にも兄の皇帝ヨーゼフ二世にも見ぬかれていたようだ。ゆえに、時がたつにつれて二人の手紙は叱責の言葉だらけになっていった。マリー・アントワネットが夫の話をするときにときとして用いる口調も激しく非難された。ショワズール伯爵をランスによぶ許可を王からとりつけたことを、母の友人のオーストリア人外交官にあてた手紙に、次のように自慢げに書いた。「うまくいきました。あのお気の毒な方（ルイ一六世）はみずから時間の都合をつけてくださり、わたくしが（ショワズール伯爵に）会えるようにしてくださったのです」。このくだりを読んだマリア・テレジアはただちに娘に説教した。「なんという不作法！　なんという軽薄さ！　それになんという言葉づかいでしょう！　あのお気の毒な方、ですって！　尊敬と感謝の気持ちはいったいどこへいったのです？」。王妃が使った表現「お気の毒な方」は、「自分の目的を果たすためにありったけの女らしさを利用した」ことをユーモラスに伝えるために用いた言葉にすぎなかったのに、誤解をまねいた。そして、今日でもマリー・アントワネットが非難される原因の一つとなっている。

　同じ相手にあてて書かれた別の手紙では、王妃のルイに対する批判はずっと遠慮のないものだった。次のように明言している。「わたくしの好みは王がお好みになるものとはちがうのです。王がお好きなのは狩猟と機械細工です。わたくしが鍛冶場に向いていないことはご存じでしょう」。書面でこのような打ち明け話をするという軽はずみは、言葉づかいの不作法とならんで、ヨーゼフ二世を怒らせた。皇帝はすぐさま王妃のために歯に衣着せぬ攻撃的な手紙をしたためた。「いったいなにに口出しなさっているのですか、愛する妹よ、大臣たちを更迭し、そのかわりにだれをその地位につかせるだの、どこそこの県をだれそれにあたえるだの、訴訟をこちらに勝たせようだの、宮廷に金のかかる職務を新設するだの、（…）。いったいどのような権利があって政府やフランス王政のことに口出しするのですか、一度でも自分の胸にきいてみたことがありますか？　どのようなことを学んだというのです？　かりにも自分の意見なり見解なりがなにかのためになると考えるとは、いったいどのような知識を習得したのですか？」。このような叱責はマリア・テレジアの反対にあい、王妃に送られることはなかった。皇帝は口調をやわらげた手紙を別に書いたが、これは失われてしまった。

　もしもマリー・アントワネットが実家の叱責に対して自己弁護するなら、オーストリア宮廷は自分に故国の利益を守るようしつこくすすめていたではないか、と反論しただろう。こうしてハプスブルク家の君主たち、宰相、それに外交官は、自分たちがそうするように焚きつけていたのも忘れて、王妃が政治に口出することを忌避《きひ》するようになった。それに、自分たちこそ以前にルイ一六世のことをばかにしていたというのに、夫に対するマリー・アントワネットの軽蔑的な言葉に憤慨する権利などあろうか?

これとは別の、より気がかりな問題が、シェーンブルン宮殿でもヴェルサイユ宮殿でも話題となっていた。結婚して何年もたつのに、国王夫妻にはまだひとりも子どもがいなかったのだ。マリー・アントワネットは夫にほとんど身体的な魅力を感じていないようだったし、夫のほうも妻のことは長いあいだほったらかしだった。「もっとしっかり愛撫しなさい」と、マリア・テレジアは娘にすすめている。この夫婦関係のない結婚は宮廷の物笑いの種であり、外交関係者には頭痛の種だった。ルイのほうに問題があるのでは? 女帝はそう信じて疑わなかった。また、王太子時代、そして王になってからも、合計四度、ルイは優秀な外科医たちの診察を受けさせられた。その全員が口をそろえて、王の体に問題はなく、「生殖能力のさまたげとなるものはいっさいない」と診断した。いわゆる媚薬を使った、外科手術で治療した、というのはシュテファン・ツヴァイクの想像の産物であり、根拠のない伝説である。[6]

しかし、待てど暮らせど懐妊の兆しはなかった。王の二番目の弟であるアルトワ伯爵には、結婚してまもないというのにすでに息子(アングレーム公爵)が生まれていたが、ルイは妻に対する夫の役目を果たそうと奮闘するも結果を出せないままだった。一七七七年四月に、ヨーゼフ二世はヴェルサイユを訪れて謎を解き明かさねばならないと考えた。そして妹夫婦と遠慮のない話しあいをした結果、最終的に次のような診断をくだした。「二人はそろいもそろってまったく不器用なのだ」。王が性に目覚めたのは遅く、目覚めてからもその欲求はひかえめなままだった。弟のプロヴァンス伯爵によれば、王は性的な本能がうまく機能していないと長く信じられていたようだ。一方、ヨーゼフ二世の証言によれば、マリー・アントワネットには「ほとんど肉体的欲望がなかった」らしい。「妹よ、夫といるとき、愛想よく愛情をこめて接していますか？（…）夫があなたにやさしくふれたり話しかけたりしているときに、冷たい態度をとったり、うわのそらでいたりしていないでしょうね？（…）退屈したようすや、ましてや不機嫌なようすなどしていないでしょうね？」

結婚当時、二人ともあまりに幼かったうえ、寝所での哀れな（しかも失敗に終わった）試みのせいで彼らはすっかり自信をなくしてしまった。宮廷の不躾《ぶしつけ》な目や冷やかし半分のまなざしに囲まれて、多くの失敗の結果、性的なことにつつしみ深い二人に恥ずかしさと罪悪感が生まれてしまった。シュテファン・ツヴァイクによるその時代のフロイト的ムードにたっぷりひたった著作にはじまり、その後多くの著者がこの夫妻のふるまいの発端はここにあるという見方を示している。いわく、ルイは性的欲求のはけ口を狩猟に求め、夫婦関係における自分の「無頓着さ」を埋めあわせようとするかのように、妻の数かぎりない気まぐれを許した。一方、アントワネットは自分のお気に入りの仲間たちとの娯楽で気をまぎらわせ、夜遊びをし、夫とすごそうともしなかった、というのだ。

すべてが解決したのは一七七七年八月なかばのことだった。王妃は母に、誇らしげにこう宣言している。「わたくしはいま、人生でもっとも大切な幸せの真っただなかにいます。わたくしたちの結婚が成就して、すでに八日以上がたちました。（…）まだ妊娠してはいないでしょうが、すくなくとも近いうちにはそうなるだろうと希望をいだいています」。王妃はまだ二一歳だった。

一七七八年一二月二〇日に、のちにマダム・ロワイヤル［王の嫡出子のうち生存している年長の娘にあたえられる称号］となる娘が生まれた。一七八一年には王太子ルイ＝ジョゼフ、一七八五年に二人目の息子——のちにルイ一七世となる——、さらにその翌年には娘のソフィーが続いた。七年以上も待ったあとで、マリー・アントワネットは王と王国に子どもたちをもたらした。最初の出産で女帝マリア・テレジアは喜んでいたにちがいない。これで娘が離縁されることはないだろう、そればかりか母になったことで宮廷での権威を手に入れたうえ、オーストリアとの同盟ももう安泰だと思われた。オーストリアは王妃が新しい地位を得たことで優位にたつことを期待していた。

## いつわりの姿

跡継ぎの誕生まで長くかかったことで、マリー・アントワネットの印象は悪くなった。自由を好み束縛されるのを嫌ったために、評判はかんばしくなかった。王太子妃のころは宮廷の若い人々とパリの劇場などに足繁く通った。王妃となってもそうした楽しみをひかえようとはせず「王国の最下位の女と同じくらい暢気にオペラ座の舞踏会を楽しむ」ことを望んだ。ゆえに、仲むつまじく高潔だが子どもがいない若き国王夫妻のイメージは輝きを失い、やがてくだけちった。ヴェルサイユでは自分の身分に求められる義務がどれほど精神的負担を強いているかをあからさまに表明し、国王ぬきで——それが多くの中傷の原因となった——パリに遊びにでかける王妃は、宮廷人にもパリ市民にも厳しく批判された。そして、自分のお気に入りの仲間を見境なく優遇したことが悪評を決定的にした。

「浮ついていて」、気ままでからかい好きで、王妃の気前のよさにつけこんでは恩恵をせがむ、といった連中をマリー・アントワネットは自分のまわりに集めてかわいがり、そうでない宮廷人たちの不利益をかえりみなかった。とりまきには義弟のアルトワのほかに、コワニー公爵、ギーヌ公爵にアデマール伯爵、ヴォードルイユ伯爵、リーニュ公――「フランスではオーストリア人、オーストリアではフランス人」――、王妃をおおいに楽しませたブザンヴァル男爵、人々が眉をひそめるほど親密な仲となったローザン公爵がいた。しかし、結局いちばんのお気に入りといえば、一七七四年から王妃付き女官長をつとめたランバル公妃、続いてポリニャック一族だった。ポリニャック伯爵夫人ヨランド・ド・ポラストロンへの寵愛は一七七五年に増大し、一五年続いた。一七八二年、夫人は王家養育係主任女官に任命されるが、これは閑職だった。夫のジュール・ド・ポリニャック伯爵は主馬頭の職をあたえられた。そして一七八〇年には公爵になった。アルトワ伯爵夫人付きの女官で、次いで王妹マダム・エリザベート付きとなる、ディアーヌ・ド・ポリニャック［ジュールの妹］とともに、この二人は王妃の友情を手に入れた。マリー・アントワネットは親交のある人々に対しては、ときに度をすごした要望にも応えてやろうとした。それは国務の範囲を超えていたのではないか？　また、ためらうことなく、大臣に懇願し、策をめぐらし、要求が通るまで王にしつこくせまった。ギーヌ公爵が有利になるようなとりはからいも、やはりマリー・アントワネットが側近の野心を介してしか政治に興味がなかったことを示している。

大貴族のギーヌはフランス大使として駐在したロンドンで、公金横領と、いまでいう「インサイダー取引」に関与した罪で告発されていた。フランスの司法は一七七一年からその訴訟の予審をはじめた。結果はだれにも予測できなかった。ギーヌを監督する立場の大臣だったデギュイヨン公爵は、部下を支援するどころか非難の声を浴びせただけに、この事件は泥沼化した。ギーヌは自分が、庇護者であるショワズールの政敵が仕組んだ陰謀の犠牲になったのだと考えた。ルイ一六世は即位後に、祖父の時代にはじまったこの複雑な事件に向きあうことになった。そして事件の中心人物ギーヌは、この事件を世論に訴えようと躍起になって、恨み辛みの攻撃的な言葉がつまった文書をばらまいた。とりまき連中にかつぎだされたマリー・アントワネットは、ギーヌのことも知らなければ事件にもまったく興味がなかったが、彼を支援するために介入した。そしてギーヌは勝訴する。王妃はそれでもなお、デギュイヨン大臣を批判しつづけた。大臣は辞任を選んだ。それでも満足しなかったマリー・アントワネットは王から彼の追放を勝ちとった。しかもその先は本人が希望したトゥーレーヌではなく、遠隔地のガスコーニュだった。王妃は自分の成功を自慢してこう書いている。「この追放は完全にわたくしが成しとげたことです」。この措置で王妃は有頂天になった。「この下劣な人物は(…)一度ならずわたくしに歯向かおうとしたのです」。世間は、王妃が大臣の任命も罷免もおこなっていることを確信した。

四年後の一七七五年、ギーヌはさらに大きな国政がらみのゴシップの種を提供した。あいかわらず大使だったが、政府の指令から逸脱したかどで召還された。フランスがスペインと王家の血縁にもとづく協約を結んでいるにもかかわらず、フランスはスペインの利益との連帯を絶つつもりである、と自分だけの判断でスペインに告げ、イギリスにはアメリカ独立戦争におけるフランスの中立を約束したのだ。ヴェルサイユでは国王顧問会議が全員一致で、ギーヌが自分勝手な外交をくりひろげたと非難したが、王直属の閣外大臣マルゼルブとその友人のテュルゴーの二人だけは公然とギーヌの罷免を求めた。これが王妃の怒りをかった。王妃は王に訴え出て、ギーヌには補償を要求し、自分が庇護しているギーヌの罷免はこの男のせいだとしてテュルゴーには戒告処分を要求した。マルゼルブは辞任し、一七七六年五月一二日に、テュルゴーが罷免され、ギーヌ伯爵は公爵に昇格した。

テュルゴーの失寵はマリー・アントワネットのせいなのだろうか？　旧体制《アンシャンレジーム》の経済と社会を改革しようという、彼が先導していた壮大な計画は、小心な君主を抑えこんだ若い王妃の気まぐれによって中断させられたのだろうか？

マリー・アントワネットはマルゼルブの入閣に反対したものの、これを阻止できなかったのは事実だが、テュルゴーの入閣には無関心だった。「公益に激しい情熱」を燃やしていたとされるテュルゴーが取り組んでいた改革の進行状況などに、彼女はいっさい興味がなかった。同業組合の排除だの、穀物の自由な流通だのは、王妃にとってどうでもいいことだった。

財務総監テュルゴーには多くの敵がいた。特権を侵害された人々、いまだに虎視眈々と復権を狙っているショワズール、テュルゴーが温めている全国的な選挙制度導入の計画を危惧する高等法院《パルルマン》、競争相手をねたむモールパ、そして最後に彼の改革にも彼本人にもついていけなくなった王がいた。「ムッシュー・テュルゴーは余になりたいのだよ。だが、余はそうなってほしくない」と、王はいらだちを隠さなかった。

テュルゴーが不興をかった一件では、王妃はよけいなおせっかいをして大騒ぎしただけだった。王妃は、自身の意向をじゃまする無礼な大臣に懲罰を声高に要求しただけであり、テュルゴーの敵があげた成果を自分の手柄にした。王妃が王にむりを言ってギーヌの昇格を勝ちとったことへの世間の評判はきわめて悪かった。世間は憤り、王妃はとりまき連中にとらわれ彼らの思うがままにされていると決めつけ、王妃の身勝手をいっせいに非難し、さらに、気まぐれな妻のいいなりになっている国王も批判した。だが世間は、この過分な昇格には巧妙なしかけがあったことを知らなかった。これは、フランスの外交の秘密を知りすぎている、つつしみのない男の口をふさぐための方策だったのだ。人気のあった大臣の罷免と、疑惑がつきまとう大貴族にあたえられた報奨を自分の手柄だと誇ることで、マリー・アントワネットは軽率にも、王妃は王に大きな影響力をおよぼしている、と世間が確信するのを助けてしまったことになる。

## 過大評価された影響力

王妃はつねに政治の舞台で存在感を示そうとしていたのだろうか？　大臣や廷臣たちが内幕を明かす話を読むと、そう信じたくなる。そういった話の著者たちは、だれそれがあの地位を得たのは当人の功績によるのではなく王妃に贔屓《ひいき》にされたからだ、別のだれそれが罷免もしくは失寵の憂き目にあったのは本人の力不足のせいではなく、やはり王妃の横槍のせいだ、と決めつけている。王妃は自分の敵ではないかと疑う公僕を自分のアパルトマンによびつけ、厳しく接していたと、と伝える者がいる。不運にも王妃にこうして叱責された人々は背をまるめ、嵐が去るのを待つしかなかった。また、王妃は妻の地位、次いで王太子の母の地位を利用して自分の目的をとげようとした、と伝える者もいる。一七七五年に王妃は老いたモールパに向かって、王のお付きのムッシュー・ド・ラヴリリエールを辞めさせたいと言った。「その仕事はムッシュー・ド・サルティーヌにお願いしたいと思います。（…）言っておきますが、わたくしの希望を今夜王に申し上げ、明日もう一度お願いするつもりです[7]」。王妃には腹のうちを隠し、王には真実を述べる、そんな二枚舌の持ち主に対して王妃は疑り深く、王がいる前で釈明を求めるのだった。

当時の多くの人々が、王妃が無遠慮に夫を扱っていたと口をそろえて証言し、その見くだした態度と敬意のなさは、王妃が王に対してもっていた影響力を示していると結論した。妻を、そしてその妻の優美さと威厳を誇りに思っていたルイ一六世が、どんなことも許してしまう寛大な夫だったのはまちがいない。王は王妃をおそれていたとさえ信じられていた。「なぜなら、王妃がいないときの気のおけない集まりでは、王は快活にふるまい、くつろいだようすさえ見せたからだ」と、ヴェリ神父は述べている。しかし、マリー・アントワネットはその軽薄さのおかげで、継続的に政治活動に参加することはなかった。頭に血がのぼりやすく、突然意見を変えたり、ある地位に候補を熱烈に推したかと思うと、翌日には同じように熱弁をふるって別の者を支持するといった具合だった。娯楽に夢中の王妃は、政治の機微を根気よく読み解く努力をするつもりもなく、決断する前に時間をかけてじっくり考えることもしなかった。政界の出世競争などにもほとんど関心がなかった。一七七七年にネッケルが財務長官に就任したときもそうであったし、一七八三年にカロンヌがその後任者となったときもその態度は変わらなかった。

当時それほど情報に通じていない人々が王妃に権力や影響力があると思いこんだのは、マリー・アントワネット自身があえて皆をだまし、そのように思いこませていたからだ。うわさ話が飛びかい、陰謀が渦巻く宮廷では、どんな決定の背景にも謀議がひそんでいると信じられていた。そんななかで、ひときわめだつ存在で、本心をいつわることを知らず、すぐに断定的な見方をしてしまいがちな王妃の登場は、宮廷人たちにとってこのうえなく好都合だったのだ。どんな昇進や失寵の背後にも、人々は王妃の関与を疑った。こうして王妃の影響力は過大評価された。真実はちがっていたのだ。マリー・アントワネットはそのことを兄への手紙で認めている。この手紙では、少し前には兄のヨーゼフ二世から「ぼんやりあたま」とよばれていた王妃が驚くべき明晰さを見せている。「わたくしは、自分が得ている信用をかいかぶっているわけではありません。とくに政治については、わたくしには王のお心を変える力などたいしてないことはわかっています。(…)見栄やいつわりではなく、実際よりずっと信用されているように人には思わせておきます。だって、そう信じてもらえなければ、わたくしの信用などずっと小さなものになってしまうでしょうから」。王妃の特性とされた軽薄さも案外それほど単純ではないと思わせるこの告白には、ほろりとさせられる。自分の影響力の限界を自覚しているのだから。王妃の言葉を続けよう。「陛下がわたくしを支持してくださらないとわかっている問題について、陛下の大臣といざこざを起こしたりすれば、わたくしは慎重だといえるでしょうか?」。マリー・アントワネットは認めていたのだ、ルイ一六世が妻に抵抗するすべを心得ていることを。

王妃がショワズールの復帰を求めると、いつも王はこばんだ。二人の意見のくいちがいは、ある日、口論に発展したらしい。ルイは王妃にこう言った、と伝えられる。「国家に必要な支配者は一人だけです。そして、マダム、その支配者は余ということになるのです」[8]

王はモールパ伯爵が一七八一年に亡くなるまで彼をそばに置いていた。王妃がこの助言者を警戒し、ときには激しく抗弁して「横暴な口調で」その権威に挑むようなことがあっても、王の信頼は変わらなかったのだ。

一七七五年にルイは戦争大臣にサン＝ジェルマン伯爵を指名したが、王妃はカストリ侯爵を推していた。一七八七年に死去したヴェルジェンヌの後任には、王はサン＝プリースト伯爵を選んだ。王妃はモンモランをつかせようとしたのだが。「王のお心にそわないことをしつこくお願いする」ことなどできなかった、と王妃は打ち明けている。一七八〇年に海軍大臣を指名しなければならなくなったとき、王妃の意見は必要なかった。なぜなら王は自分でカストリの指名を決めたからだ。

人選への介入にいく度も失敗した王妃だったが、例外が一つあった。親しい人々の圧力を受けて、戦争大臣のモンバレー伯爵の罷免を三度願い出ていた。伯爵は評判のよくない浅薄な男で、マリー・アントワネットのお気に入りを差し置いて自分の気に入った人々を昇進させるという大きなあやまちを犯していたのだ。王妃が満足を得てことはおさまったが、ピュイセギュールを推していたモールパの意向に反して、後継者にはむりやりセギュール伯爵を指名させた。王を納得させるために、一七八〇年一二月のある日、王妃は朝の七時から夫の居室に行ってモールパをよび出した。早朝の呼び出しにとまどったモールパは、王妃が選んだ候補者に対して弱々しい理由でしか反論することができなかった。「王妃はやすやすと彼を完膚なきまで打ち負かし、ほぼ黙りこませるまで追いつめた」と、ブザンヴァルは書き残している。王妃の成功は、内閣で当時ショワズール派たちにとりいろうとしていたネッケルの成功でもある、と宮廷では知られていた。しかし、セギュールが選ばれたことでブザンヴァルをはじめマリー・アントワネットのとりまきやポリニャック一族がとても満足している、といううわさはとくに広まった。ブザンヴァルは次のように喜びを語っている。「王妃は（…）望みさえすれば相手を説得し、またそれを成功させる手段の使い方を完璧に身につけておられた」。セギュールはこの時点で、王妃の直接の介入によって昇進した最初で唯一の大臣であった。

カロンヌが一七八三年に財務総監に指名されたのは、ネッケルの復帰に好意的だった王妃ではなく、むしろポリニャック一族の思惑によるものだった。王自身は、国家財政の信用を回復できるのは彼だけだと判断した。マリー・アントワネットはすぐにカロンヌに反感をいだいた。[9] 名士会を召集して財政改革を受け入れさせるという彼の決断を王妃は気に入らず、一七八七年二月の最初の会合への出席をこばんだ。カストリにうながされ、カロンヌを後継者と交代させたいマリー・アントワネットは、財務総監を罷免したいという欲望を隠そうともしなかった。総監は王のもとへ急ぎ、王妃に対する不満を打ち明けた。「ルイ一六世はまず、このような問題について王妃（ひとりの女性、と王はよんだ）が意見をもち、大胆にもこれを口にしたと知って、肩をすくめた」。それから、マリー・アントワネットをよび、大臣のいる前で叱責し、「女たちにはまったく関係ない」事柄に介入することを露骨に非難した。王は王妃の両肩を押して、まるであやまちを犯した子どものように退出させた。幻想などいだかないカロンヌは「これでわたしも終わりだ」と、独りごちた。[10] 四月八日、彼は表舞台を去った。

マリー・アントワネットの同意なく大臣になることがときとして慎重を欠く行為だったとしたら、

王妃に反発しつづけるのは――カロンヌにはわかっていたことだが――危険だったのだ。革命の嵐がわき起こる二年前、一七八七年の春に、王妃はついに政治権力を勝ちとろうとしていたのだろうか？

## オーストリア一派という幻想

マリア・テレジアは、警戒していたとはいえ娘の軽薄さと「放埒」に落胆し、娘がいつかは「王に対する影響力をうまく使う」ことができるようになるなどとは思わなかった。たしかに、メルシー大使が王妃にいくら大臣候補の名前を吹きこんでも、ほとんどうまくいったためしはなかった。マリー・アントワネットが大臣の指名に介入したとき、王妃が従ったのはオーストリアの指示ではなく、自分の気まぐれか、あるいはとりまき連中の意向だったのだ[11]。それでもなお、王妃を誹謗する攻撃文書は「王妃の一派」を不当にも「オーストリアの一派」と混同していた。だがこのオーストリア一派は、外交にかんしても成功することはなかった。マリー・アントワネットが実家の利益擁護のために起こした行動は、フランスをオーストリアにとって都合のよい、御《ぎょ》しやすい同盟国にすることには成功しなかったのだ。

忘れられがちだが、ルイ一六世は外交を自身の専権事項にした。有能で知識があり、ヴェルジェンヌの支援もじゅうぶんに受けていた彼は、この分野については明確な考えをもち、決断をくだすことができた。王は成功の可能性を評価したうえでフランスをアメリカの「反乱軍」側につけることを決め、一七七八年二月に友好条約に調印し、その七月にはイギリスに宣戦布告した。「最終的な決断をくだしたのは王だった」と、外務大臣のヴェルジェンヌは明かしている。「その決断は大臣たちの影響によるものではない。(…)陛下はわれわれにどんなことにも立ち向かえる勇気をおあたえくださったのだ、と心から言えよう」

国王の意向にマリー・アントワネットが賛意を示すことはなく、かといって反対をほのめかすこともなかった。オーストリアの実家に関係のないことに王妃は無関心のままだった。だが、兄のヨーゼフ二世が、継承問題でバイエルン公国がごたついたのを好機とみて同国を占領しようともくろんだ際に、あるいはスヘルデ川の航行を外国にも開放させようとしてオランダと争った際に、フランスの支援を確保しようとしたときには、王妃はルイ一六世の説得にあたるように実家から強い要請を受けた。

一七七七年の兄のヴェルサイユ滞在中にその兄からきつくあたられたマリー・アントワネットは、兄に恨みをもちつづけていた。ヨーゼフ二世の公務における衝動性、短気、熱しやすい性格を知っていたマリー・アントワネットは、「兄がまたばかなことをする」のではないかと心配だ、と公《おおやけ》の席でもらしている。この言葉を聞いたメルシーは怒って王妃を叱り、彼女の軽率な言動がひき起こすやっかいごとに目を向けさせた。もしも王妃が兄に対していだいている懸念がルイ一六世の大臣たちの知るところとなったら、王妃は「二つの宮廷の同盟関係を維持するために自身の信頼を用いる手段」を失うのだ、とメルシーは王妃に言い聞かせた。報告を受けたマリア・テレジアも黙っておられず、娘の情に訴えようと軽く脅《おど》しをかけた。「両国の同盟関係になにかあれば、(…)あなたをこれほどやさしく愛している母は死んでしまうでしょう」。この二つの警告でじゅうぶんだった。マリー・アントワネットは以後、オーストリア宮廷の利益のために一心につくそうとするようになったのだ。

一七七八年、ヨーゼフ二世は、自身の目的を果たすのにもっとも効果的な方法は武力であると考えた。皇帝の軍隊はバイエルンを侵略した。これに反発したプロイセンのフリードリヒ二世はただちにオーストリアに対して開戦を決めた。ヨーゼフ二世は、一七五六年から同盟国となっていたフランスからの援軍を期待していた。ところが、オーストリアの領土拡大をくい止めたいルイ一六世は、皇帝の領土拡大の野心を断固としてくじこうと決意していた。王はわざわざマリー・アントワネットの意見に耳をかし、また交渉の大筋を彼女に伝えた。またその際には、オーストリアの要求がどれほどあやふやなものか、隠そうとはしなかった。王は妻を気づかい、ヴェルジェンヌにもそうするよう頼んだ。それは甘い夫だったからではなく、マリー・アントワネットの体調をおもんばかってのことだった。王妃は待ちに待った最初の子どもを妊娠していたのだ。ルイは王妃の気にさわることはすべて遠ざけるつもりだった。王は王妃に「あなたが大きな心配事をかかえるのを見るのはつらい、皆にはあなたの苦悩をやわらげてやってもらいたい、余はいつもそのように考えていた」と言った、とメルシーは伝えている。とはいえ、彼はなに一つゆずらなかった。メルシーによれば、「王が実際におこなった以上のことをするのは王国の利益が許さなかった」のだ。

王は紛争にまきこまれるのをこばみ、バイエルンの獲得に失敗した皇帝はプロイセン王との講和条約に調印する羽目となった。ルイは王妃の自尊心を傷つけることなく彼女に抵抗するすべを心得ていた。「その状況で王妃に期待されていた的確で一貫したアプローチを彼女から得ることは、まったく不可能だった」と、マリア・テレジアの大使は認めざるをえなかった。出産が近づいていたマリー・

アントワネットはそのことで手いっぱいで、それ以上口をはさむことはなかった。一七七八年のこの年の暮れ、王妃ははじめての子どもを出産した。のちのマダム・ロワイヤルである。

一七八四年に、皇帝はまた新たに援軍を求めてきた。それはオーストリア領オランダとの貿易とアントウェルペン港に、一〇〇年以上も閉じられたままだったスヘルデ川の河口を開放するよう、オランダに要求したときのことだった。この国境線を決めた一六四八年のウエストファリア条約の保証によってフランスは仲裁者となり、翌年にまた、ヨーゼフ二世がオーストリア領オランダ――この地でハプスブルク家が歓迎されたことはなかった――と、彼がなんとしても手に入れたいバイエルンとの交換を提案したときも、フランスはふたたび仲裁者となった。

スヘルデ川河口の開放をオランダに認めさせたいヨーゼフ二世は、ふたたびフランスに調停を願い出た。王妃は夫への口利きに尽力した。涙や不安げな表情は今度は不要だった。出産によって王国でのマリー・アントワネットの地位は以前より確かなものになっており、発言には自信が感じられた。横柄な態度でヴェルジェンヌに向かい、「積極的に取り組んで同盟に対する真摯な気持ちを示す証拠を見せる」ように求めた。そのヴェルジェンヌを支持する王に対しては、戦法を変えて自尊心を刺激したり――世間の目には、王は顧問たちのあやつり人形に見えているのではありませんか?――、あるいは王相手にとんでもない大騒ぎを演じたり、もうヨーロッパ中で味方になってくれる国はなくなってしまうだろうと言ったりした。ルイ一六世はただ嵐がすぎるのを待つだけで、譲歩することはなかった。オランダに対して、フランスは皇帝側の弁護人になる気はなかったのだ。

ヨーゼフ二世は武力行使におよぼうとした。八万人の兵をオランダにまさにさしむけようとしていた。突如としてヨーロッパでは緊張が高まった。プロイセンとイギリスがオランダ側につくことを宣言した。戦争は避けられないようにみえた。パリでは、マリー・アントワネットが、フランスはオランダを支援しないと伝えることで兄をたきつけてオランダを侵略させようとしている、とまことしやかに語られた。うわさやいつわりの情報が人の集まる場所で飛びかった。王妃はサン＝クルー城の購入のための資金を着服して兄である皇帝の軍隊にまわすつもりだ、とさえいわれていた。

ヴェルサイユでは大臣たちがヨーゼフ二世のあぶなっかしい政治に断固として反対し、フランスとプロイセンの同盟をくわだてるまでになっていた。ルイ一六世は困惑した。そして義兄にあてて個人的に警告の手紙を書いたが、妻には敬意をはらってその内容を見せた。王妃は言葉づかいをやわらげるよう手直しを求めた。王は最終的な決断を顧問会議にゆだねた。そこでオランダを支持することが決定され、皇帝の軍隊に動きがあった場合は軍を動員することが決まった。ヨーゼフ二世は引き下がった。マリー・アントワネットはヴェルジェンヌとその「奸計」に激怒したが、彼女の負けだった。外交にかんして、王妃は認めざるをえなかったのだ、自分がほとんど信用されていないことを。

皇帝はこの失敗を挽回しようと、ある計画を新たに考えた。自国の領土にさらなる一貫性をもたせるためにオランダとバイエルンを交換する、というものだった。ヨーロッパの均衡を大きくくずすことになる激変に、ルイ一六世はいっそう難色を示し、ヴェルジェンヌは反対した。それでも王は妻をいたわり、義兄とことを荒立てないよう、プロイセン王やドイツの諸侯との合意があれば自分も合意する、という妙手に出た。これはつまるところ、皇帝の計画に終止符を打つことを意味した。一方ヴェルジェンヌは矛盾に満ちた言辞を弄し、表向きは中立を保っていたが、裏では、フランスの利益に反すると判断したヨーゼフ二世の野望をくじくべく画策していたのだ。王妃はオーストリア寄りの決断を王から引き出し、大臣の欺瞞をあばくことを望んだ。ゆえに、一七八四年一二月二七日に王妃は、ルイとヴェルジェンヌが協議している国王執務室に押しかけた。[12] 王妃のヴェルジェンヌに対する逆上のしかたがあまりにひどかったので、彼は辞任を申し出た。王は口を閉ざしていた。王妃と二人だけになると、ルイは妻をなんとかおちつかせようとし、あなたは誤解している、と述べ、ヴェルジェンヌを弁護した。マリー・アントワネットはふたたび持論を開陳し、またも逆上し、オーストリアとの同盟の利点をたたえ、過去にもフランスの態度のせいで兄の外交がいかに挫折したか覚えていらっしゃるでしょう、とつめよった。だが、ルイ一六世はなにも約束しようとはしなかった。

ヨーゼフ二世はこの勝負を放棄し、王妃は、陛下は大臣たちのあやつり人形だと言いつのったが、またも自分の失敗を認めざるをえなかった。

このヨーゼフ二世がもたらした難局によって人々の胸にきざみつけられたのは、皇帝の敗北というより、オーストリアとの同盟が維持されたという事実だった。当時の知識人たちはプロイセンと緊密な関係を望んでいて、オーストリアとの同盟に冷淡になっていた。世論とのあいだに溝ができていた王妃は、逆にオーストリアとの友好の存続を喜び、それは自分の「幸福と心の平安」に不可欠なのだ、と語った。人々は、ヨーゼフ二世が野望を断念するかわりに受けとる賠償を国庫から支払わせたといって王妃を非難し、彼女の不人気ぶりはさらに増した。

この非難には根拠がなく、根も葉もない誤解だったのだが、根強かった――一七九三年一〇月に革命裁判所でも裁判長がこの話をとりあげることになる。そしてこのために、王妃がか弱い夫を支配して妻の実家の利益のために王国の財源を提供している、というイメージがいっそう強化されたのだ。

しかし、事実は明白だ。つまり、王妃のたび重なる介入や大臣たちに対する激高、王を相手にした大騒ぎにもかかわらず、マリー・アントワネットはフランスの外交方針を変えることはできなかった。何度介入しようと満足のいく結果を得られたことはなかった。だが、兄である皇帝の計画に夫を参加させようとする王妃のくわだては、彼女の不人気ぶりをいっそうひどくした。大衆は王妃がヴェルジェンヌに逆上したことに憤慨し、王の顧問をうるさく攻撃したことで王妃を責めた。さらに、うわさを根拠に、王妃はルイを服従させている、大臣たちの公務をさまたげている、と信じこんだ。世論は王妃が「フランス国民を嫌っている」と非難した。人々は、外交の詳細は王妃に知らされていないという事実から目をそむけ、「ヨーゼフ二世の機嫌をそこねたくない気持ちと（…）世論をいらだたせたくないという思いのあいだでゆれうごく王妃の不安[13]」を黙殺した。

王妃自身は自分があまり信用されていないことを認めていた。兄に次のように伝えている。「正直に申し上げますと、政治のこと（外交をさしている）にはいちばん影響力がないのです」。王妃の言葉は正しかった。王国の外交がマリー・アントワネットの私室で決定されたことは一度たりともなかったのだ。

## 王妃の男

一七八五年の盛夏、新たに息子が生まれ、ノルマンディー公の称号をあたえられたその息子の母親となった王妃の幸せな日々は、突然終わりを告げた。八月一五日、首飾り事件というスキャンダルが勃発したのだ。想像を絶する詐欺事件は国家の大事件に発展し、王妃のイメージにつきまとい、王妃は無実だったにもかかわらず、まるでネッソスのシャツ［ネッソスはヘラクレスに殺されたケンタウロスの名。ネッソスの血がついたシャツを着たヘラクレスは、血にふくまれた猛毒のために命を落とす］のように不幸をもたらした。翌年の五月三一日、事件の当事者の一人であるロアン枢機卿に、王家を辱め《はずかし》ることがうれしくてたまらないパリの高等法院《パルルマン》が無罪を言いわたした。王妃は激怒した。「こちらに来て、辱めを受けた王妃、陰謀と不当な行為の犠牲者であるわたくしを、どうぞ哀れと思ってください」と、首席侍女のカンパン夫人に向かって苦しい胸の内を打ち明けるのだった。

試練は王妃を変えたのだろうか？　そのしるしをいくつか見ることができる。バイエルンがらみ最後の騒動のあと、マリー・アントワネットはオーストリアの支配から解放された。彼女は王に対する自分の影響力がたいして強くないことを認めた。精神的に成熟したらしい。嵐の気配がせまるなか、彼女は母として、そして王妃としての義務の意識を以前より強くもつようになった。

「あなたが話している相手は皇帝の妹だということをご存じないのかしら？」と、王妃はある日、彼女の気まぐれにつきあおうなどという気はさらさらない、ヴェルジェンヌを相手に激高した。「存じております」と、大臣はおだやかにこたえてから続けた。「わたくしがお話ししているのはフランスの王太子の母君だということを」

マリー・アントワネットはこの教訓を忘れなかった。彼女はハプスブルク家の人間である前に、フランス人でなければならないのだ。

ヨーゼフ二世もメルシー大使も、マリー・アントワネットの介入がほとんど無益だったことを認めざるをえなかった。彼らが大臣にしようとした候補者たちに顧問会議の扉が開かれることはなく、期待した外交上の援助もついに得られなかった。彼にとってはただ妹の無能さだけが原因だったのだ。だが皮肉にも、オーストリアがマリー・アントワネットの能力に疑念をいだいていたそのときに、彼女は王国の内政にかかわろうとしていた。

財務大臣のカロンヌが一七八七年四月八日に罷免された。王妃も彼の失脚に関与した。国庫の途方もない赤字を削減できる後継者はだれだろう？　マリー・アントワネットは、今度は候補にはしないまでも、新たなショワズールだと人から推薦されたトゥールーズの大司教、ロメニー・ド・ブリエンヌを考えていた。王は途方にくれたようすだった。だれに財務をまかせるべきかわからず、それでも妻や大臣の何人かが提案したように、ネッケルをよび出すのは頑としてこばんだ。王が動きがとれずにいると、顧問会議のメンバーたちはロメニー・ド・ブリエンヌの名前をあげた。ルイはこの高位の聖職者が神を信じていないのではないかと反感をいだいていたのだが、ほかに有能な候補もおらず、かといってネッケルには断固として反対だったので、この男を財政国務会議の議長に任命することを決めた。

マリー・アントワネットは王の顧問たちの勧告を支持しただけだったが、世間ではロメニー・ド・ブリエンヌの指名は王妃の指示だとささやかれた。こうなるとブリエンヌはまるで王妃の男に見えた。王妃が次のように明言したのではなかったか、「わたくしたちは、王によい大臣を選んでさしあげた」と？　この「わたくしたち」は王妃のことではなく、三、四人の大臣が全員一致で指名したという「わたくしたち」なのだ。王妃は自身の寵臣たちを代表して行動したのではなく――カロンヌの罷免はポリニャック一族との関係を冷えこませた――、時代のたいへんさをよく知っていたので、友情よりも王国の利益を優先し、ルイ一六世ともども、ロメニー・ド・ブリエンヌの壮挙に期待したのだ。

夫妻のあいだで見解が一致したことは目に見える形になってあらわれた。四月二三日に王が大臣を信任するための引見に、マリー・アントワネットは同席するように請われたが、これは異例の出来事だった。ブリエンヌが、自分の補佐役としてのネッケルの再起用と三部会の召集を提案すると、ルイは妻といっしょになって反対した。「改革も、経済も、王妃ともども取り組む覚悟はできています。だが、どうかお願いです、ネッケルも三部会も求めないでください」[14]。国王夫妻は二人の一体感を印象づけたかったのだ。

ルイの意向で、王妃はそれから国家の内政に介入するよううながされた。王は王妃の意見を聞き、閣僚の会合にも出席するよう求めた。ブリエンヌは彼女の支持を請い、自分の活動について報告することを怠らなかった。彼は、国王顧問会議への出席という、摂政の場合を除いてこれまでどの王妃も手にしたことのない特権を彼女にあたえることまで考えた。マリー・アントワネットはどうやら、軽薄でふまじめで浪費がすぎる王妃というイメージを払拭したかったようだ。それからは、王妃は大臣たちの意向に沿って、内廷費を減らすことに同意した。自身の費用からは九〇万リーヴルを切りつめ、王妃にかかわる一七三の職務を廃止し、側近たちにも多くの特権を放棄させた。もうトリアノンの王妃、貪欲な一派にとりまかれてぜいたくな娯楽を楽しんできた王妃ではなくなるのだろうか？　王妃の気前のよさに慣れていたとりまき連中は、彼女の倹約の姿勢に不満を隠さなかった。ブザンヴァル男爵はそれをこのように口にしている。「マダム、前日にもっていたものを翌日ももてるかどうかわからないような国で生きるなど、ぞっとします。そんなことがあるのはトルコくらいなものです[15]」

ルイ一六世が妻を内政に参加させたことは周囲を驚かせ、まるで王が実際の統治から身を引こうとしているかのように見えた。ルイはそのころ一種の鬱《うつ》をわずらっており、そのせいで無気力になっていた。はじめてのことだが、ルイまでもが不人気にみまわれた。以下のすべてがルイの落胆の原因となっていたのだ。まず、一七八七年夏に起こったパリの行政官たちの反乱と、これにともなって数々の敵意に満ちた中傷文が書かれたこと。同年一一月一九日の高等法院《パルルマン》における国王臨席の法廷で、王族であるオルレアン公が王権に意義を申し立てたこと。ブリエンヌの改革をおしすすめるための王令に端を発した騒乱が絶えないこと。それにくわえて、赤字がいっそう深刻さを増していることだった。

そこに容赦なく家族の試練ものしかかった。同じ一七八七年の六月一八日に末っ子のソフィーを、そして一二月二三日には叔母のルイーズを亡くし、王太子の健康にもあきらかな不安の兆しが見えはじめていた[16]。動揺がルイ一六世を襲った。その痕跡を次のような彼のふるまいに見ることができる。王は消耗の激しい狩猟に逃避し、酒の飲みすぎかと疑われるほどにふらつく足どりで帰還し、そのあと、メルシーによれば「節度のない食事をとり、そのせいで正気をなくして」しまったり、しょっちゅう居眠りしたりするのだった。突然泣き出す、無気力な時期が続く、長いあいだ無言でいる、といったことに数々の不安が重なり、ルイは自信と精神的な強さをなくし、無関心と憂鬱にとらわれて自分を見失った君主となってしまった。

一七八七年二月にヴェルジェンヌが死去し、ルイ一六世は二人目の助言者を失った。[17] 王はたった一人で国政の指揮をとれる状態ではなかった。同年一七八七年の八月二六日にはロメニー・ド・ブリエンヌを宰相に指名した。[18] この人事になんの役割も果たしたわけではなかったが、王妃は喜んだ。そしてブリエンヌを支持しつづけ、高等法院《パルルマン》との対決では彼を励まし、一七八八年五月八日の親裁座《リ・ド・ジュスティス》［「王がおもに高等法院で主宰する特別な会合」によって強制される法や政治の改革に賛同した。この「王の一撃」によって高等法院の主要な司法権限はとりあげられ、四七の大裁判管区にあたえられた。なかでも、勅令の登録と公告の権限は剥奪され、全員法廷［「王族と宮廷官吏からなる」に移行した。政府の権力を示す行為――「啓蒙専制君主制の最後の試み」――が王には必要だったのだろう。だが、ブリエンヌによるこのような改革を支持することに危険がともなわないはずはなかった。ブリエンヌの不人気はマリー・アントワネットに降りかかった。それが彼女の健康をむしばんだ。

中傷文の遠慮のなさはエスカレートした。司法官たちの反抗には、特権に執着する聖職者や租税に反対する貴族が味方についた。「高等法院、貴族、聖職者は王に反旗をひるがえしたのだ」と述べた国璽尚書《こくじしょうしょ》のクレチアン・フランソワ・ド・ラモワニョンは、こう予言した。「二年以内に高等法院も貴族も聖職者も存在しなくなるだろう」。君主は、反旗をひるがえすエリートたちではなく、第三身分の平民たちと手を結ぶほうを選ぶべきではないだろうか？

国庫の危機が次から次へと出来事をひき起こした。ルイ一六世は一七九二年の召集を約束することで三部会開催という障害を先送りできたと思ったが、一七八八年八月には翌年の五月一日に繰り上げて開催すると決めざるをえなくなった。八月一六日、政府はもう日常的な経費をまかなうこともできなくなった。国庫はからになり、借金できるあてもなくなった。ブリエンヌはふたたび国の支払いを停止しなければならなかった。破綻の脅威がはっきりと姿をあらわしはじめていた。王弟のアルトワ伯爵とポリニャック一族が糸を引く宮廷の陰謀が、宰相に打ち勝った。ブリエンヌは見かぎられ、八月二五日に王と王妃におしまれながら辞任した。

「わたくしは不幸です」と、後継者の任用を考えなくてはならなくなったマリー・アントワネットは心の内を打ち明けた。そして、王をさして、「わたくしの上に立つかたはいま、そのような状態になく、わたくしといえば、人々がなにを言おうと、そして何が起ころうと、二番手の立場でしかなく、一番手のお立場である王は、わたくしを信頼してくださっているにもかかわらず、その言動をとおしていく度となく、わたくしが二番手であることを悟らせています」と書いている。王権をだれにも渡すまいとする夫の代理をつとめることはかなわないままに、夫の優柔不断と弱さゆえに、深刻な状況にたった一人で立ち向かうことを余儀なくされた王妃の悲劇的な告白である。政府の活動を調整していた宰相を失って、依然として抑鬱症で言葉も失っていたルイ一六世は、まるで麻痺してしまったようだった。窮地を脱するための決断をし、世論を転じようと試みるのは、マリー・アントワネットに託された。救いを求めるべきはネッケルしかいないと彼女は考え、王が嫌悪感を示そうとも、復帰に向けて働きかけた結果、ネッケルは八月二六日に着任した。王妃はついでに、大衆の人気も挽回することができるだろうか?

元財務長官のネッケルは王からの通達を受けとった——手渡したのは王妃であるが。それには、一七八一年には出席がかなわなかった国王顧問会議に今回はその一員として迎えられると書かれていた。二七日にネッケルが王に拝謁したのは王妃の居室であり、そこには王妃本人もいた。ルイは困惑というより、打ちひしがれて気むずかしい表情だった。彼はもう思いどおりに人選はできないことを認めていた。「余はネッケルをよびもどすように圧力をかけられた。そうしたくはなかったのだが。だが、近い将来、ネッケルを推した人たちは後悔することだろう。余は彼が言うことはなんでもするつもりだ。どういう結果になるかはそのうちわかるだろう」。ジュネーヴ出身のネッケルは実質的に宰相となる。人々はすでに、この人選を愚弄し、君主をばかにしていた。「フランス国王のムッシュー・ネッケルのご登場だ」と、ミラボーは皮肉った。

　マリー・アントワネットは今回、はじめて重大な決断をくだし、夫になり代わって行動しただけでなく、夫の意向とは異なる新大臣ネッケルの人事を認めさせた[19]。国王は、なんでも妻に相談するようになり、その年の暮れには顧問会議への出席を認めた。若き日の王妃が自分のお気に入りの人物に大臣の職務をあたえようとしてなかなかうまくいかなかったころとは、隔世の感がある！　夫を相手に大騒ぎしては、妻を気遣う夫にうまくやりすごされていたものだが、それもなんと遠い昔の話となったことか！　マリー・アントワネットは政治の経験も、危機をのりこえるための専門的な解決策ももちあわせていなかったが、目の前の嵐に向きあおうと努め、救えるものは救いたいと願っていたのだ。不安がなかったわけではない。メルシーにこう書き送っている。「ネッケルを復帰させたのはわたくしだということに震えおののいております。不幸をもたらすのがわたくしの運命なのです。もしもひどい陰謀によって彼がまたも失脚する、あるいは王の権威をおとしめるようなことがあれば、わたくしはもっと嫌われるでしょう」。マリー・アントワネットは、夫がまだ絶対君主だったころは何者でもなかった。だが、君主がもう何者でもなくなったとき、王妃は何者かになったのだ。

## 動乱のなかで深まる絆《きずな》

王妃の予想は的中した。ヴェルサイユ行進とよばれる暴動が勃発した一〇月までの五か月のあいだに、王妃への反感はどんどん高まっていった。三部会の開会を翌日にひかえた一七八九年五月四日、三部会へ向かう行列を前に、王が喝采で迎えられたのに対し、王妃に向けられたのは敵意に満ちた沈黙だった。ミサでおこなわれた説教で、司教が宮廷の浪費とそこで利益をむさぼる貪欲な宮廷人たちを告発すると、自分のことを話しているのだと王妃にはすぐにわかった。それから憎悪は手がつけられなくなった。バスティーユ襲撃の翌日、王妃の首には賞金がかけられた。一〇月六日には人々は口々に「オーストリア女に死を!」と叫び、連日、彼女がいわゆる「貴族の陰謀」の首謀者であると言い立てた。

一七八九年六月、第三身分の議員たちは貴族と聖職者の代表を自分たちの側につけ、王妃はネッケルが提案した緩和策である譲歩をすべて拒否した。一七日に、第三身分の議員たちが自分たちが国民議会であると宣言すると、王はマルリで召集した顧問会議で宰相の提案にしたがおうとした。しかしマリー・アントワネットは前例のない行動に出て会議を中断させ、王に自分のところに来てくれるよう頼んだ。王妃は義弟のアルトワとともに一時間をかけて、いっさい譲歩しないように夫を説得した。

七月一一日にネッケルが罷免され、王妃は満足した。顧問会議で王妃が考えていたのは、自分たちは国家を体現しているなどと主張する連中［国民議会］に仕返しをすることだけだった。外国人の連隊が集結してパリを包囲し、国王一家の安全を守るという案に賛同し、寵臣たちには亡命を命じ、王さえ従ってくれるなら自分もヴェルサイユを離れるつもりだった。そして、親衛隊の宴会に嬉々として姿を現わしたが、これは一〇月五日と六日のヴェルサイユ行進の際にパリ市民たちが国王一家をパリまで連行するための口実となる［一〇月一日にヴェルサイユ宮殿の歌劇場で親衛隊が宴会を開き、これに国王夫妻と王太子が出席した。この際に兵士たちが革命の象徴となる三色帽章をふみにじり、国民議会を罵倒した、といううわさが流れて革命派をいたく刺激した］。王妃は反革命陣営につくことを選んだ。世論は、王妃が武力に頼ろうとしている、パリ市民を飢えさせようとしている、それどころか国民議会を粉砕しようとしている、王に毒を盛ってその地位を奪おうとしているなどと主張し、彼女の有害な影響力を言い立てて口をきわめて非難した。

時間と忍耐。マリー・アントワネットによると、この二つが、また革命の騒乱が起きるのではとの恐怖に押しつぶされながら、テュイルリー宮で監視下に置かれて暮らすことを余儀なくされた国王夫妻の味方であった。苦難のときがすぎると、夫妻はパリ市民の信頼を得ようと努めた。ルイは作成中の憲法に従うことを公式に宣言し、妻も同意している、と表明した。そして、一七九〇年二月の議会で「余と同じ意見である王妃と力を合わせて、王太子には早い時期から、この状況から生まれる新しい秩序に精神と心を慣れさせるつもりである」と明言した。マリー・アントワネットは、パリの人々の前に姿をあらわしたとき、ドイツ語で話しかけられてもその言葉がわからないふりをした。まるで、フランス人になった王妃が母語を忘れてしまったかのように。

夫妻は本心をいつわっていなかったのだろうか？ ほんとうに新生フランスの成功を願っていたのだろうか？ 一部の人々はそのように信じようとした。ルイは議会が可決したさまざまな方策を承認したし、夫妻はトリノに亡命したアルトワ伯爵の攻撃的な宣言を強く非難したではないか。一方で、それとは反対に、疑いをいだき、王妃の身辺には「オーストリア委員会［オーストリアロビー］」というものが存在して、武力に訴えようとしているのでは、と想像をたくましくする人々もいた。実際には、ルイもマリー・アントワネットも自分たちの安全の心配だけでせいいっぱいで、政治に関与するどころではなかった。逆に彼らが取り組んでいたのは、憲法が許す範囲で、わずかでも権威回復に役立つ手段を利用することだったのだ。

しかし、国民議会の審議を王権強化の方向にもっていくためには、議員のなかに協力者を確保する必要があった。そこへミラボーが国王夫妻への助力を申し出た。この弁舌にすぐれた男の政治的理想は強力な行政機関をそなえた立憲君主制であり、彼は自分が首相となってこうした体制を支えるという大望をいだいていた。反革命と人民による独裁、そのどちらにも反感をもっていたこの男は、君主制と革命の融合を実現したいと考えていた。思いもかけない考えに驚愕した国王夫妻だったが、驚きがおさまると提案を受け入れた。ルイ一六世は、仲介役となる、ミラボー議員の友人でベルギーの大貴族のラマルク伯爵との会見の手配を妻にまかせた。

一七九〇年四月、協定が結ばれた。ミラボーはしかるべき報酬を受けとったうえで、議会での審議の方向を王に有利になるように誘導する、と約束した。そして王よりは監視の少ない王妃に、審議中の問題について定期的に情報を提供し、ある戦略を進言した。最初の覚え書きがマリー・アントワネットに届いたのは五月一〇日だった。ついで七月三日には、王妃は――王も臨席していた――ミラボーとサン＝クルーで極秘裏に会見した。四日後に王妃から兄の皇帝レオポルト二世に送られた手紙には、この奇妙な連携の成功に希望をいだいていること――「すべて解決するでしょう」――、そして、自分たち夫婦の考えが一致していること――「時とともにすべてうまくいくと、わたくしは期待しています」――が書かれていた。マリー・アントワネットは自分ひとりの考えでことを運んでいたのではない。夫と二人で同じ行動をとっていたのだ。夫妻は希望を見い出した。一七九〇年七月一四日の全国連盟祭〔革命一周年を祝う式典〕で、王妃が王太子をつれてあらわれると、群集は歓呼の声をあげて迎えた。「国王万歳、王妃万歳！」

季節は移り、秋は春に芽生えた期待を裏切った。議会の「愛国心に燃えて」革命を支持する議員たちは、ミラボーの努力もむなしく、ただでさえ憲法制定国民議会の委員会がきそって削減した王権を、さらに制限した。ルイは、教皇が強く批判した、聖職者民事基本法を裁可したことに責任を感じていた。聖職者に忠誠の宣誓を求めたことが引き金となって反乱が起き、税収はとどこおり、アッシニア紙幣の価値は下落した。「わが国はまたも混乱とひどい不信におちいったのです」と、王妃は書いている。国王夫妻の心配が増す一方で、パリ市民の不信感も増大した。王の誠実さが疑われ、王妃の規律に従うとされる「オーストリア委員会」が批判を浴びた。亡命という考えが夫妻のあいだで現実味をおびた。ミラボーがその実現に向けて動いた。だが、彼は一七九一年四月二日に急死する。同月一八日、王と王妃が前年の夏をすごしたサン＝クルー城への行幸に出発しようとすると、民衆のデモがそれを阻止した。もはや身の安全が保証されないなかで、夫妻はモンメディ［ロレーヌ地方］へ向かうことになった。マリー・アントワネットは、スウェーデン人のアクセル・フォン・フェルセン伯爵の助けを借りて、旅の手はずを整えた。そして、この亡命が六月二〇日夜にヴァレンヌで頓挫したことはだれもが知るとおりである。

パリに戻った王と王妃は退位をせまられるのをおそれ、王位を守り、逃亡であやうくなった権力をなんとかとりもどすために、ミラボーのかわりとなる人物を見つけようと努めた。マリー・アントワネットは、国王一家をヴァレンヌからつれもどす役として議会から指名された議員のバルナーヴに探りを入れた。パリに戻るベルリン型箱馬車のなかで、王妃に心を動かされたバルナーヴは彼女に話しかけた。このときの会話によりマリー・アントワネットは、このグルノーブル出身の若い法律家、バルナーヴがその同志であるアドリアン・デュポールとアレクサンドル・ド・ラメットとともに――三頭派である――君主制を守るために国王夫妻に接近する用意があることを理解した。自分と内密に連絡をかわすことにバルナーヴを同意させるのに、たいした苦労はなかった。こうしてバルナーヴは国王夫妻の陰の顧問となった。なぜそれほど危険なとりきめをしたのかを理解するのに、議員が不幸な王妃に恋心をいだいたなどと想像する必要はない。政治的な思惑だけでじゅうぶんに説明がつく。バルナーヴが率いる穏健派の流れには、憲法を改正して国民と融和を果たす国王の存在が必要だったのだ。革命の激化を背景に、三頭派の存続はこのことにかかっていた。

王妃は自分の考えはつねにバルナーヴに伝えると約束した。一方、彼は王妃に、国王夫妻にかんして議会で発言された内容を報告した。王妃は穏健派を信頼すると約束し、彼のほうはおしげもなく助言し、王には立憲君主の役割を真摯に受け入れるようせまり、王妃には、兄であるオーストリア皇帝に新体制を認めさせるよう説得することをすすめた。この同盟関係は実を結ぶ。国王一家の逃亡について調べていた調査委員会が、明白な事実に反して、王は「拉致」されたのだとの判断をくだし、フランス国民がどれほど君主制に愛着があるかを強調し、憲法に君主の不可侵権を書きこむよう命じたのだ。ロベスピエールとダントンの反対と、パリ市民の憤慨にもかかわらず、バルナーヴの努力は功を奏し、議会は国王の不可侵を宣言した。バルナーヴは言っていた。「だれもが感じているはずです。皆の共通の利益とは、革命が終わることである、と[20]」

一七九一年の七月から一二月にかけて、バルナーヴは王の公《おおやけ》の政治方針を指南し、演説を代筆した。こうしたバルナーヴの画策にマリー・アントワネットは真摯に向きあっていたのだろうか？　王妃は手紙のなかで、バルナーヴから得られる成果がとぼしい、とことあるごとに不満をもらし、彼の忠告に耳を傾けるふりをよそおい、妥協を知らぬ政治方針の信奉者であるフェルセンと連絡をとりつづけていながら、ほかに自分たちを支持してくれる者はいないと言いきって、バルナーヴにうそをついていた。王妃とバルナーヴとのやりとりは一方通行であった。王妃は情報と支援を得ることを期待し、各国の宮廷から救援をえられるのではという希望のもとに時間をかせごうとし、バルナーヴ側にほとんどなにもあたえず、過大な期待をよせ、まもなく仲間を裏切ったとして告発されることになるバルナーヴの運命に無関心であった。

バルナーヴの助言はやがて王妃をいらだたせるようになった。バルナーヴも王妃が彼をあざむいていることを知った。バルナーヴの指示で、王妃は兄であるオーストリア皇帝にあてて、ルイは平和を愛するがゆえに新体制に賛同するのだと説明する手紙を書いたのだが、同時に、メルシーあてに次のような書簡を送っていた。「わたくしは、当地の党派のリーダーたちの望みに従うしかないのだと思います。彼らが手紙の草稿を寄こしたのです」。外国の友人たちには、非常識にもこう打ち明けている。「せめてもう少しのあいだ、わたくしが彼らの考えに全面的に賛成していると信じさせておくことが、わたくしにはとても大切なことなのです」。国王夫妻は、バルナーヴや、さらに立憲君主制をかかげる王党派たちがいなくてもやっていけると思っていた。バルナーヴははじめからずっとだまされていたことを知った。こうして連携は終わった。

## 二枚舌の政治

人はとかくマリー・アントワネットに反革命の中心人物という役をあてはめがちで、最悪の政治方針を選んだのも彼女だ、とさえ思いこむ傾向にある。王妃がまるで、無気力な王のかたわらで、まだ救えるかもしれないものをたった一人で守ろうとしていたかのように。実際はそうではない。気質の異なる二人だったが、ルイとマリー・アントワネットは、新生フランスの命運については似たような見方をしていた。表向きは、一七九一年九月三日に議会が可決した憲法に賛同していた。同月一四日、王妃も臨席のもと、憲法を遵守するとの宣誓をおこなった。この憲法は、フランス国王ならぬ「フランス人たちの王」が、国家機構のなかで要《かなめ》の役割を担いつづけることを許すものだとはいえ、主権を国王から国民に移し、王権の大半を剥奪するものだった。ルイもマリー・アントワネットも状況に屈した。二人ともこの憲法を、神がモーゼにあたえた「律法の石板」のように絶対的価値のあるものとは認めていなかった。適用されれば、たちまち欠陥を露呈するだろう、と彼らは考えた。一二月に入るとすぐに、王はブルトゥイユ男爵にあてた手紙のなかで、憲法について「不条理かつ不快であり、余をかつてのポーランド王よりも下におとしめるもの」と表現した。一方、王妃は「傲慢で、ありえない不条理だらけの代物」とよんで対決姿勢を示した。

夫妻は、憲法に対する見方と同様に、亡命者《エミグレ》に対する態度も共有していた。王は、亡命者を強制的に帰国させる政令の裁可を議会に対して拒否していたが、それでも国外に出た弟たち、プロヴァンスとアルトワの支離滅裂な声明や自殺行為に等しい計画には——王妃ともども——反対していた。すなわちルイは、国王一家を国外に逃がしパリを奪回する、という反革命派の一斉蜂起の考えはあきらめるようアルトワに厳命した。たしかに、この計画がもしも実行されれば、国王夫妻の安全をおびやかし、テュイルリーで暮らす二人が推進している政治活動を混乱させたはずだ。

その反面、神聖ローマ帝国の諸侯、トリーア選帝侯とマインツ選帝侯に亡命者の集まりの分散を命じるよう、議員たちが王にうながすと、国王夫妻は議会の要望に従うふりをした。この最後通牒が王侯たちから拒絶されることをひそかに願っていたルイは、ただちに諸外国の宮廷を安心させることに努め、「ほかにどうすることもできない」状況が言わせたことだと釈明しつつ、「余のためにしてくれることがあるなら、どんなことでも喜びと感謝の念をもって受けとるだろう」と伝えた。一七九〇年からオーストリアとは内密に連絡をとりあっていたマリー・アントワネットも同様に、君主間の連帯に期待していた。メルシーへの手紙に書いている。「わたくしたちの運命は完全に皇帝の手ににぎられることになるのです。わたくしたちの未来は皇帝にかかっています。ですから皇帝には、ご自身がわたくしたちの兄であり、真の友人であり、王の盟友であることを示していただきたいのです」

これと似たようなどっちつかずのあいまいさが、一七九二年四月二〇日の立法議会でルイ一六世が提案し、議会を熱狂させた、ボヘミア王でハンガリー王、そしてマリー・アントワネットの甥でもある若きフランツ二世への宣戦布告にも、大いに影を落としていた。勝っても負けても、戦争はルイにとって王国内での自分の権威を回復するのにもっともよい方法だと思われた。彼の計算は王妃の賛同を得た。マリー・アントワネットは好戦的な愛国者たちをさして「あの愚かな人たちは、それがわたくしたちのためになることがわかっていないのです」と、フェルセンに書き送っている。国王夫妻は、勝利は「まずありえない」と可能性を否定した。フランスは、遠征のまねごとですらやりとげることができないだろうから。「ちゃんとした軍隊もなく、統制もなく、お金もない。わたくしたちが攻撃したいくらいです！」と、マリー・アントワネットは皮肉った。

二人とも「諸外国と（自分たちの）関係をけっして悟らせない」ことがもっとも大切だと考え、もののみごとに本心を隠してみせた。そして、軍事行動がはじまるや、王妃はさっそくメルシーやフェルセンに部隊の動向についての情報を伝えていたのだ。「こちらが昨日の顧問会議の結果です」と、オーストリア大使に書き送っている。「ムッシュー・デュムーリエ（外務担当大臣）は最初の攻撃を、サヴォワとリエージュ地方の双方からはじめる計画です。後者の攻撃を担うことになるのはラファイエットが率いる軍です。（…）防御を固め、適切な措置を講じるために、この計画を知っておくのはよいことです」。一方でフェルセンには、王妃ははっきり述べている。「トリノにはわたくしが三週間前から警告しています」

王妃は一七九一年の秋から、ヨーロッパの君主たちがフランス革命を打破するために集う軍事同盟の結成を願っていた。ルイ一六世がおこなった憲法遵守の宣誓は各国の君主を驚かせ、怒りをかったので、マリー・アントワネットは信頼をとりもどす役割を夫から託された。ゆえに、王妃はマドリード、ストックホルム、サンクトペテルブルク、あるいはウィーンの宮廷に手紙や使者をひんぱんに送り、ルイが本音と建前の二枚舌を使う必要にせまられていることを告白し、救援を求めた。「皇帝が力、それも堂々たる力をもって、ほかの列強国のリーダーとなられますように。そうすればこちらではみな震えあがることでしょう」と、一七九二年二月に兄に書き送っている［兄のレオポルト二世は一七九二年三月一日に死去し、その息子のフランツ二世が即位する］。

そして、六月二〇日に群集がテュイルリー宮に侵入した事件に恐怖を感じた王妃は、その後まもなく七月四日に救援を求める緊急の要請をおこなった。オーストリアとプロイセンが、王国に見せしめとなるような罰をあたえると宣言して威圧してくれますように！　なぜなら「反体制派の人々はどんなことをしてでも共和制を手に入れたいのです。そのために、王を殺害すると決意しているのです」[21]。二四日には、国王一家にしのびよる死の影に日増しに不安がつのっていた王妃は、再度救援をよびかけた。王妃の考えでは、諸列強国が脅威をあたえるような声明を出せば「たくさんの人々が王のもとに駆けつけ、王は守られる」はずだった。二八日、その三日前にブラウンシュヴァイク公爵の名のもとに宣言が出されたことがパリ市民の知るところとなる。その内容は、もし少しでも王に危害がおよぶようなことがあれば、パリを全面的に破壊するという脅迫だった。この物騒な宣言がもたらしたのは、求めていたのとは逆の結果だった。このときからルイは、すべての人の目に国家の敵たちの共犯者とうつるようになったのだ。この宣言が、君主制を終焉に導いた八月一〇日事件［軍隊と群衆がテュイルリー宮を襲撃し、スイス衛兵を虐殺した。命からがら逃げ出して国民議会に助けを求めた国王一家はタンプル塔に移され、幽閉される］をひき起こしたのでなかったとしても、きっかけとなったことはまちがいない。このことに対する王と王妃の責任は、五分五分だったのだろうか？

ふだんは足なみのそろった国王夫妻だったが、奪回をもくろむその権威の性質については立場が分かれていた。ルイは、穏健派と折りあい、王位を守り、またみずからの権威を強固にするために、「どれほど嫌悪を感じようとも」、むりやり押しつけられた新体制をできるかぎり有効に利用したいと思っていたようだ。彼が諸外国の君主から期待していた宣言は、王国に容赦ない報復のおどしをかけたり、憲法の廃止を命じたりするものではなかった。ルイにとっては、不穏なサンキュロット［貧民層が多い過激な共和派］と国民を切り離して考慮する宣言でじゅうぶんだった。ジャン＝クリスティアン・プティフィスの指摘によれば、ルイ一六世が思い描いていたのは立憲君主制であって、絶対君主制ではなかった[22]。ところが、七月の末にパリ市民が知るところとなった宣言は、王の計画とはかけ離れたものだっただけでなく、過激でもあった。こうなった責任の一端は、マリー・アントワネットにあった。王妃が同盟軍の支援を得てとりもどしたいと願っていた政治的権力とは、完全無欠な王権だった。一七八九年以前の王権、反革命の権力、ブルボン王家の絶対主義的権力だ。政治家としてのセンスがあったルイは、そのような権力の再生は、不可能ではないとしても困難だとわかっていた。激しやすく復讐心に燃える王妃は、外国からの精鋭部隊があれば、四年にわたる激変もまたたくまになかったことにできると信じていた。これが、革命の悲劇に翻弄された夫妻のたった一つの相違だった。

## 悲痛なエピローグ

一七九三年一〇月一二日の夕刻、裁判長のエルマンが元国王夫妻の偽善的な二枚舌をあばくときがきた。王妃にそのつもりはなくとも、夫の精神をわがものにしていたというパンフレットの告発が不当だったとしても、裁判官はマリー・アントワネットが権力をとりもどすために演じた重大な役割を見誤ることはなかった。現代の歴史家の見解は次のように一致している。それは、ヴァレンヌから戻ってからのマリー・アントワネットは、ルイのかたわらで本物の大臣の位置を占め、情報提供者を使い、彼らからの助言を検討し、たえず連絡をとり、自分の意見を発信しようとしていた、というものだ。王と王妃は隠密工作の達人となったのだ。

この二人の誠実さの欠如は、この時代でももっとも洞察力のある人々が気づくところとなった。たとえば、ロラン夫人は、君主の「みじめでけちくさい陰謀」と「率直ではないやり方と人をあざむくふるまい」を指摘している。マリー・アントワネットは、うそをつくあまり自分を見失うことがあると、何度か認めている。「ときおり自分の言っていることが聞こえなくなって、話しているのがほんとうに自分なのか考えなければならないことがあるのです。でも仕方ありません。こうすることは必要なのです。なぜなら、このようにふるまわないかぎり、わたくしたちはいまよりももっと悪い立場に追いこまれていたでしょうから。すくなくともそれで時間はかせげるでしょうし、必要なのはそれだけです」[23]

ルイとマリー・アントワネットは、憲法が行政権のトップに認めているかぎられた職権を最大限に活用するために、国王と国家のよい関係をとりもどしたいと願うミラボー、ついでバルナーヴに賛同しているように思われた。だが、こうした同盟関係が見せかけにすぎなかったことは、見てきたとおりだ。王妃は一七九一年一二月にフェルセンに打ち明けている。「いつの日か、あの乞食のような連中にわたくしはだまされなかった、と明かすことができる日が来れば、なんとうれしいことでしょう」。共和制を志向する急進派を遠ざけ、おびやかされる自分たちの命を守るために、国王夫妻は諸外国の宮廷とその軍隊を頼りにした。ウィーンにいる家族と連絡をとりあったことはないと答えたとき、王妃は革命裁判所の裁判長にうそをついていたのだ。実家に援助を求め、情報を提供することで実家が勝利するのを助けようとした。

一七九二年八月一〇日、議会は王権を停止した。これは、君主制の廃止へと向かう前ぶれだった。三日後、国王一家はタンプル塔に幽閉された。ルイは一〇月に家族から引き離され、一一月には裁判にかけられて、翌年の一月二一日にギロチンに果てた。「カペー未亡人」の受難は一七九三年まで続く。「オーストリア女」はこの年の一〇月一六日に死刑台にのぼった。夫妻が統治した期間は一八年間だった。

側近たちの出世を遊び道具にした、行動に一貫性のない「ぼんやりあたま」の王太子妃、そして大臣の任命や罷免に介入を試みるもほとんどうまくいかず、故国の利益になるようフランスの外交をあやつろうとするも失敗に終わった若き王妃は、一七八七年以降は、君主制国家の破綻とその回復の必要性を自覚している成熟した女性、そして革命というできごとをできるだけ早く終わらせるために、その状況のなかで許された武器を使って戦いをいどんだ王妃へと変貌をとげた。若く軽薄なマリー・アントワネットの思いつきと行動に、王はしょっちゅう苛《いら》だちをおぼえたものだった。自分の子どもを産んでくれたマリー・アントワネットを尊重したルイは、以前よりも妻の助言に耳を傾けるようになったが、彼女が自分に代わって決定をくだすことはけっして認めなかった。革命のあいだにマリー・アントワネットが見せた、夫と方向性を同じくする見解と積極的な協力体制は、逆境に直面した夫妻がかたくひとつに結ばれたことを明らかにしたのだが、それでも、二人をおそい、やがてのみこむ運命の流れを止めることはできなかった。

後世の人々はこの夫と妻を同じようにはあつかわなかった。たしかに、ブルボン王家がフランスの王位に返り咲いたとき、ルイ一六世とマリー・アントワネットは二人して崇敬の対象となった。一八一五年一月、彼らの遺体はサン＝ドゥニに埋葬するために掘り出された。パリでは同じころ、かつて国王夫妻の亡骸《なきがら》が投げこまれたマドレーヌ墓地の一角で、ルイ一八世が費用を負担して建設される贖罪礼拝堂の工事がはじまり、一八二五年にその完成を祝う式典が催された。受難の王に敬意を表して多くの記念建造物の計画が検討されたが、王妃も忘れられることはなかった。彼女ひとりの思い出に捧げられる聖地となるべく、コンシエルジュリに残された不衛生な独房が一八一六年に礼拝堂に改装された。一八三〇年の七月革命のあと夫妻への敬愛には陰りが出て、王と王妃それぞれのあつかいに違いが生じるようになる。ルイがその弱さと優柔不断さから――彼についてはフローベールの著書『紋切型辞典』に次のような記述がある。「ルイ一六世。あの薄幸の君主、とつねに言うべし」――君主制を崩壊させた王として戯画化された一方で、マリー・アントワネットは悲劇のヒロインに仕立て上げられた。それに一役かったのが、第二帝政を開いたナポレオン三世の妻、ウジェニー皇后が熱心に王妃の遺品などを集めたことだった。一八六七年に万国博覧会の一環として、村里《アモー》の羊飼い娘ごっこを楽しんだトリアノンの女主人を回顧する展覧会が開かれたのは、ウジェニー皇后のおかげだ。その後評価は逆転する。気まぐれで軽薄な王妃の運命は彼女自身がまねいた結果であり、君主制の崩壊はその無分別のせいだったとされる一方で、王はといえば、以前は思いもしなかった個人的資質が認知され、世間の受けがよくなった。長いあいだ他人同士のようだったこの二人は、人々の記憶のなかで離ればなれのままとどまるように運命づけられたかのようである。

〈原注〉

1　王妃の伝記には、Pierre de Nolhac (1890, rééd. 1929)、Stefan Zweig (Grasset, 1934, Le Livre de Poche, 1961)、André Castelot (Librairie académique Perrin, 1962)などがあり、さらに近年のEvelyne Lever (Fayard, 1991)とSimone Bertière (Editions de Fallois, 2002)からは本書にも数多く引用している。ルイ一六世の主要な伝記には、Pierre Lafue (Hachette, 1942)、Bernard Faÿ (Perrin, 1966)、Evelyne Lever (Fayard, 1985)、Jean-François Chiappe (Perrin, 1987-1989)、Jean de Viguerie (Le

Rocher, 2003)、Jean-Christian Petitfils (Perrin, 2005)、Bernard Vincent (Gallimard, 2006)がある。Joël Félixの大著、*Louis XVI et Marie-Antoinette. Un couple en politique*, Paris, Payot, 2006も本書執筆の参考にさせていただいた。［邦訳書は、シュテファン・ツヴァイク『マリー・アントワネット』上・下、中野京子訳、角川書店、二〇〇七年。アンドレ・カストロ『マリ・アントワネット』1・2、村上光彦訳、みすず書房、一九七二年。エヴリーヌ・ルヴェ『王妃マリー・アントワネット』、塚本哲也監修、遠藤ゆかり訳、創元社、二〇〇一年。ジャン＝クリスチャン・プティフィス『ルイ十六世』上・下、小倉孝誠監修、玉田敦子ほか訳、中央公論新社、二〇〇八年。ベルナール・ヴァンサン『ルイ16世』、神田順子訳、祥伝社、二〇一〇年、ほか多数］

2　ルイ一三世とルイ一四世はスペイン・ハプスブルク家から妃を迎えた。ルイ一三世の王妃はフェリペ三世の娘アンヌ・ドートリッシュ、ルイ一四世の王妃はフェリペ四世の娘マリー＝テレーズ・ドートリッシュである。

3　ブルゴーニュ公ルイ＝ジョゼフ＝グザヴィエは一七五一年に生まれ、一七六一年に一〇歳で死亡した。

4　Evelyne Lever、前掲書、p. 123.

5　Bernard Vincent、前掲書、p. 102.

6　Simone Bertière、前掲書、p. 200-202.

7　Abbé de Véri, *Journal*, 2 vol., t. I, éd. Jehan de Witte, Paris, 1928, p. 315.

8　Joël Félix、前掲書、p. 205.

9　大臣は一七八四年に、王妃が手に入れたがっているサン＝クルー城を国家予算で購入することに反対した。結局は王妃が一個人として購入した。

10　Jean-Christian Petitfils、前掲書、p. 557.

11 Simone Bertière、前掲書、p. 379.

12 Evelyne Lever、前掲書、p. 347-352.

13 Joël Félix、前掲書、p. 316.

14 Jean-Christian Petitfils、前掲書、p. 561. 本書では強調されている。

15 Besenval (baron Pierre Victor de), *Mémoires*, éd. F. Barrière, Paris, 1857, p. 305-306.

16 ルイ＝ジョゼフは一七八九年六月四日に死去した。

17 一人目の助言者だったモールパは一七八一年に死去している。

18 公式の役職名はprincipal ministreだったが、Premier ministreの表記の使用が定着した。

19 Evelyne Lever、前掲書、p. 448.

20 Patrice Gueniffey, *Histoires de la Révolution et de l'Empire*, chap. IV, « Terminer la Révolution ? Barnave et les Feuillants », Paris, Perrin, « Tempus », 2011, p. 125-156.

21 Joël Félix、前掲書、p. 579-580.

22 Jean-Christian Petitfils、前掲書、p. 862-863.

23 Joël Félix、前掲書、p. 565.

◆著者略歴◆
ジャン=フランソワ・ソルノン（Jean-François Solnon）
フランシュ・コンテ大学名誉教授。近代史が専門で、旧体制《アンシャンレジーム》のもっともすぐれた研究者のひとりである。著書に、『君主たちの嗜好』、『アンリ3世伝』、『カトリーヌ・ド・メディシス伝』、『ルイ14世——伝説と真実』、『ヴェルサイユ宮殿——39の伝説とその真実』（土居佳代子訳、原書房）ほか多数。

◆訳者略歴◆
神田順子（かんだ・じゅんこ）…まえがき、2、4、5章担当
フランス語通訳・翻訳家。上智大学外国語学部フランス語学科卒業。訳書に、ラズロ『塩の博物誌』（東京書籍）、ペルニエ=パリエス『ダライラマ 真実の肖像』（二玄社）、ヴァンサン『ルイ16世』、ドゥデ『チャーチル』（以上、祥伝社）、共訳書に、デュクレ『女と独裁者——愛欲と権力の世界史』（柏書房）、ビュイッソンほか『王妃たちの最期の日々』、ラフィ『カストロ』、ゲニフェイほか『王たちの最期の日々』、ビュイッソンほか『敗者が変えた世界史』、ビュイッソン『暗殺が変えた世界史』、ゲズ『独裁者が変えた世界史』、バタジオンほか『「悪」が変えた世界史』、ドゥコー『傑物が変えた世界史』（以上、原書房）、コルナバス『地政学世界地図』（監訳、東京書籍）などがある。

松尾真奈美（まつお・まなみ）…1、6章担当
大阪大学文学部文学科仏文学専攻卒業。神戸女学院大学大学院文学研究科英文学専攻（通訳翻訳コース）修了。翻訳家。共訳書に、ゲズ『独裁者が変えた世界史』、バタジオンほか『「悪」が変えた世界史』、ドゥコー『傑物が変えた世界史』（以上、原書房）がある。

田辺希久子（たなべ・きくこ）…3章担当
青山学院大学大学院国際政治経済研究科修了。翻訳家。最近の訳書に、グッドマン『真のダイバーシティをめざして』（上智大学出版）、共訳書に、ビュイッソン『暗殺が変えた世界史』、ゲズ『独裁者が変えた世界史』、バタジオンほか『「悪」が変えた世界史』（以上、原書房）、コルナバス『地政学世界地図』（東京書籍）などがある。

ロイヤルカップルが変《か》えた世界史《せかいし》
上
ユスティニアヌスとテオドラから
ルイ 一六世《じゅうろくせい》とマリー・アントワネットまで

●

2021年5月5日　第1刷

著者………ジャン＝フランソワ・ソルノン
訳者………神田順子《かんだじゅんこ》
松尾真奈美《まつおまなみ》
田辺希久子《たなべきくこ》
装幀………川島進デザイン室
本文組版・印刷………株式会社ディグ
カバー印刷………株式会社明光社
製本………小泉製本株式会社
発行者………成瀬雅人

発行所………株式会社原書房
〒160－0022　東京都新宿区新宿1－25－13
電話・代表 03(3354)0685
http://www.harashobo.co.jp
振替・00150－6－151594
ISBN978-4-562-05930-0